Georg Markus

Meine Reisen in die Vergangenheit

GEORG
MARKUS

Meine Reisen in die Vergangenheit

Mit 54 Abbildungen

AMALTHEA

Bildnachweis

Fotos: Ilona Ryder privat (2), Klemens Groh/Auto: Mercedes Benz Veteranen Club Wien (3), Daimler Benz Archiv (4, 5), Repro Helmut Lipetschnig (6), Museen der Stadt Wien (8, 22), Österreichische Nationalbibliothek, Wien (9, 10; 11, 16, 17, 18, 20) Repro Gerhard Bartl (12), Haus-, Hof- und Staatsarchiv, Wien (14, 15), Institut für Geschichte der Medizin Wien (21), Repro Ivanek (23), Klomfar (24), Hipp Foto (25), Peter Tomschi (26), Jüdisches Museum der Stadt Wien (27), Telebunk (28), Felicitas Timpe (29), Repro Herbert Neubauer (31), Österreichisches Filmarchiv (32), Ruth Deutschmann (33), Archiv der »Kronen Zeitung«, Privatarchiv des Autors.

Rechteinhaber von Bildern, die nicht geltend gemacht werden konnten, werden gebeten, sich wegen eventueller Ansprüche an den Amalthea Verlag Wien zu wenden.

1. Auflage September 2002
2. Auflage Oktober 2002

Besuchen Sie uns im Internet unter:
http://www.amalthea-verlag.de

Umschlaggestaltung: Wolfgang Heinzel, München
Umschlagillustrationen: Paul Fassold (Vorderseite),
Martin A. Jöchl (Rückseite)
Herstellung und Satz: VerlagsService Dr. Helmut Neuberger
& Karl Schaumann GmbH, Heimstetten
Personenregister: Margit Tiringer
Gesetzt aus der 12,5/17 Punkt Goudy
Druck: Jos. C. Huber, Dießen
Binden: Leipziger Großbuchbinderei
Printed in Germany
ISBN 3-85002-483-0

Für Mathias
und Moritz

Inhalt

Meine Reisen zu den Schauplätzen der Weltgeschichte

Meine Reisen in die Welt der Liebe

Meine Reisen zu berühmten Leuten

Meine Reisen nach Mayerling

Meine Reisen zu Typen und Originalen

Meine Reisen in die Geschichte der Medizin

Meine Reisen in die Welt des Theaters

Meine Reisen an den Hof des Kaisers

Meine Reisen in andere Zeiten

»Es ist schrecklich, ein Zeitzeuge zu sein!«

Vorwort

Reisen ist eigentlich eine Frage der Geografie. Reisen kann man nach New York, Paris, Rom, Mistelbach oder Honolulu. Aber in die Vergangenheit?

Man kann. Ich reise seit gut drei Jahrzehnten dorthin. Und das mit ungebrochener Reiselust.

Denn nichts erscheint mir spannender als Ereignissen auf die Spur zu kommen, die sich vor fünfzig, siebzig, hundert und mehr Jahren zutrugen und deren Hintergründe immer noch Rätsel aufgeben. Das können historisch bedeutsame Geschehnisse sein oder auch kleinere menschliche Begebenheiten, die ein wenig Licht auf vergangene Zeiten werfen. Wie war das, als ein Spielzeughändler aus Amsterdam den österreichischen Kaiser Franz Joseph zu erpressen versuchte? – ja, ein solch wahnwitziges Unterfangen hat es tatsächlich gegeben. Wie konnte es geschehen, dass der Spion Alfred Redl durch seinen Verrat die k. u. k. Monarchie an den Rand des Abgrunds drängte? Wer waren die Patienten, die sich auf Freuds Couch legten?

Meine Reisen in die Vergangenheit begeisterten mich vor allem dann, wenn sich aus ihnen neue Schlüsse ziehen ließen. Ich nahm daher Einblick in den Polizeiakt, der den Versuch, den Kaiser zu erpressen, dokumentiert. Und ich durchforstete in- und ausländische Archive, um herauszufinden, was Oberst Redl wirklich verraten hat. Und ich machte mich auch auf den Weg, die Krankengeschichten der Freud-Patienten zu studieren.

Archive und Polizeiakte neigen dazu, verstaubt zu sein. Deshalb suche ich, wann immer ich in die Vergangenheit reise, die Begegnung mit Zeitzeugen. »Hör mir auf mit Zeitzeugen«, pflegt mein Freund Marcel Prawy zu sagen, »es ist schrecklich, ein Zeitzeuge zu sein! Zuerst wird man geboren, dann ist man klein, dann wächst man heran, dann ist man erwachsen, dann ist man ein alter Kracher und dann kommt das Letzte und Ärgste, was einem passieren kann: man ist Zeitzeuge.«

Und doch kenne ich (und kennt wohl auch er) keinen besseren Weg, Geschichte lebendig und authentisch zu vermitteln, als durch das Gespräch mit jenen Menschen, die damals dabei waren. Wer sonst als die in Wien lebende Schwester hätte mir erklären können, wie es dazu kam, dass im Jahre 1900 eine bis heute überaus populäre Automobilmarke nach einem Mädchen, das Mercedes Jellinek hieß, benannt wurde? Wer sonst als dessen Tochter hätte mir die Irrwege des weltberühmten Hellsehers Hanussen aufzeigen können? Und wer sonst hätte mir den Menschen hinter der Ikone Sigmund Freud näher bringen können als sein letzter lebender Schüler, den ich 1989 in den USA traf?

Meine Reisen in die Vergangenheit führten mich auch in die Welt des Theaters und des Films, ins Reich der Liebe, der Medizin und der Musik. Bei Beethoven Station machend, erfuhr ich, auf welch abenteuerliche Weise es zwei Wiener Ärzten gelungen war, eineinhalb Jahrhunderte nach dem Tod des Musikgenies den Grund seiner Taubheit herauszufinden. Ein andermal traf ich einen Musikforscher, der verloren geglaubte Kompositionen von Johannes Brahms entdeckte, die dessen Haushälterin aus dem Papierkorb gefischt und damit für alle Zeiten gerettet hatte. Und der Komponist Norbert Schultze erzählte mir, welch weltpolitischer Tragödie es bedurfte, um sein Lied *Wie einst, Lili Marleen* zu einem der meistgesungenen Schlager des 20. Jahrhunderts zu machen.

Meine Reisen in die Vergangenheit führten mich auch in ganz andere Zeiten und Regionen. Hat Nostradamus vor fünfhundert Jahren wirklich Einsteins Relativitätstheorie, das Attentat auf John F. Kennedy und die Landung auf dem Mond vorhergesagt, wie dies von seinen Jüngern behauptet wird? Welche Folgen hatte es, wenn man von Maria Theresias Keuschheitskommission beim außerehelichen Tête-à-Tête erwischt wurde? Und wer, bitte sehr, war der echte Hauptmann von Köpenick?

Ich erzähle in diesem Buch nicht nur diese und etliche andere Geschichten, sondern möchte meinen Lesern auch Einblick geben, auf welche Weise meine Reisen in die Vergangenheit zustande kamen. Wie ich etwa Ernest Hemingways Doppelleben auf die Spur kam, der in jungen Jahren im Vorarlberger Montafon Urlaub machte – und zwar pikanterweise gleichzeitig mit Gattin und Geliebter. Oder wie es mir gelang, den Raub der Gebeine Mary Vetseras aus ihrem Grab aufzuklären. Und wie die damals noch lebende Kaiserin Zita reagierte, als ich über die Hintergründe einer zwischen Kaiser Franz Joseph und der Schauspielerin Katharina Schratt geschlossenen Geheimehe schrieb.

In meinem Bestreben, Geschichte – dort, wo es möglich und angebracht ist – auch ein wenig von ihrer heiteren Seite zu betrachten, schließe ich dieses Buch mit dem Kapitel *Meine Reisen zu den Enkeln der Tante Jolesch*. Und dies hat eine Vorgeschichte: Das Buch, das ich vor diesem schrieb, trägt den Titel *Die Enkel der Tante Jolesch* und war als Fortsetzung der Schilderungen gedacht, die der unvergessene Friedrich Torberg jenen Typen und Originalen gewidmet hatte, die ihm in den Jahren 1918 bis '38 (um die Zeit ganz grob zu umreißen) begegnet waren. In meinem im Herbst 2001 erschienenen Buch von den *Enkeln der Tante Jolesch* hielt ich Aussprüche und Anekdoten jener beiden Generationen fest, die der Torbergschen Original-*Tante Jolesch* folgten. Da finden sich Geschichten berühmter Menschen wie Billy Wilder und Marlene Dietrich, Karl Farkas und Helmut Qualtinger, Leopold Figl und Bruno Kreisky, aber auch vieler unbekannter Käuze.

Als das Buch von den *Enkeln der Tante Jolesch* fertig war, erging es mir ähnlich, wie es einst Torberg ergangen. Mir selbst fielen weitere Geschichten ein, andere wurden mir von Freunden und Bekannten hinterbracht oder aus dem erfreulich großen Leserkreis herangetragen. Jemand riet mir sogar, ich möge noch ein Buch zum Thema, diesmal mit dem Titel *Die Urenkel der Tante Jolesch*, schreiben, doch das wäre wohl zu viel gewesen. Ein Fortsetzungskapitel in diesem Buch schien mir der richtigere Weg.

Wenn Sie mich auf den nun folgenden dreihundert Seiten begleiten, wünsche ich Ihnen eine ebenso spannungs- und unterhaltungsreiche Zeit, wie ich selbst sie auf meinen Reisen in die Vergangenheit erleben durfte.

GEORG MARKUS
Wien, im Juli 2002

Meine Reisen in die Welt der Musik

»Wie einst, Lili Marleen«

Ein Jahrhundert-Schlager entsteht

Mein auf Mallorca lebender Freund Ferry Hirschmann rief mich eines Tages aus Salzburg an, wo er gerade Urlaub machte. Als wir einen Termin zum Abendessen in Hallein vereinbarten, fügte er noch an: »Du wirst meinen Nachbarn aus Mallorca kennen lernen, der ist auch da.«

»Deinen Nachbarn aus Mallorca?«, fragte ich ein wenig überrascht.

»Ja, er heißt Norbert Schultze und ist der Komponist von *Lili Marleen.*«

Von da an ging mir die Melodie nicht mehr aus dem Kopf. *Lili Marleen*, das ist eines der meistgespielten Lieder aller Zeiten. Ein Lied, das wie kein anderes die Sehnsucht von Millionen jungen Männern ausdrückte, die Tag für Tag an der Front ihr Leben aufs Spiel setzten. Es war die Sehnsucht dieser in den Krieg getriebenen Soldaten, endlich wieder zu Hause, endlich wieder bei ihrem Mädchen sein zu können.

Ich hatte es nicht zu bereuen, Herrn Schultze getroffen zu haben. Erzählte er mir doch, während des gemeinsamen Abendessens in Hallein, die unglaubliche Geschichte seines weltberühmten Liedes. Und welcher weltpolitischen Tragödie es bedurfte, um es so erfolgreich werden zu lassen.

»Die paar Noten hatte ich in wenigen Minuten niedergeschrieben, das ganze Lied war in einer Viertelstunde fertig«, schilderte er die Entstehung des Schlagers. Gerade neunzig Jahre alt und von erstaunlicher Frische, legte der Komponist gleich los: »Den Text zu *Lili Marleen* gab es schon seit 1915. Ein junger Schriftsteller namens Hans Leip hatte damals unter dem Titel *Kleine Hafenorgel* mehrere Gedichte geschrieben, von denen eines *Lili Marleen* hieß. Das lag dann mehr als zwanzig Jahre lang herum, ohne dass sich ein Mensch darum gekümmert hätte.«

Zufällig fielen dem aus Braunschweig stammenden Norbert Schultze 1938 in einer kleinen Bar in Berlin-Charlottenburg die Zeilen in die Hände:

Vor der Kaserne, vor dem großen Tor,
Stand eine Laterne, und steht sie noch davor,
So wolln wir uns da wiedersehn,
Vor der Laterne wolln wir stehn
Wie einst, Lili Marleen ...

»Mir gefiel der Text so gut, dass ich mich noch in der Bar ans Klavier setzte und sofort die passende Melodie fand«, sagte Schultze. »Dann spielte ich das Lied mehreren Sängern, Musikverlegern und Plattenproduzenten vor. Doch keiner mochte es.«

Nur Schultze selbst glaubte daran. »Das Chanson war ja für einen Mann geschrieben, als Liebeserklärung an ein Mädchen namens Lili Marleen. Da sich nun aber kein Sänger fand, der es aufnehmen wollte, schickte ich die Noten meiner Freundin Lale Andersen.«

Norbert Schultze lächelte verschmitzt. »Ich hatte einige Jahre davor eine Liaison mit Lale, die damals noch Liselotte Wilke hieß. Sie war ein nettes Mädchen, nein, die große Liebe war's nicht.« Doch das spielte keine Rolle, als die junge Sängerin das Chanson unter dem etwas sperrigen Titel *Lied eines jungen Wachtpostens* aufnahm.

»Die Platte war ein totaler Flop, ganze siebenhundert Stück wurden verkauft«, erinnerte sich Norbert Schultze, und er wunderte sich auch gar nicht darüber: »Der Textdichter Hans Leip hatte die Worte im Ersten Weltkrieg geschrieben. 1938 war Frieden, da konnte das Lied eines Mädchens, das vor dem Kasernentor auf seinen Liebsten wartet, nicht unter die Haut gehen.«

Wieder vergingen Jahre. Und die *Lili-Marleen*-Platten verstaubten in den Archiven.

Doch inzwischen tobte der Zweite Weltkrieg.

Was nun folgte, war weniger der preußischen Präzision, als einem zutiefst österreichischen Wesenszug zu danken. »Einige junge Soldaten gründeten 1941 im Auftrag der Deutschen Wehrmacht in Belgrad einen Soldatensender. Da sie nicht wussten, woher sie die Musik für ihre Sendungen nehmen sollten, wurde ein Bote zum nächstgelegenen Reichssender nach Wien geschickt. Der Mann sollte Platten aus dem Funkhaus in der Argentinier Straße, dem Gebäude der ehemaligen RAVAG, mitbringen.«

Wie's so ist in Wien, erhielt der Bote »unter der Hand« einen Koffer voll verbotener Schellacks – darunter fanden sich Operettenmelodien von Emmerich Kálmán und Paul Abraham, Lieder, die von Richard Tauber und Joseph Schmidt gesungen wurden, amerikanische Tanzmusik, aber auch alte, ausrangierte Platten, die nie gespielt wurden. Eine davon war *Lili Marleen*.

Am 26. April 1941, kurz vor 22 Uhr, ging das Lied via Belgrad auf Welle 437,5 zum ersten Mal über den Äther. Und nun geschah das Unglaubliche: In den Tagen danach langten in der Redaktion des Soldatensenders Tausende Briefe aus Griechenland, Dalmatien,

Kroatien, Kreta und sogar von der Afrika-Front ein, wo der Sender über Kurzwelle mit Richtstrahl zu empfangen war. Und wo immer das Lied zu hören war, gab es nur den einen Wunsch: »Wir wollen *Lili Marleen* wieder hören!«

»Das Lied traf die armen Frontsoldaten im dritten Kriegsjahr ins Herz«, erkannte Schultze. »Der Text war ihr Schicksal, jeder hatte die gleiche Sehnsucht, die gleiche Sorge: ob er je wieder seine Frau, seine Eltern, seine Kinder sehen würde.« Oder seine Braut ... *wie einst, Lili Marleen.*

Das Echo war so gewaltig, dass *Lili Marleen* zur Kennmelodie einer täglichen Sendung wurde, in der ein Sprecher die Briefe von zu Hause an die Front und von der Front in die Heimat verlas. In einer Zeit, da man von den Ehemännern und Söhnen oft nur die Feldpostnummer kannte, war diese Verbindung die schnellste und sicherste, um persönliche Grüße und Nachrichten zu übermitteln. Oder, um zu erfahren, dass der Geliebte überhaupt noch am Leben ist.

Dass man das Lied, das so lange keiner hören wollte, jetzt an allen deutschen Fronten spielte, lag nahe. Dass es aber auch von den Truppen der Alliierten geliebt wurde, grenzt an ein Wunder. Es wurde, in alle Sprachen übersetzt, von Franzosen ebenso gesungen wie von Engländern und Amerikanern. »Denen war es ganz egal, dass das Lied aus einem feindlichen Land kam«, meinte Schultze. »Als es dann von Marlene Dietrich aufgenommen wurde, war's über Nacht ein Welterfolg ...«

»... der Sie wohl sehr reich gemacht hat?«, vermutete ich.

»Das glauben alle«, entgegnete der Komponist. »Aber so war's nicht. Das Copyright wurde als Kriegsbeute beschlagnahmt, und nach dem Krieg gingen die Einnahmen an Hilflose und Veteranen.

Erst seit 1963 erhalte ich die Tantiemen, aber sie sind natürlich lange nicht mehr so hoch, wie sie es früher gewesen wären.«

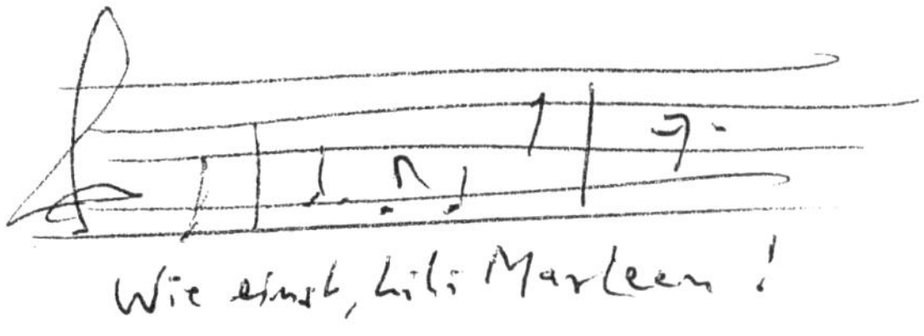

Es dauerte Jahrzehnte, aber dann war das Lied über Nacht ein Welterfolg: »Wie einst, Lili Marleen«;
ORIGINAL-HANDSCHRIFT NORBERT SCHULTZE

Norbert Schultze erzählte seine Geschichte ruhig und uneitel. Und meinte dann noch: »Ich möchte Ihnen aber sagen, dass ich froh bin, durch das Lied nicht reich geworden zu sein. Denn *Lili Marleen* konnte nur infolge dieses schrecklichen Krieges ein so großer Erfolg werden. Und ich möchte nicht an diesem Krieg Geld verdient haben.«

Das hatte er auch gar nicht nötig. Norbert Schultze hat die Musik zu mehreren Opern – *Schwarzer Peter* heißt die bekannteste – und zu siebzig Filmen geschrieben, darunter auch mehrere *Lili-Marleen*-Verfilmungen. Ein anderer seiner populären Schlager wurde durch die Interpretation von Hans Albers zum Welthit: *Nimm mich mit, Kapitän, auf die Reise*.

Im Vollererhof bei Hallein, in dem Norbert Schultze seinen Sommerurlaub verbrachte, steht ein altes Pianino. Ehe ich mich von ihm verabschiedete, setzte er sich noch ans Klavier und spielte ein paar Takte seiner *Lili Marleen*.

»Nach dem Krieg hat man mir vorgeworfen, dass dies ein ›Durchhaltelied‹ gewesen sei. Doch das stimmt nicht«, meinte er. »Das kleine Lied kann nichts dafür, dass es in einer schrecklichen Zeit zum Symbol für Heimweh, Trennung und Sehnsucht wurde. Und doch möchte ich sagen: Darauf stolz zu sein, wäre töricht.«

Brahms lag im Papierkorb

Professor Marcus macht eine Entdeckung

Es zählt ja nicht unbedingt zu den nobelsten Eigenschaften einer Hausangestellten, den Mistkübel ihrer Herrschaft zu durchwühlen. In diesem besonderen Fall hätte man der Arbeitskraft jedoch gerade dafür einen Orden überreichen sollen. Denn sie war im Haushalt des großen Johannes Brahms beschäftigt, der jedes Notenblatt jener Kompositionen, die ihm nicht wichtig erschienen, in den Papierkorb warf.

Durch Zufall lernte ich als junger Journalist den Wiener Musikwissenschafter Professor Gottfried Marcus kennen. Nachdem wir geklärt hatten, dass wir trotz fast identischer Namen weder verwandt noch verschwägert waren, konnten wir uns einem anderen Thema zuwenden, das naheliegenderweise Johannes Brahms hieß. Waren doch Leben und Werk des »Vollenders der Wiener Klassik«, wie man den Komponisten nannte, das Spezialgebiet des Musikprofessors Marcus. Er forschte, musizierte, lehrte und lebte für Johannes Brahms.

In Brahms-Biografien war dem Professor immer wieder der Name Cölestine Truxa aufgefallen. Diese hatte während der letzten zehn Lebensjahre von Johannes Brahms als dessen Wirtschafterin gearbeitet und gemeinsam mit ihren beiden Söhnen in seiner Wohnung gelebt: in der Karlsgasse 4 auf der Wieden in Wien.

»Wer weiß«, kam es Herrn Marcus am Beginn der siebziger Jahren in den Sinn, »vielleicht lebt noch irgendein Verwandter dieser Frau Truxa.«

Er nahm ein sehr unwissenschaftliches Buch zur Hand, das Amtliche Wiener Telefonbuch, schaute unter »Truxa« nach, rief ein paar Leute besagten Namens an, entschuldigte sich für die Fehlverbindung, wählte die nächste Nummer – bis er auf den Eintrag »Truxa Leo, Ing. Hofrat i. R., 6., Köstlergasse 5« stieß.

Wieder sagte der Professor sein Sprücherl auf: »Verzeihen Sie die Störung, Herr Hofrat, ich wollte Sie fragen, ob Sie mit Frau Cölestine Truxa verwandt sind.«

»Ja«, antwortete die Stimme eines alten Herrn, »das war meine Mutter.«

»Dann haben Sie Johannes Brahms persönlich gekannt?«

»Natürlich, wir lebten ja mit ihm in einer Wohnung.«

Marcus bohrte weiter: »Na und, haben Sie noch irgendwelche Erinnerungsstücke an Brahms?«

Jetzt lachte der fast neunzigjährige Herr Hofrat: »Die ganze Wohnung ist voll davon.« Und er erzählte die Geschichte vom Papierkorb: »Meine Mutter hob zehn Jahre lang alles auf, was Brahms wegwarf, und sie klebte sogar die von ihm zerrissenen Blätter wieder zusammen. Aber leider«, bedauerte er, »hat meine Nichte, die meine Wohnung erben wird, gesagt, dass sie einmal alles wegwerfen will, weil das Zeug heutzutage keinen Menschen mehr interessiert.«

Gottfried Marcus musste tief Luft holen, ehe er weitersprach. Nach einer Schrecksekunde rief er ins Telefon: »Um Gottes willen! Lassen Sie bitte alles, wie es ist. Dürfte ich morgen vorbeikommen und mir das äh … das Zeug, wie Ihre Nichte sagt, anschauen?«

»Ja, ja, kommen S' nur.«

Anderntags schwang sich der Herr Professor auf seinen Motorroller und fuhr zum Hofrat Truxa in die Köstlergasse.

»Ich bin fast umgefallen«, erzählte mir Gottfried Marcus, »es war einfach sensationell.« Neben bislang unbekannten Brahms-Kompositionen lagen Briefe des Meisters, die er nie abgeschickt hatte. Weiters Privatfotos und unzählige persönliche Gegenstände des Komponisten. Marcus erkannte, dass er in diesem Augenblick auf den wesentlichsten Fund seiner jahrzehntelangen Forschertätigkeit gestoßen war.

Frau Truxa, die 1897 die Augenlider des Komponisten auf seinem Totenbett schloss, hatte nicht nur die Papierkorb-Funde aufbewahrt, sie war von Brahms, der sie sehr schätzte, auch zur Erbin seiner persönlichen Habseligkeiten eingesetzt worden. »Außerdem gehören Cölestine Truxa 10 000 Gulden«, steht in seinem Testament, »alles, was ich an Möbeln, Kleidern, Wäsche besitze und auch die Bilder, die an den Wänden hängen, Teppiche, Decken, Kissen, Uhren …« Das alles hatte Marcus jetzt vor sich. Ihr größtes Verdienst aber war: Cölestine Truxa hatte schon zu Lebzeiten das Genie des Komponisten erkannt und buchstäblich alles, was Brahms in den Papierkorb geworfen hatte, wieder herausgefischt und aufgehoben. »Jedes einzelne Stück ist für die Brahmsforschung hochinteressant.«

Drei Jahre verbrachte Gottfried Marcus jede freie Minute, die ihm neben seiner Professur am Konservatorium der Stadt Wien blieb, in der Wohnung Leo Truxas, er untersuchte, reinigte, ordnete den für die Musikwelt einzigartigen Schatz. Und er vervollständigte sein auf knapp 30 000 Karteiblättern minuziös aufgelistetes Vokalarchiv der Brahmsschen Symphonien, Klavierkonzerte, Quartette, Quintette, Sextette um die bislang unbekannten Werke. Experten verkündeten damals: »Was der Köchel für Mozart, das ist der Marcus für Brahms.«

Die kolossale Arbeit, sagte mir der Professor, hätte er sich nicht nur aus historischen Gründen aufgebürdet, sondern vor allem aus

Warf jedes Notenblatt, das ihm nicht wichtig schien, in den Papierkorb: Johannes Brahms
ZEICHNUNG: WILLY VON BECKERATH

Liebe. Der Wissenschafter hatte dem Komponisten sein Leben gewidmet.

Gottfried Marcus, der einst als »Wunderkind« galt, hatte in den dreißiger Jahren gemeinsam mit seinen beiden Geschwistern viele Konzerte gegeben. Als bei der Familie Marcus eines Tages der Besuch von Wiens führendem Musikkritiker Dr. Robert Konter angesagt war, wurden die beiden Buben und das Mädchen gebeten, dem Kritikerpapst Brahms' *H-Dur-Trio opus 8* vorzuspielen. Als sie fertig waren, wurde der sachkundige Mann gefragt, wie ihm die Brahms-Interpretation der Kinder gefallen hätte. Worauf Konter konterte: »Es war fast ein Vergnügen.«

»Der Kritiker«, gab Marcus zu, »hatte recht, das Trio war weit über die technischen Möglichkeiten dreier Kinder hinausgegangen.«

Jahrzehnte später sollte Gottfried Marcus den schönsten Tag seines Lebens feiern, wie er selbst sagte: als er unter den aufgefundenen Noten in Leo Truxas Wohnung auch die Brahmssche Originalbearbeitung eben jenes *H-Dur-Trios opus 8* entdeckte. Er war seiner ersten Begegnung mit Brahms als alter Mann wieder begegnet. Frau Truxa hatte auch diese Noten aus dem Papierkorb gefischt.

Sowohl Hofrat Truxa wie Professor Marcus sind mittlerweile nicht mehr am Leben. Aber sämtliche dem Papierkorb entnommenen Brahms-Noten sind für alle Zeiten gerettet. Die beiden Herren haben sie geschlossen dem Musikarchiv der Stadt Wien übergeben.

Das »Weisse Rössl« ist nicht am Wolfgangsee

Die wahre Lovestory hinter der Operette

Operetten sind im Allgemeinen frei erfunden. Kein Mensch wird ernsthaft annehmen, dass der *Zigeunerbaron* oder die *Lustige Witwe* tatsächlich gelebt haben. Ganz anders verhält es sich im Fall der *Rössl*-Wirtin Josepha Vogelhuber. Die hat es ebenso gegeben wie den Oberkellner Leopold. Und auch die Lovestory der beiden ist kein Operettenschmäh. Was ist wahr am erfolgreichsten Singspiel seiner Zeit und was ist frei erfunden?

Ich fuhr, um dies zu ergründen, an den Wolfgangsee und dort, kaum angekommen, natürlich ins Hotel *Im Weißen Rössl.* Das müsste, war meine nahe liegende Überlegung, der richtige Ort für derartige Recherchen sein.

Begeben wir uns aber vorerst zu den Wurzeln einer kleinen Episode, die – wie durch ein Wunder – weltweite Beachtung finden sollte: Es war gegen Ende des 19. Jahrhunderts, als sich der Zahlkellner des Gasthofs *Im Weißen Rössl* in seine Chefin, eine fesche und lebenslustige Witwe, verliebte. Just als dieses Tête-à-Tête begann, verbrachten zwei Lustspielautoren ihren Urlaub in ebendiesem Gasthof. Einen Sommer lang beobachteten sie mit großem Vergnügen das Werben des Oberkellners, und sie waren überglücklich, als dieser – noch vor ihrer Abreise – bei ihr »landen« konnte.

Soweit die Fakten. Die romantische Story hatte die beiden Urlaubsgäste Dr. Oskar Blumenthal und Gustav Kadelburg, zwei Schriftsteller aus Berlin, dermaßen amüsiert, dass sie daraus ein Lustspiel fabrizierten. Die Romanze ist also echt. Falsch ist der Wolfgangsee. Denn das *Weiße Rössl* war in Wirklichkeit ein gutbürgerlicher Gasthof in der kleinen Ortschaft Lauffen bei Bad Ischl – vom Wolfgangsee mehr als zwanzig Kilometer entfernt. In St. Wolfgang, direkt am See, gab's zu diesem Zeitpunkt freilich ein Hotel mit dem sehr ähnlichen Namen *Zum weißen Ross*, das der Wirtin Antonia Drassl, einer äußerst geschäftstüchtigen Person, gehörte. Sie war 46 Jahre alt, von einem Zahlkellner jedoch, der sie verehrt hätte, war weit und breit keine Rede.

Da der Wolfgangsee auch im deutschen Kaiserreich sehr bekannt war, verlegten die beiden cleveren Lustspielautoren ihr Stück publikumswirksam ins andere *Ross*. Und damit wird's spannend, denn Antonia Drassl, die Gastronomin vom Wolfgangsee, die überhaupt nicht gemeint war, erkannte den hervorragenden Werbeeffekt für ihr Hotel und reiste, nachdem das Stück sofort ein Erfolg war, als »Original-*Rössl*-Wirtin« durch die Lande. Zwischen Hamburg und Budapest ließ sie sich keck als solche feiern und erzählte überall bereitwilligst von ihren »Abenteuern« mit dem feschen Leopold. Um die echte *Rössl*-Wirtin aus Lauffen kümmerte sich indes kein Mensch, doch das Haus am See – bald von *Ross* auf *Rössl* umbenannt – erlebte eine ungeheure Konjunktur.

Noch war *Das Weiße Rössl* ein Sprechstück, und daher geriet es – wie so viele Boulevardkomödien – nach kurzer Zeit in Vergessenheit. Erst drei Jahrzehnte später wurde es durch einen Zufall wieder entdeckt, mit zündenden Melodien garniert – und nun erst begann sein Siegeszug um die Welt.

Es gab keinen Zahlkellner, der sie verehrt hätte: Antonia Drassl, die echte »Rössl«-Wirtin vom Wolfgangsee.

Und das kam so: Der berühmte Schauspieler Emil Jannings saß im Sommer 1929 gemeinsam mit dem Berliner Theaterdirektor Eric Charell auf der Terrasse des – sozusagen irrtümlich – berühmt gewordenen Hotels *Im weißen Rössl* am Wolfgangsee. Im Scherz bestellte Jannings sein Mittagessen ebenso »piefkinesisch« wie der deutsche Urlaubsgast Wilhelm Giesecke in dem kurz zuvor in Berlin wieder ausgegrabenen Bühnenstück von Blumenthal und Kadelburg: »Wenn ick Dampfer fahre, will ick Aal jrün essen, det jehört zusammen. Aber so was kennen die Brüder hier natürlich nich'!« Charell lachte Tränen, und da er für sein Großes Schauspielhaus im damals gerade »revueverrückten« Berlin dringend eine zugkräftige Ausstattungsrevue suchte, ließ er sich alles Nähere von Jannings erzählen, der sich an den Inhalt des Lustspiels noch genau erinnern konnte, in dem er vor vielen Jahren, 16-jährig, in Görlitz am Theater debütiert hatte.

Nach Berlin zurückgekehrt, beauftragte Charell den Komponisten Ralph Benatzky, das Stück zu vertonen. Der sofort Ohrwürmer wie den Titelsong *Im Weißen Rössl am Wolfgangsee* und *Im Salz-*

kammergut, da kann ma gut lustig sein schuf. Als Benatzky jedoch mitten in der Arbeit ausstieg, weil er plötzlich die Idee hatte, eine Oper schreiben zu müssen, sah sich Charell gezwungen, über Nacht einzelne Lieder von anderen Komponisten dazuzukaufen. Er wandte sich an Bruno Granichstaedten, der die Liedeinlage *Zuschau'n kann i net* beisteuerte, und an Robert Stolz, der für die Evergreens *Die ganze Welt ist himmelblau* und *Mein Liebeslied muss ein Walzer sein* sorgte.

Schon die Berliner Uraufführung des Singspiels am 8. November 1930 brachte einen Sensationserfolg. Publikumsliebling Max Hansen spielte den Leopold, Camilla Spira die *Rössl*-Wirtin Josepha Vogelhuber, Siegfried Arno den Sigismund, Paul Hörbiger den schnell noch in die Handlung eingebauten Kaiser Franz Joseph. Dreihundert Komparsen bevölkerten die für eine halbe Million Mark ausgestattete Bühne. Im allgemeinen Premierentrubel war auch niemandem aufgefallen, dass das Liebespaar in modernen Kostümen der verrückten zwanziger Jahre über die Bühne fegte, obwohl der daneben stehende kaiserliche »Kurgast« bereits 1916 verstorben war. Und zum Fünfuhrtee spielte man Charleston!

Für die Wiener Erstaufführung musste das Singspiel daher stark verändert werden – unter anderem auch das Bühnenbild, denn der Hintergrund des hochsommerlichen Wolfgangsees war in Berlin irrtümlich mit schneebedeckten Bergen bemalt worden. Hubert Marischka spielte am Wiener Stadttheater den Leopold, Paula Brosig die Wirtin, Fritz Imhoff den Giesecke, und als Sigismund, der nichts dafür kann, dass er »so schön ist«, trat der junge Karl Farkas auf.

Innerhalb weniger Monate war das *Rössl* ein Welterfolg. Es wurde in Kairo gespielt, lief als *Al Cavallino Bianco* in Rom, als *White Horse*

Inn in London und New York. Und im Laufe eines halben Jahrhunderts wurde es mehrmals verfilmt.

Das Weiße Rössl am Wolfgangsee ist heute, nicht zuletzt dank dieser gigantischen Publicity, ein florierendes Hotel mit internationalem Standard.

Das echte *Rössl* in Lauffen bei Bad Ischl, dem es den ganzen Rummel zu verdanken hat, musste wenige Jahre nach der Uraufführung des Theaterstücks zusperren. Weil zu wenig Gäste gekommen waren.

Die Frauen des Walzerkönigs …

… und ihr Einfluss auf seine Musik

Du bist das von Gott für mich bestimmte Wesen … Ohne Dich kann ich nicht leben … Mein Alles, mein geliebter Engel … « Zeilen wie diese verfasste Wiens populärster Komponist in Hülle und Fülle. Und sie waren nicht bloß an eine Frau gerichtet. Sondern an Dutzende. Es ist an der Zeit, darüber zu berichten, welche Rolle das weibliche Geschlecht im Leben des Strauß-Schani gespielt hat. Vor allem in Hinblick auf seine Kompositionen.

Die k. k. Polizeidirektion bezeichnete den Lebenswandel des 37-jährigen Johann Strauß Sohn in einem dicken Akt als »unsittlich und leichtsinnig«. Der Kaiser weigerte sich daraufhin, den nach ihm populärsten Österreicher in den Adelsstand zu erheben. Das hatte der Musikant wohl auch dem Umstand zuzuschreiben, dass er im 48er-Jahr einen »Revolutionsmarsch« komponiert hatte und im Dezember desselben Jahres wegen öffentlichen Spielens der »Marseillaise« angeklagt wurde. Doch auch der Wiener Bürgermeister Lueger war nicht bereit, Strauß die Ehrenbürger-Würde der Stadt, deren Name er durch seine Musik in alle Welt getragen hatte, zu überreichen. Neben den drei Ehefrauen förderte man beim Maestro nicht weniger als 13 Verlobte zu Tage, von zahlreichen anderen Amouren ganz zu schweigen.

Als »schwarzer Tag im Kalender der Damen Wiens« wird der 27. August 1862 bezeichnet. Denn an diesem Sommermorgen heiratete der eingefleischteste aller Junggesellen zum ersten Mal. Henriette Treffz, genannt Jetty, war die Auserwählte des feschesten Frackträgers der Donaumetropole. Jetty hatte ihrem Schani in punkto Vorleben nichts vorzuwerfen: Die ehemalige Opernsängerin, Tochter eines Arbeiters aus Wien-Gumpendorf, brachte sieben uneheliche Kinder mit in die Ehe. Zwei davon stammten aus der Verbindung mit Moritz Baron Todesco, den sie verließ, um bei Strauß einzuziehen. Der Bankier adoptierte seine beiden Kinder später.

Die Verbindung mit Jetty sollte sich für Johann Strauß als künstlerisch äußerst fruchtbar erweisen. Die um mindestens sieben Jahre ältere Frau – ihre Geburtsangaben schwanken – wurde zur wichtigsten Muse des Walzerkönigs, der übrigens nicht tanzen konnte. Schani ließ sich seinen berühmten Schnauzbart wachsen, um neben Jetty reifer zu wirken. Doch der Rastlose fand an ihrer Seite erstmals Ruhe und Geborgenheit. Strauß, der früher pro Abend auf bis zu sechs Bällen dirigiert hatte, überließ die Kapelle nun seinen Brüdern Josef und Eduard und konzentrierte sich aufs Komponieren. In seiner ersten Ehe entstand nicht nur der Donauwalzer, sondern auch *Die Fledermaus*, die er in 42 Tagen und Nächten niedergeschrieben hatte. Jettys Anteil am Zustandekommen dieser Operette ist gewichtig, war sie es doch, die heimlich Notenblätter aus dem Pult ihres Mannes stahl und dem Direktor des Theaters an der Wien überreichte. Strauß selbst wollte *Die Fledermaus* nicht aufführen lassen.

Ein Jahr nach der Hochzeit wurde er – aller politischen »Verirrungen« seiner Jugendtage zum Trotz – mit dem Titel Hofballmusikdirektor ausgezeichnet, eine Ehrung, die bereits seinem Vater zuteil geworden war.

Jetty war Geliebte, Freundin, Mutter, Hausfrau, Krankenschwester, sie hielt alles von ihm fern, was den sensiblen König der Wiener Musik hätte deprimieren können. So wurden ihm nur jene Zeitungsausschnitte vorgelegt, in denen er mit Lob bedacht wurde. Das nach außen hin stets »lachende Genie« neigte zu Depressionen und lebte in panischer Angst vor Gewittern und hohen Bergen. In Gegenwart des Hypochonders durfte das Wort »sterben« nicht einmal ausgesprochen werden.

Zwar unterhielt Johann Strauß auch während seiner ersten Ehe zahlreiche Liebschaften, doch als Henriette nach 16-jährigem Zusammenleben völlig überraschend an den Folgen eines Schlaganfalls starb, war der Musiker zutiefst getroffen. Strauß floh aus Wien und weigerte sich, an der Beerdigung teilzunehmen.

Er, der nicht eine Minute seines Lebens allein sein konnte, führte seine nächste Frau bereits sechs Wochen nach Jettys Tod zum Standesamt: Ehefrau Nummer zwei hieß Lily, war Gesangsstudentin, um 25 Jahre jünger als der Komponist und das, was man heutzutage ein »Luder« nennen würde. Kaum waren die Flitterwochen vorüber, ging sie mit dem Direktor des Theaters an der Wien durch. »Jean«, der mittlerweile in Ehren ergraute – aber schwarz gefärbte – Lockenkopf, steckte nach Lilys Abgang in einer tiefen seelischen Krise. Erfolglos hat er um sie gekämpft, sie mit allen Mitteln zurückzuhalten versucht. Strauß rührte seine Geige nicht mehr an und schien beruflich am Ende. Während seine Konkurrenten Suppé und Millöcker gerade jetzt einen Erfolg nach dem anderen feierten, wurde seine *Nacht in Venedig* in Berlin ausgebuht.

Erst Ehefrau Nummer drei befreite ihn aus der schlimmsten Krise seines Lebens: Adele Strauß war gleich um 31 Jahre jünger als der Walzerkönig, doch wie einst Jetty erwies auch sie sich als Segen für seinen weiteren Werdegang. Sie gab ihm Kraft und verhalf ihm zu neuen künstlerischen Höhen. Zunächst holte sie *Die Nacht in Venedig* zurück nach Wien, wo die in Berlin nicht verstandene Operette zum gigantischen Erfolg wurde. Versehen mit der für ihn so wichtigen Portion Selbstvertrauen, entstand dann auch noch der *Zigeunerbaron*.

Strauß liebte seine dritte Frau so sehr, dass er sich ihretwegen sogar der Bigamie bezichtigen ließ. Da es eine Scheidung im heutigen Sinne nicht gab, konnte er Adele nur auf Umwegen heiraten. Er wurde Staatsbürger des Herzogtums Sachsen-Coburg-Gotha und wechselte zum protestantischen Glauben über. Der Vorgang dauerte Jahre, doch konnte Strauß seine Geliebte in dieser Zeit guten Gewissens bei gesellschaftlichen Anlässen als »Frau Strauß« vorstellen, da sie – durch eine frühere Ehe – zufällig ebenso hieß.

Neben Jetty, Lily, Adele und den 13 anderen Bräuten fehlte es nicht an weiteren Gspusis. Da tauchte etwa »Comtesse Olga« auf, die Tochter eines russischen Aristokraten, der Schani viele Liebesbriefe sandte, die pikanterweise Strauß-Witwe Adele ein Vierteljahrhundert nach seinem Tod veröffentlichen ließ. Dann gab's noch eine Elise, die Sängerin Marie Geistinger und viele andere.

Seiner Stammtischrunde soll Strauß einmal anvertraut haben: »In jungen Jahren, da habe ich's so toll getrieben, dass man's nicht drucken lassen könnt. In Petersburg (wo er zahlreiche Gastspiele absolvierte, Anm.), da habe ich mich so genial aufgeführt, dass die Polizei mich ausweisen wollte und nur hohe Protektion diesen Befehl annullierte.«

Sei's drum. Wir verdanken Schanis Eroberungen einige seiner schönsten Melodien. Er hinterließ uns den *Adelen*-Walzer ebenso wie die *Annika*-Quadrille, die *Josefinen*-Tänze, den *Fanny*-Marsch, die *Olga-*, *Cäcilien-*, *Elisen-* und *Helenen*-Polka.

Und bei jeder Note dachte er an ein süßes Abenteuer mit der betreffenden Dame.

»Volk der Freiheit, Volk der Brüder«

Die andere Bundeshymne

Um ein Haar hätten die ersten Worte unserer Bundeshymne nicht *Land der Berge, Land am Strome* gelautet. Sondern *Volk der Freiheit, Volk der Brüder*. Oder gar *Teurer Boden, blutbefleckter*. In verstaubten Kisten stießen Beamte des Wiener Haus-, Hof- und Staatsarchivs im Frühjahr 1995 auf Unterlagen, die ein Stück österreichischer Geschichte dokumentieren. Es geht um die Entstehung unserer Hymne.

Die Kisten lagen, jahrzehntelang unbeachtet, im Heizkeller des Unterrichtsministeriums auf dem Wiener Minoritenplatz. Archivare, die mit der Vorbereitung einer Ausstellung über die Zweite Republik befasst waren, gingen auf Spurensuche und entdeckten die vier großen Schachteln. Versehen mit der Signatur »24 A«, schlummerte in ihnen ein Akt mit der Aufschrift »Volkshymne«. Man lud mich ein, in den eben aufgetauchten Schatz Einblick zu nehmen.

Ich sah unbekannte, bisher nie veröffentlichte Beiträge namhafter Autoren, die nach dem Zweiten Weltkrieg ihre Vorschläge für den Text einer neuen österreichischen Bundeshymne eingereicht hatten.

Unter den 1800 Teilnehmern eines öffentlichen Preisausschreibens befanden sich – neben der späteren Siegerin Paula von Preradovic – die Schriftsteller Alexander Lernet-Holenia, Rudolf Henz und Franz Theodor Czokor. Sie haben ihre Texte zu eben jener (mit großer Wahrscheinlichkeit von Mozart stammenden) Melodie der heutigen Bundeshymne geschrieben.

Greifen wir also hinein in eine der Kisten, und holen wir zunächst den – von einer Jury auf Platz drei gereihten – Hymnenvorschlag des Dichters Alexander Lernet-Holenia hervor:

Volk der Freiheit, Volk der Brüder,
Land der Liebe und der Lieder!
Recht und Frieden, Heil und Glück,
Freude ohne Ende schenke,
Alle Deine Wege lenke
Das allmächtige Geschick!

Segnet Zeit und Zeitenwende,
Werk der Geister und der Hände,
Engel unsres Vaterlands!
Heiligt Künste und Gesänge,
Wald und Strom und Rebenhänge,
Felderfrucht und Erntetanz!

Keines Menschen Herrn noch Knechte,
Von Geschlechte zu Geschlechte,
Brüderlich und frei und gleich,
Seid vom schönsten Band umschlungen!
Ungebeugt und unbezwungen,
Gott mit dir, mein Österreich!

Der Wettbewerb für eine neue Hymne war am 12. März 1946 von der Regierung unter Bundeskanzler Leopold Figl ausgeschrieben worden. Wie den nun aufgefundenen Unterlagen zu entnehmen ist, sollten die Schöpfer der besten Hymne 10 000 Schilling erhalten, aufgeteilt je zur Hälfte auf den Textdichter und den Komponisten. Wortwörtlich wurde im Akt nach Feststehen des »Siegerteams« vermerkt: »Da der mit der höchsten Punkteanzahl bewertete Hymnenvorschlag zwei Autoren hat (Mozart und Preradovic) wäre der ausgesetzte Preis von 10 000 Schilling zu teilen: 5000 Schilling entfallen auf Punktesieger Preradovic, 5000 Schilling für Musik stehen theoretisch Mozart zu.«

Messerscharf kombinierten die Ministerialbeamten, dass es Probleme mit der Überweisung des Honorars an den Komponisten geben könnte. Also beschloss man, die verbliebenen 5000 Schilling unter jenen zeitgenössischen Musikern aufzuteilen, deren Kompositionen von der Jury gleich hinter Mozart gereiht wurden. Dies waren die Herren Robert Fanta, Hermann Schmeidel, der damalige Operndirektor Franz Salmhofer und Alois Melichar.

Dass Mozarts Freimaurer-Kantate – die ursprünglich den Titel *Brüder reicht die Hand zum Bunde* trug – zur Bundeshymne würde, stand anfangs keineswegs fest. Weite Teile der Bevölkerung und auch der zuständige Unterrichtsminister Felix Hurdes traten für eine Neutextierung der alten Kaiserhymne Joseph Haydns ein. Doch der Ministerrat stimmte dagegen, weil sie auch die Hymne der Nationalsozialisten war und man befürchtete, »dass dies im Ausland als Provokation empfunden werden könnte«.

Also hielt man nach Texten Ausschau, die zu Mozarts Noten passten. Einen sandte – wenn auch vorerst anonym – der damalige Rundfunkdirektor Rudolf Henz ein:

Lasst uns rühmen, lasst uns preisen,
Brüderlich in hohen Weisen.
Unser Land an Ehren reich,

Unser Herz und Werk und Leben,
Haben wir an dich vergeben.
Schöne Heimat Österreich!
Aus den Zeiten in die Zeiten,
Seht uns kühnen Sinnes schreiten,
Immer nur uns selber treu.
Harte Arbeit, frohes Wesen,
Leben selbst zur Kunst erlesen,
Freiheit kündend, selber frei!

Drum, ihr Länder, steht zusammen,
Hütet unsern heiligen Namen,
Unser Erbe schlicht und recht.
Dass kein Hader uns entzweie,
Jedes Schicksal uns erneue,
Uns und jegliches Geschlecht!

Eine Jury, der prominente Künstler wie der Operettenkomponist Edmund Eysler, der Dirigent Josef Krips, der Dichter Oskar Maurus Fontana, der Musikprofessor Friedrich Wildgans (ein Sohn des Dichters Anton Wildgans) sowie Wiens Kulturstadtrat Viktor Matejka angehörten, stimmte nun für Paula von Preradovic. Die Abstimmung ging denkbar knapp aus: Preradovic erhielt 47 Punkte, der Volksbildner Siegmund Guggenberger (*Österreich, du Land in Ehren, ewig wird dein Name währen ...*) 45 Punkte, Alexander Lernet-Holenia 44. Danach kamen Rudolf Henz und Franz Theodor Czokor. Der sich für die zweifellos blutigste Version entschieden hat, die aber als einzige politisch-historischen Tiefgang zeigt:

Teurer Boden, blutbefleckter,
Und uns wieder neu erweckter
Aus dem Völkertotenreich:
Throne brachen, Länder schwanden,
Nie mehr geh du uns zuschanden,
Liebe Heimat Österreich!

Land der Berge, Land der Seen,
Darin von Ost und West ein Wehen,
Sich zu Nord und Süd gesellt,
Zeig uns, wo sich Wege finden,
Zu versöhnen, zu verbinden,
Was uns auseinander hält!

Axt und Sense brauch als Waffen,
Um zu ernten, um zu schaffen,
Mit der brüderlichen Hand!
Wenn sich die erneute Erde
Einen will, dass Friede werde,
Komm als Erstes, Vaterland!

Fritz und Otto Molden, die Söhne Paula von Preradovics, haben später einen Prozess gegen die Republik auf Zahlung von Tantiemen für die Hymne angestrengt – und diesen verloren. Zu Recht, wie ich nach Einsicht in die »Akte Volkshymne« feststellen konnte, findet sich doch darin ein Passus, demzufolge mit dem Honorar in Höhe von 5000 Schilling »alle Rechte abgegolten« wurden.

Politiker und Publizisten, die eine Änderung der Bundeshymne vorschlugen, weil in ihr die Rolle der Frau zu kurz käme, hätten mit den Texten der anderen Dichter ebenso wenig Freude gehabt, denn in keinem einzigen Vorschlag wird neben »Söhnen und Brüdern« der »Töchter und Schwestern« gedacht.

Alles in allem können wir der Jury danken, dass die Entscheidung zu Gunsten der Worte Paula von Preradovics ausging. *Land der Berge* ist allemal erträglicher als *Felderfrucht und Erntetanz* oder gar *Teurer Boden, blutbefleckter*.

»Der für das hohe C Geborne«

Das Wunder Caruso

Sicher, auch Bass und Bariton haben ihre Verehrer – der Tenor jedoch wird angebetet, bewundert, geliebt. Wer aber war der größte aller Tenöre? Um diese Frage nicht selbst beantworten zu müssen, stellte ich sie einem, der selbst in der allerersten Garnitur mitspielt. Luciano Pavarotti.

Er musste nicht eine Sekunde nachdenken. »Caruso ist und bleibt der Größte«, sagte er. »Caruso war der Wahrhaftigste von allen, er wäre auch heute noch modern, es hat nie einen Besseren gegeben.« Pavarotti weiß das so genau, weil er mit ihm aufgewachsen ist: »Mein Vater hat mir alle seine Platten vorgespielt, und wir haben im Radio immer nur Carusos Stimme gesucht. Er war mein Leitstern auf dem Weg zur Bühne.«

Enrico Carusos Karriere war tatsächlich einzigartig: am 25. Februar 1873 als achtzehntes Kind einer armen Arbeiterfamilie in Neapel zur Welt gekommen, bettelte er sich als Straßensänger durchs Leben, um die ersten Gesangsstunden finanzieren zu können. Doch niemand wollte an ihn glauben. »Deine Stimme klingt wie der Wind, der durchs Fenster pfeift«, meinte sein Lehrer.

Tatsächlich überschlug sich das später so berühmte Organ fortwährend, und vom legendären Hohen C konnte noch lange keine Rede sein. Mit 21 debütierte er bei einer Wandertruppe in seiner Heimatstadt, in den folgenden Jahren trat er ohne besonderen Erfolg an verschiedenen Provinzbühnen auf, ehe er 1898 im Mailänder Teatro Lirico in Umberto Giordanos Oper *Fedora* den Durchbruch schaffte. Dennoch lehnte ihn Puccini zwei Jahre später für die Uraufführung seiner *Tosca* in Rom ab. Gegen alle Widerstände kämpfte Caruso mit ungeheurer Disziplin weiter, bis London, Mailand, Berlin und New York riefen. 1902, als Herzog von Mantua in Verdis *Rigoletto* an der Covent Garden Opera, wurden erstmals das Außergewöhnliche seiner Stimme, seine darstellerische Kraft und seine bahnbrechende Persönlichkeit gewürdigt. Als er zwischen 1906 und 1913 – insgesamt nur 14-mal – an der Wiener Hofoper auftrat, lag ihm die Stadt zu Füßen. Keinem anderen Sänger war hier je die Phantasiegage von 12 000 Kronen* pro Vorstellung ausbezahlt worden. Der Wiener Schriftsteller Robert Weil drückte die Stimmung in einem unter dem Pseudonym *Homunkulus* verfassten Gedicht mit dem Titel *Caruso in Wien* aus:

Was rennt das Volk, was wälzt sich dort
Die langen Gassen brausend fort?
Steht etwa gar der Ring in Flammen?
Es läuft die halbe Stadt zusammen,
Fahrzeuge schießen her und hin,
In hellem Taumel steht ganz Wien,
Nie vor der Oper ging's noch zu so:
Heut singt Caruso!
Die Presse kündete es laut:
»Das ist das Wunder, kommt und schaut,
Das jede Konkurrenz bezwungen,

* Die Summe entspricht lt. Statistik Austria im Jahre 2002 rund 45 000 Euro.

Das sich die höchste Gage ersungen,
Dem in der Welt, der neuen, alten,
Kein Sänger den Tarif kann halten;
So ein Tenor wie sein Tenor,
Kommt niemals nimmer nie nicht vor.
Dafür sind doch genug Beweise,
Vierfach erhöhte Eintrittspreise …«
Jetzt hebt der Vorhang sich hinauf;
Ein Schauder bebt: Denn E r tritt auf,
Der Einzige! Der Auserkorne!
Der eigens für das C Geborne,
Zu viel nicht sagten die Tiraden:
Herrgott, was hat der Mann für Waden!
Herrgott, wie ist die Brust so rund!
Doch still, jetzt öffnet er den Mund!
Er räuspert sich! Achtung! Er zuckt!
Achtung! Er gluckt! Er schluckt! Er spuckt!
Und jetzt: Er singt! Schon singt er A,
Schon singt er B! Schon singt er Ha!
Und jetzt – jetzt kommt's: Hurra, das C!
Das ganze Haus schnellt in die Höh'
Es ist, als zündete der Blitz,
Die Frauen halten sich am Sitz,
Die Mägdlein alle fasst 'ne Rage,
Es wölbt sich hoch die Decolletage,
Mit Ohren, Lippen, Wangen, Augen,
Sucht man das Wunder einzusaugen,
Und die Prinzessin haucht ganz fahl:
»So einer wär' mein Ideal!« …

»In der Tat war Caruso ein dreifaches Phänomen«, erzählte mir Marcel Prawy. »Erstens war er wirklich der größte Tenor aller Zeiten, zweitens war er der Erste, für den die amerikanische Reklamemaschine voll einsetzte, und drittens war er der erste Plattenstar.«

Und was für einer. Die Platte hat nicht nur Carusos weltweite Popularität begründet, er war es auch, der den Siegeszug des noch jungen Mediums ermöglichte, schafften sich doch Millionen Menschen auf allen Kontinenten ihre Grammofone nur an, um das »Wunder Caruso« mit eigenen Ohren erleben zu können. Der britische Plattenproduzent Fred Gaisberg – der mit ihm in der Rekordzeit von zwei Stunden zehn populäre Opernarien aufnahm – brachte es auf den Punkt, als er über Caruso sagte: »He made the gramophone!« Trotz mangelhafter Aufnahmetechnik – anfangs noch mit dem *Edison-Zylinder* – lässt sich seine überragende Gesangsqualität heute noch erahnen.

Enrico Caruso, der wohl berühmteste Tenor aller Zeiten, war auch ein überaus talentierter Zeichner und Karikaturist.

SELBSTPORTRÄT ENRICO CARUSO

Caruso hatte in seinem Repertoire 500 Lieder und 67 Opernpartien, die er jederzeit ohne Vorbereitung beherrschte. Er selbst definierte seinen Erfolg so: »Eine große Brust, ein großer Mund, neunzig Prozent Gedächtnis, zehn Prozent Intelligenz, eine Menge harter Arbeit und ein kleines Etwas im Herzen.«

Zwischen Bühnenruhm und privatem Glück lagen freilich Welten, wie Enrico Caruso leidvoll erfahren musste: seine langjährige Lebenspartnerin Ada, als Opernsängerin eher mittelmäßig, ging – nachdem sie ihm vier Kinder geschenkt hatte – mit seinem Chauffeur durch. Der Startenor, einer der größten Frauenhelden aller Zeiten, hat diese Schmähung nie verkraftet. Er starb 1921 im Alter von nur 48 Jahren.

Meine Reisen zu den Schauplätzen der Weltgeschichte

Tod im Hotel

Mein Besuch im Genfer Beau-Rivage

Das Beau-Rivage, an der eleganten Uferpromenade des Genfer Sees gelegen, ist ein prachtvoller alter Bau. Ein Hotelpalast, vergleichbar mit dem Imperial in Wien oder dem Ritz in Paris. Im Gästebuch findet sich die Weltprominenz der letzten hundert Jahre. Ein gutes Dutzend gekrönter Häupter, der Herzog von Windsor mit seiner Wallis Simpson, General de Gaulle und Edward Kennedy, die Millionäre Astor, Rockefeller und Vanderbilt, etliche Maharadschas und russische Großfürsten. Aber auch Richard Wagner, Robert Schumann, Benny Goodman, Jean Cocteau, Charlie Chaplin oder Clark Gable sind hier abgestiegen. Zwei Namen brachten das Hotel freilich in die internationalen Schlagzeilen: Kaiserin Elisabeth von Österreich und der Ministerpräsident von Schleswig-Holstein, Uwe Barschel. Beide sollten ihre Zimmer im Beau-Rivage nicht lebend verlassen.

Trotz telefonischer Voranmeldung bei der Besitzerin des 200-Betten-Palais war's gar nicht so einfach, zu Madame Catherine Mayer vorzudringen. Eine Hausdame führte mich vorerst durchs Hotel, um mir die Salons und Appartements – vor allem natürlich das Sterbezimmer »unserer Sisi« – zu zeigen. Als ich aber der Hotelangestellten die Frage stellte, wo denn die Suite, in deren Badezimmer der Ministerpräsident Barschel ..., da war plötzlich der Teufel los. Die junge Frau ergriff hastig die Flucht und ward nie wieder gesehen. Nach längerer Wartezeit tauchte eine Verwandte der Chefin auf, bot mir im Marmorsalon *L'Impératrice* einen Platz an und wollte von mir wissen, ob ich tatsächlich wegen der Kaiserin Elisabeth gekommen wäre. Denn in Sachen Dr. Uwe Barschel könne man mir, »bitte wirklich um Verständnis«, keine Auskunft erteilen.

Erst nach einer Garantieerklärung meinerseits, dass ich keineswegs an Barschels Badewanne interessiert sei, sondern einen Bericht über Kaiserin Elisabeth schreiben wollte, erschien Madame Catherine Mayer, die Chefin. Unterm Arm ein riesiges Paket Unterlagen und Fotos zu »Sisis« Tod im Appartement 119/120 des Beau-Rivage.

Man ist, so hat's den Anschein, geradezu stolz darauf, dass Österreichs Kaiserin im familieneigenen Hotel ihren letzten Atemzug tat, will mit der Affäre Barschel jedoch absolut nichts zu tun haben.

Verbleiben wir also zunächst beim von der Direktion »zugelassenen« Fall in der Hotelchronik. Kaiserin Elisabeth war am 9. September 1898 in Genf angekommen, wo sie sich unter dem Pseudonym »Gräfin von Hohenembs« einquartierte. Eine Schweizer Zeitung lüftete tragischerweise das Inkognito und berichtete, dass Ihre Majestät im Beau-Rivage (auf Deutsch: Schönes Ufer) abgestiegen sei. Als der 25-jährige Anarchist Luigi Lucheni diese Zeilen las, sah er seine große Stunde gekommen. Seit Monaten schon wollte er »irgendein Attentat« verüben, doch konnte er diesen Plan mangels einer geeigneten, in Genf weilenden prominenten Persönlichkeit nicht verwirklichen.

Tags darauf, als Elisabeth um 13.38 Uhr mit ihrer Hofdame Irma Gräfin Sztáray, nur ein paar Schritte vom Beau-Rivage entfernt, am Kai das Linienschiff nach Montreux besteigen wollte, stach Lucheni mit einer spitzen Feile zu. »Die Kaiserin sank zur Erde«, gab die

Gräfin Sztáray später als Zeugin des Mordanschlags der Genfer Polizei zu Protokoll, »da erst kam mir der Gedanke, dass das Scheusal Ihre Majestät geschlagen haben musste.«

Trotz ihrer schweren Verletzung konnte die Kaiserin noch bis zum Schiff gehen, auf dem sie dann ein zweites Mal zusammenbrach.

»Was ist denn mit mir geschehen?« waren Elisabeths letzte Worte, ehe man sie in bewusstlosem Zustand zum Beau-Rivage zurückbrachte.

Das Hotel wurde damals von Charles-Albert und Fanni Mayer, den Großeltern der heutigen Besitzerin, geführt. »Ich kann mich noch gut an die Erzählungen meiner Großmutter erinnern«, hob Catherine Mayer an (die trotz ihres Namens kein deutsches Wort beherrscht). »Meine Großmutter stand dort drüben in der Halle«, zeigte sie in das mit prächtigem Marmor geschmückte Atrium im Erdgeschoß, »als die schwer verletzte Kaiserin auf einer improvisierten Bahre aus Segelleinen und zwei Schiffsrudern im Haus ankam, worauf sofort der Hotelarzt Dr. Golay gerufen wurde.«

Großmama Fanni Mayer hinterließ ein paar dicht beschriebene Bogen Papier, auf denen sie die historisch gewordenen Ereignisse des 10. September 1898 in französischer Sprache schildert. Ihre Enkelin Catherine zeigte mir das bisher unveröffentlicht gebliebene Dokument: »Sechs Damen und sechs Herren trugen die schwer verletzte Kaiserin in das Hotel, während unser Geschäftsführer Elisabeths Hand hielt. Ich verfolgte diesen so traurigen und entsetzten Zug bis hinauf in den ersten Stock zum Appartement, das die Kaiserin bewohnte. Dr. Golay sagte, er könne nicht mehr helfen, der Blutverlust sei zu hoch, was an einem immer größer werdenden Fleck am Herzen zu beobachten war. Ihren letzten Seufzer gab Elisabeth ungefähr zwanzig Minuten nach ihrer Ankunft im Hotel. Comtesse Sztáray schloss in Anwesenheit eines Priesters ihre Augen und legte ihr beide Hände zusammen.«

Einige Zeit weilte die Kaiserin unter demselben Dach wie ihr Mörder, ist den Aufzeichnungen der Hotelchefin Fanni Mayer zu entnehmen: »Passanten verfolgten den Attentäter und hielten ihn fest, bis ihn ein Gendarm verhaften und in unser Hotel bringen konnte. Hier versetzte mein schockierter Gatte dem Mörder einen heftigen Schlag ins Gesicht, und der Gendarm musste einen jungen österreichischen Baron daran hindern, sich auf Lucheni zu stürzen. Nach einer kurzen Einvernahme im Hotel wurde der Gefangene zum Polizeirevier befördert.«

Zu diesem Zeitpunkt war Kaiserin Elisabeth bereits verstorben. Mit einem Porträt der jungen »Sisi« in deren Sterbezimmer 119/120 wird im Beau-Rivage bis heute des Dramas gedacht.

Knapp neunzig Jahre später ereignete sich, zwei Stockwerke höher, eine ganz andere Tragödie. Der wegen einer nie restlos geklärten Politaffäre seines Amtes enthobene Ministerpräsident Uwe Barschel nahm sich am 10. Oktober 1987 in der Badewanne des Zimmers 317 im Beau-Rivage das Leben. »Das Appartement wird seither nur an nicht-europäische Gäste vermietet, die vermutlich nie vom Fall Barschel gehört haben«, erzählte mir ein Stubenmädchen hinter vorgehaltener Hand. Das »Sisi-Zimmer« hingegen gilt als Attraktion des Hauses und ist zum Preis von 2750 Franken pro Nacht für jeden, der sich's leisten kann, beziehbar.

Durch den Tod der Kaiserin erlangte das Hotel – in dessen Seitentrakt am Quai du Mont-Blanc lange Zeit das österreichische Generalkonsulat untergebracht war – große Berühmtheit. Es gibt sogar den Plan, darin ein Elisabeth-Museum zu eröffnen. Die Familie Mayer – urgroßväterlicherseits wie »Sisi« aus Bayern stammend

– hat für diesen Zweck eine umfangreiche Sammlung angelegt, in der sich unter anderem ein Originalkleid der Kaiserin befindet. Den Grundstock für die Erinnerungsstätte bilden ein paar Habseligkeiten Elisabeths, über deren Herkunft Fanni Mayer ebenfalls in ihrer Niederschrift vom Tag des Mordanschlags berichtet: »Die Kaiserin wurde einbalsamiert und in ihren Sarg gelegt. Am Abend gab die Comtesse Sztáray mir und meinem Mann eine Rose, die sie dem Sarg entnommen hatte und die ich sorgfältig behüte. Außerdem händigte sie mir ein malvenfarbenes, vom Blut der Kaiserin beflecktes Stück eines Bandes aus.«

Diese Gegenstände werden seither in einem kleinen Glasschrank aufbewahrt.

Neben Elisabeth und dem Ministerpräsidenten Barschel ist auch der Herzog von Braunschweig – vor mehr als hundert Jahren freilich schon – im Beau-Rivage verschieden. »Eines natürlichen Todes«, wie sich die Hotelchefin anzufügen beeilte. Dann schmunzelte sie noch: »Wir sind aber sicher, dass in unserem Haus mehr Menschen gezeugt wurden als verstorben sind.«

Die Hotelchronik gibt darüber keine Auskunft. Doch sind die Lebenden wohl nicht so berühmt geworden wie die hier Verstorbenen.

Oberst Redl auf der Spur

Österreichs größter Spionagefall

Als ich im Herbst 1983 den Entschluss fasste, ein Buch über den k. u. k. Generalstabsoberst Alfred Redl zu schreiben, war mir klar, dass der berühmte Spion in erster Linie für den Geheimdienst des Zaren gearbeitet hatte und die Dokumente seiner verräterischen Tätigkeit daher vor allem in den Militärarchiven in Moskau und St. Petersburg zu finden wären. In diese jemals Einblick nehmen zu können, schien jedoch ebenso aussichtslos wie den Code der Bank von England zu knacken. Denn von Gorbatschow, Glasnost und Perestroika war man damals noch zwei (Licht-)Jahre entfernt.

Doch man probiert's. Oberst Kurowkin, der russische Militärattaché in Wien, war auffallend freundlich. Ich hatte mich in die Botschaft der damaligen UdSSR gewagt, obwohl es in Moskau eine totale Archivsperre für ausländische Historiker, Schriftsteller und Journalisten gab – einerlei, ob sie aus Ost oder West kamen.

Dann die große Überraschung. Schon der ersten Reaktion des Offiziers war zu entnehmen, dass die Sowjets gar nicht so bös darüber zu sein schienen, wenn es um die Aufdeckung der seinerzeitigen, gegen Österreich-Ungarn gerichteten zaristischen Spionagemethoden ging.

Und diese Spionagemethoden waren, wie ich den mir dann doch zugespielten Informationen entnehmen konnte, nicht ohne. Die wahre Geschichte, wie Oberst Redl von St. Petersburg angeheuert, erpresst und dann zwölf Jahre lang zum Verrat der wichtigsten militärischen Geheimnisse der Monarchie gezwungen wurde, sollte sich als spannender erweisen als jeder *James-Bond*-Film.

Man hatte mir, noch vor meinem Besuch in der Botschaft, nahe gelegt, dort mit einem »Empfehlungsschreiben einer hohen offiziellen österreichischen Persönlichkeit« aufzutauchen. Der damalige Bundeskanzler Fred Sinowatz stattete mich mit einem solchen aus, in dem er festhielt, dass ihm »die Erforschung dieses in der Geschichte unserer beiden Länder einmaligen Falles interessant erscheint, und es nach so vielen Jahren für die historische Forschung wichtig wäre, herauszufinden, was Redl nach St. Petersburg berichtet hat«.

Darüber gab's nämlich bis dahin nur Spekulationen. Seit der »Rasende Reporter« Egon Erwin Kisch nach Redls Tod im Jahre 1913 aufgedeckt hatte, dass der langjährige Chef des k. u. k. Nachrichtendienstes ein Spion gewesen und zum Selbstmord gezwungen worden war, hatte sich – abgesehen von Romanen und Romanverfilmungen – in Österreich noch niemand ernsthaft mit dem größten Spionagefall des 20. Jahrhunderts beschäftigt. Die Affäre war deshalb so folgenschwer, weil sie – entgegen allen Beteuerungen der damaligen Politiker und Militärs – sehr wohl entscheidenden Einfluss auf den Verlauf des Ersten Weltkriegs und damit auf das Ende der Monarchie hatte.

Um dies dokumentieren zu können, musste ich den Nachweis erbringen, dass Österreichs oberster Spionagechef die alles entscheidenden Aufmarschpläne der k. u. k. Armee verkauft und verraten hatte. Und das in den Jahren vor Ausbruch des Weltkriegs! Verkauft und verraten an Russland vor allem, aber auch an Frankreich und Italien – an die Feindmächte von morgen also.

»Der Aufmarschplan« enthält die detaillierten Vorsorgen für den Kriegsfall und stellt daher das größte militärische Geheimnis jedes

Staates dar. Er wird wie ein Heiligtum in schweren Panzerschränken unter Verschluss gehalten, nicht einmal das verbündete Deutsche Reich war über die einzelnen Elaborate voll informiert. Neben Kaiser und Kriegsminister hatte bestenfalls ein Dutzend Generalstabsoffiziere, deren hundertprozentiger Integrität man sicher sein konnte, Zugang zu diesem wichtigsten Schlüssel für die Sicherheit des Staates. Und zu diesen Männern zählte – Alfred Redl.

Nun, das Betreten sowjetischer Archive, in denen der »Fall Redl« lagerte, wurde mir auch durch das Schreiben des österreichischen Bundeskanzlers nicht gestattet. Die Bestimmungen Moskaus waren zu streng, um durchbrochen zu werden. Doch ich erhielt die gewünschten Informationen »auf Schleichwegen«.

Die einzigen Forscher, die zu diesem Zeitpunkt in russische Geheimunterlagen Einblick nehmen durften, waren sowjetische Wissenschafter und Militärs.

Man ließ mich wissen, dass sich bisher nur ein Generalmajor Millstein und der Historiker Jegor Ivanov in den russischen Archiven durch die »Spionageakte Redl« gekämpft hätten. Wenn es gelang, ihre Forschungsergebnisse in den Westen zu schaffen, war der Fall zu klären. Und via Oberst Kurowkin, dem sowjetischen Militärattaché in Wien, sollte dies gelingen.

»Es gibt wohl kein einziges Geheimnis, das Russland interessierte, zu dem Redl keinen Zugang hatte«, schreibt Generalmajor Millstein in seiner militärwissenschaftlichen Arbeit *Der Fall des Oberst Redl.* Dezidiert heißt es hier unter anderem, »dass Redl dem russischen Geheimdienst den Aufmarschplan der österreichisch-ungarischen Armee übergab«.

Redls Mittelsmann im zaristischen Geheimdienst hieß Philimon Stecisin. Diesen traf er regelmäßig im mondänen Kurort Karlsbad, wo Redl seinem Auftraggeber im Laufe der Jahre neben den jeweils aktuellen Aufmarschplänen Tausende fotografierte Geheimdokumente, darunter Befehle des Kaisers und des Thronfolgers, Zeichnungen von Festungsbauten, Angaben über Truppenstärke, Waffentechnik und vieles andere überreichte.

»Redl fuhr mit seinem Wagen vor«, entnahm Ivanov den Berichten Stecisins, »bestellte im Grandhotel Pupp zwei nicht sehr teure Zimmer mit einem gemeinsamen Bad. Er packte seine Sachen aus und machte sich in ausgezeichneter Stimmung auf einen Spaziergang. Redl veranstaltete seine konspirativen Treffen sehr gern gerade in Karlsbad, denn es schmeichelte seiner Eitelkeit, dass er unter Fürsten, Grafen und Baronen, Fabrikanten und Industriellen, den größten Kaufleuten Europas, ihren Frauen und Mätressen, nicht nur wie ihresgleichen auftreten konnte, sondern als Gebieter, ausgestattet mit einer geheimen Macht, die er einerseits der Zugehörigkeit zum Clan des k. u. k. Generalstabs Österreich-Ungarns und andererseits dem Dienst im allmächtigen russischen Geheimdienst verdankte. Redl zweifelte keine Minute daran, dass er sie alle an Leistungsfähigkeit, Geschicklichkeit und Geist übertraf – er, der Sohn eines einfachen Beamten aus Lemberg.«

Sein Mittelsmann arrangierte diese Treffen nur ein- bis zweimal im Jahr, um die Organisation nicht der Gefahr der Aufdeckung auszusetzen. »Redl ging auf sein Zimmer und legte für das bevorstehende Mittagessen mit Stecisin den eleganten Smoking an. Dann betrat er sein Badezimmer und klopfte leise an die angrenzende Tür. Diese wurde sofort geöffnet, als ob hinter ihr schon jemand gewartet hätte, und auf der Schwelle stand der grauhaarige, rundliche Philimon Stecisin.

Redl sperrte in aller Ruhe die Tür hinter sich zu und schaltete das

Licht im Bad ein. Nach ein paar Minuten kam Stecisin, ohne zu klopfen, in Redls Zimmer. Und Redl übergab ihm, was immer der Auftraggeber gefordert hatte. Für den Generalstabsoffizier Redl war es ziemlich einfach, an die verschiedenen Dokumente heranzukommen. Als hilfreich erwies sich auch der Umstand, dass seinerzeit eine glänzende Beschreibung der Arbeit Redls im Evidenzbüro* dem Kaiser Franz Joseph selbst vorgelegt worden war.«

Redl verriet Stecisin in seinem Zimmer des Grandhotels Pupp im legeren Plauderton die streng »reservaten« Absichten Österreich-Ungarns für den Fall bewaffneter Auseinandersetzungen.

Die Bestätigung dafür, dass die Angaben der Spionageexperten Millstein und Ivanov stimmen, fand ich »auf der anderen Seite«. Denn erst, als sich die Pforten der Moskauer Quellen geöffnet hatten, händigte man mir auch im Wiener Kriegsarchiv die Geheimunterlagen der hier lagernden »Akte Redl« aus. Jahrelang hatte der prominente Historiker Ludwig Jedlicka um die Freigabe der Papiere gekämpft, den Erfolg seiner Bemühungen jedoch nicht mehr erlebt.

Jetzt aber war es soweit. Neben den Beweisen für den Verkauf der Aufmarschpläne, stieß ich auf weitere Materialien abenteuerlichen Inhalts. So übergab mir Dr. Peter Broucek vom Kriegsarchiv eines Tages die kompletten Protokolle jenes Prozesses, der nach Redls Tod gegen seinen langjährigen Geliebten, den Leutnant Stefan Horinka, wegen »des Verbrechens der Unzucht wider die Natur« geführt wurde.

Und in diesen Unterlagen liegt der Schlüssel zu Redls Verrat. Denn der Offizier war aufgrund seiner Homosexualität vom russischen Geheimdienst – der wichtige k. u. k. Offiziere prinzipiell

* Spionagezentrale des k. u. k. Generalstabs

bespitzelte – zur Mitarbeit erpresst worden. Redl hätte, einmal seiner Neigungen überführt, augenblicklich den Dienst quittieren müssen und wäre am Ende seiner bürgerlichen Existenz gestanden. Stattdessen versorgte er Europas Staatskanzleien mit den geheimsten Informationen, über die Österreich-Ungarn verfügte.

Stefan Horinka war, als sein intimer Kontakt mit Redl begann, achtzehn Jahre alt. Er wird in seiner Heeres-Qualifikationsliste als »heiterer, gutmütiger, noch in Entwicklung begriffener Charakter, etwas leicht erregbar« sowie als »guter, hochintelligenter und sehr schneidiger Kavallerieoffizier« beschrieben.

Gekannt hatten Redl und Horinka einander schon früher. Stefan war beim ersten Zusammentreffen ein erst vierzehnjähriger Realschüler gewesen. Der Untersuchungsrichter Dr. Wenzel Vorlicek verfasste nach dem Verhör Horinkas einen ausführlichen Bericht, der die näheren Umstände, wie es zu der Beziehung gekommen war, durchleuchtet: Redls langjähriger Privat- und Offiziersdiener, Andreas Nebel, hatte im Jahre 1903 seine Stellung bei Redl gekündigt und war durch dessen Vermittlung als Bote bei der Österreichisch-ungarischen Bank eingestellt worden. Dort lernte Nebel den Skontisten Johann Horinka kennen. Dessen sehnlichster Wunsch war es gewesen, seinem ältesten Sohn Stefan die Offizierslaufbahn zu ermöglichen. Nebel bat den damaligen Hauptmann des Generalstabs um Hilfe, und Redl sagte seinem ehemaligen Diener zu, sich für den vierzehnjährigen Knaben zu verwenden. Stefan wurde nach Fürsprache Redls wirklich in die Infanterie-Kadettenschule Wien aufgenommen. Aber auch nachdem Stefan die Schule, übrigens »mit vorzüglichem Erfolg«, absolviert hatte, erklärte sich Redl bereit, »für den jungen Mann zu sorgen, da ich ja ganz allein dastehe und vermögend bin …«

Frau Anna Horinka, die Mutter des Leutnants, sagte »in böhmischer Sprache« als Zeugin vor Gericht aus, sie »betrachtete es als ganz besonderes Glück, dass sich Oberst Redl derart für meinen Sohn interessierte ... über die Art des Verkehrs zwischen ihm und Stefan wusste ich gar nichts.«

Untersuchungsrichter Vorlicek weiter in seinem schriftlichen Bericht: »Nach Absolvierung der Kadettenschule und Ausmusterung zum Infanterieregiment Nr. 49 bedankte sich der neu ernannte Kadettstellvertreter Stefan Horinka bei seinem Protektor, dem damaligen Major Redl, für seine bisherige Fürsorge. Major Redl nahm den jungen Fähnrich freundlich auf und gewährte ihm eine monatliche Zulage von 50 Kronen, die im Laufe der Zeit auf 600 Kronen erhöht wurde. Schließlich setzte Oberst Redl durch seinen weitgehenden Einfluss auch die Transferierung des damaligen Fähnrichs Horinka zum Ulanenregiment Nr. 7 durch.«

Stefan Horinkas »Ulanenregiment Erzherzog Franz Ferdinand Nr. 7« war in Stockerau bei Wien stationiert. Während Horinka also nur wenige Kilometer von der Hauptstadt entfernt garnisonierte, besuchte er Redl häufig, »da dieser wiederholt hervorhob, das heitere Wesen Horinkas wirke sehr aufmunternd auf ihn. Hierdurch fühlte sich der unerfahrene Mann auf das Höchste geschmeichelt, umso mehr, als der damalige Major ihm gleich das Du-Wort antrug und ihn auch sonst durch materielle Werte zu gewinnen wusste.«

Den Schilderungen des jungen Offiziers zufolge wäre Redl ihm »zum ersten Mal nach meiner Ausmusterung im Herbst 1908, unter Hinweis auf mein schlechtes Aussehen« mit eindeutig sexueller Absicht nahe gekommen, und von da an riss das Verhältnis nicht mehr ab. Je älter Redls Schützling aber wurde, desto mehr war er sich »der Unangemessenheit dieser Beziehung bewusst«. Horinka trachtete immer öfter, sich von Redl loszusagen, weshalb es zu heftigen Auseinandersetzungen kam. Beides beweist ein in der Wohnung vorgefundener Brief des Leutnants, den dieser knapp einen Monat vor dem Tod des Obersten an seinen »Lieben Alfred!« geschickt hatte:

»Die Zulage«, schreibt Stefan, »habe ich erhalten und danke aus ganzem Herzen. Der Ton des Briefes hat mich aber sehr überrascht. Jedenfalls habe ich wieder einen schlagenden Beweis für mein Gefühl, dass Dein so genanntes Wohlwollen und Deine uneigennützige Freundschaft auf nichts anderem basiert, als zur Befriedigung Deiner unglücklichen Leidenschaft. Du drohst mir mit Verderben, wenn ich Dir nicht zu Willen bin. Nun gut, so gehe ich lieber zugrunde, als eine bezahlte Dirne zu sein ...«

Redl trachtete stets, Horinka stärker an sich zu binden. Sein Antwortschreiben findet sich in den Gerichtsakten: »Lieber Stefan ... Um Dir erneut zu beweisen, dass ich Dir – trotz Deiner gegenteiligen Einbildung – aus ganzem Herzen nach wie vor väterlichst zugetan bin und trotz Deiner Überhebung immer nur Dein Bestes und Dein Wohl allein vor Augen habe und stets hatte, sonach Freund im edelsten und wahrsten Sinn des Wortes bin und sein will, biete ich Dir hiermit die Hand zur Versöhnung und proponiere – wie ich das auch soeben telegrafisch getan habe – behufs Aussprache und Klärung der Differenzen und Missverständnisse eine Unterredung. Ich hoffe, dass Du klug und vernünftig sein wirst, Deine Ruhe und Besonnenheit bewahrst und es so ermöglichst, dass wir uns bald wieder auf jenem Boden finden, der uns durch so viele Jahre aneinander hielt ...«

Um jeden Beweis der verbotenen Beziehung aus der Welt zu schaffen, bittet Redl seinen Geliebten abschließend, »falls Du Dich entschlossen hast, der Aufforderung zur Unterredung nachzukommen, … meinen ominösen letzten Brief mitzubringen. Mit Gruß und Handschlag Alfred«.

Stefan Horinka war keineswegs homosexuell veranlagt. Er hatte sich anfangs in jugendlicher Naivität von Redl verführen lassen und betrachtete die Beziehung später dann lediglich als Geld bringende, seiner Karriere dienliche Affäre. »Außer durch Gewährung der bereits erwähnten Zulage von 600 Kronen monatlich«, heißt es im Gerichtsprotokoll, »wusste Oberst Redl den Lt. Horinka durch weitgehende sonstige Zuwendungen an sich zu fesseln. Horinka hatte von Redl ein Automobil im Wert von 12 500 Kronen geschenkt erhalten, ferner bezahlte Oberst Redl 238 Kronen vierteljährig an Zins für die Wohnung des Beschuldigten in Stockerau, kaufte demselben für 12 000 Kronen eine elegante Wohnungseinrichtung, schenkte ihm zahlreiche wertvolle Schmuckgegenstände und stellte ihm auch zwei Privatpferde im Werte von 2000 Kronen zur Verfügung …«

Doch damit nicht genug, ließ Horinka den ihm zweifellos hörigen Oberst auch seine Liebschaften mit Mädchen bezahlen. Horinka verpflichtete sich schriftlich, »nie ein Konkubinat einzugehen und nicht öfter als zweimal in der Woche bei einer Frauensperson zu übernachten«. In einem anderen »Vertrag« zwischen den beiden hieß es, Horinka dürfe die von Redl finanzierte Wohnung »nicht durch wüste Schwelgereien besudeln«, andernfalls würde der Oberst »über die Einrichtung verfügen«.

Trotz aller Versprechen pflegte Horinka ein lange anhaltendes Verhältnis, und zwar mit der »Privaten Marie Dobias«, deren Korrespondenz mit dem Leutnant ich ebenfalls in den Gerichtsakten fand. Gemeinsam machte es sich das Pärchen zum Ziel, Redl in großem Umfang »auszunehmen«. Horinka schreibt an Redl, »Mitzi« sei von ihm schwanger gewesen »und hat sichs wegnehmen lassen« – und zwar in dem angesehenen Sanatorium Fürth. »Am 20. ist sie hinaus aus der Klinik und ich habe natürlich bezahlt. Die saldierte Rechnung werde ich mir von der Maria schicken lassen, um sie Dir als Wahrheitsbeweis zu senden, ich werde mich so von dem Verdachte, Toiletten und andere Begehrlichkeiten gekauft zu haben, auf sehr einfache Weise befreien.«

Auch gegen Marie Dobias, »wohnhaft Wien VIII., Florianigasse 57, III. Stock«, wurde nach Redls Tod wegen Spionageverdachts ermittelt. In der Korrespondenz mit ihrem Geliebten Stefan Horinka fanden sich nämlich Passagen »in Bezug auf eine angebliche Russin und sonstige verdächtig erscheinende Verkehrspersonen«. Es konnte jedoch kein belastendes Material sichergestellt werden.

Redl bezeichnete Horinka Dritten gegenüber als seinen Neffen, wodurch die regelmäßigen Zusammenkünfte weniger auffällig erscheinen sollten. Die Rendezvous des »Onkels« mit Stefan fanden teils in der von Redl finanzierten Stockerauer Privatunterkunft des Leutnants statt, teils in Redls Wiener Wohnung am Schlesingerplatz, später dann in seinem eleganten Appartement in der Wickenburggasse.

Die k. u. k. Armee sollte Redls Verrat schon in den ersten Kriegstagen im Sommer 1914 zu spüren bekommen. Denn via St. Petersburg hatte auch Belgrad Kenntnis der detailreichen Unterlagen erhalten. Und zur Verblüffung der ganzen Welt wurde das österreichisch-ungarische Heer nach Kriegsausbruch an der serbischen Grenze zurückgeworfen. Obwohl sie in hoffnungsloser Minderzahl und an Bewaffnung lächerlich unterlegen waren, schienen die Serben jede Bewegung der Österreicher vorauszuahnen. Dreimal wurden die Angreifer mit schweren Verlusten geschlagen. Anstatt, wie in Wien vorausgeplant, Serbien in wenigen Tagen oder Wochen »zu erledigen«, schleppte sich der Feldzug 13 Monate hin. Um die für die Monarchie überraschend lange Durststrecke in Serbien durchstehen zu können, musste Generalstabschef Conrad von Hötzendorf bald Verstärkung von der russischen Front zuziehen, wodurch es zu verheerenden österreichischen Verlusten in Galizien kam. Es ist davon auszugehen, dass der Weltkrieg ohne Redl einen ganz anderen Verlauf hätte nehmen können.

Kaiser, Volk und Vaterland ins Unglück zu stürzen, war für den Spion jedenfalls ein lukratives Geschäft gewesen. Den Angaben General Millsteins zufolge, erhielt Redl allein für die Beschaffung des Aufmarschplanes 1912/13 aus St. Petersburg ein Honorar von 50 000 Kronen*. Die Gesamteinnahmen Redls in den zwölf Jahren seiner Spionagetätigkeit dürften rund zehnmal so hoch gewesen sein.

Interessanterweise hielt es keiner seiner Vorgesetzten für aufklärungsbedürftig, dass ein Offizier, der aus kleinen Verhältnissen kam und über geheimste Informationen verfügte, ein so aufwändiges Leben führen konnte! Immerhin besaß Redl ein fürstliches Gut, mehrere Reitpferde, teure Autos und viele Antiquitäten.

Dass Redl so lange von seinem Büro aus im alten Kriegsministerium Am Hof für den potenziellen Feind arbeiten konnte, ist vor allem auf Schlamperei, Indolenz und Intrigantentum zurückzuführen. Den Tagebüchern des Militärattachés in St. Petersburg, Lelio Graf Spannocchi, konnte ich entnehmen, dass der Diplomat

* Die Summe entspricht lt. Statistik Austria im Jahre 2002 einem Betrag von ca. 130 000 Euro.

durch englische Informanten schon im Jahre 1909 – also vier Jahre vor Auffliegen Redls – von der Existenz eines hochrangigen russischen Agenten im Wiener Generalstab gewusst hatte. Als Spannocchi dies dem Leiter der österreichischen Spionagezentrale meldete, verwies dieser den Attaché – statt die Angelegenheit der Staatspolizei zu übergeben – an seinen Stellvertreter.

Und der hieß Alfred Redl!

Redl hatte also die Aufgabe, gegen sich selbst vorzugehen.

Er erkannte sofort die Gefahr, die auf ihn zukam und entwickelte eine geniale Strategie, mit der es ihm nicht nur gelang, seine eigene Haut zu retten, sondern den hochintegren (und später rehabilitierten) Grafen Spannocchi seinerseits in einen Spionagefall zu verwickeln. Daraufhin wurde der Attaché aus St. Petersburg abgezogen und strafversetzt. Redl hatte seinen gefährlichsten Widersacher, der nahe daran war ihn, zu enttarnen, kaltgestellt.

Hätte man nicht österreichisch, sondern korrekt gehandelt, wäre man Redl schon vier Jahre vor seinem Ende auf die Schliche gekommen. Vier entscheidende Jahre vor Kriegsausbruch!

Redls Enttarnung verlief – bedenkt man, dass er seit 1901 praktisch unbemerkt spionieren konnte – eher banal: In den Frühlingstagen des Jahres 1913 war ein im Wiener Hauptpostamt an »Herrn Nikon Nizetas« gerichteter postlagernder Brief nicht abgeholt worden. Er wurde nach Ablauf der gesetzlichen Lagerzeit als »unzustellbar« an das deutsche Aufgabepostamt Eydtkunen, ganz nahe der russischen Grenze, retourniert und von dort an die Postdirektion Berlin weitergeleitet. Hier öffnete man das anonym aufgegebene Kuvert. Und fand darin 6000 österreichische Kronen.

Die Sache erschien verdächtig, da Beträge dieser Größenordnung im Normalfall auf anderem Wege zugestellt wurden. Also leitete die Berliner Post das Kuvert an die deutsche Spionageabwehr weiter.

Es lag auf der Hand, dass es sich hier um Spionage handelte. Nicht nur wegen des hohen Geldbetrages, sondern auch wegen des Aufgabeortes Eydtkunen, der auf eine russische Herkunft des Absenders schließen ließ.

Die deutschen Spionage-Experten schickten das Corpus delicti an ihre Wiener Kollegen. Hier übernahm Major Max Ronge den Fall, von dem er später berichten sollte: »Uns blieb die Hoffnung, dass Nikon Nizetas einmal nach dem Kuvert fragen würde. Der Brief war durch amtliche Behandlung so zugerichtet, dass der Empfänger sofort Lunte riechen musste, wenn er ihn in die Hand bekam. Wir fabrizierten deshalb einen anderen, der noch einmal aufgegeben wurde, und veranlassten die Beobachtung des Postschalters.«

Einer der Polizeiräte, die für die Bewachung der Hauptpost verantwortlich zeichneten, war der spätere Polizeipräsident und Bundeskanzler Johann Schober. Am 24. Mai 1913 war es dann endlich so weit, wie sich die 19-jährige Postbedienstete Betty Österreicher später erinnerte: »Auf einmal stand ein Herr in Zivil, grauer Anzug, dunkler Hut, vor meinem Schalter und legte mir einen Zettel hin, auf dem ›Nikon Nizetas‹ stand.« Wie vereinbart drückte Betty Österreicher auf einen versteckten Klingelknopf, um die im Nebenzimmer wartenden Polizisten zu alarmieren. »Ich stand auf, holte den Brief vom Regal, sah einen Kriminalbeamten auftauchen. Der Unbekannte bestätigte durch eine Unterschrift den Erhalt des Schreibens und verschwand ins Freie.«

Die Dienst habenden Polizeidetektive Macha und Watzek schilderten nach dem Zusammenbruch der Monarchie in einem Interview mit dem *Neuen Wiener Tagblatt* die Einzelheiten der Verfolgungsjagd: »Am 42. Tage unserer Beobachtung ertönte das vereinbarte elektrische Glockensignal. Der dem Polizeidienst fremd Gegenüberstehende kann sich unsere freudige Erregung kaum vorstellen, als wir das Läutesignal hörten. Es wird dies aber verständlich, wenn man bedenkt, was es heißt, durch sechs Wochen täglich von 7 Uhr früh bis 8 Uhr abends an ein und demselben Orte ungeduldigst dieses Zeichens harren zu müssen. Nun kam aber erst der schwierigste Teil unserer Aufgabe, die unauffällige Beobachtung des Briefbehebers und seines Auftraggebers.«

Gleich nachdem die Polizeiagenten ihren eigenen Angaben zufolge den Rücken des »mit einem grauen Jackettanzug gekleideten Herrn« im Postbüro erspäht hatten, verließ dieser das Amtsgebäude. »Er ging auf den Schwedenplatz, bestieg dort ein Auto, dessen Nummer von uns notiert wurde.« Die Kriminalisten nahmen die Verfolgung auf, verloren die Spur des Taxis jedoch nach wenigen Metern. »Man kann sich unsere Verzweiflung vorstellen, da wir endlich, nach wochenlangem Warten ›Nikon Nizetas‹ gesehen hatten, der uns aber doch wieder entkommen war.«

Glücklicherweise begegneten die Kriminalbeamten dem Taxi wieder. Sie hielten es an und fragten den Fahrer: »Wohin sind Sie mit dem Herrn von der Hauptpost gefahren, und wer war Ihr Fahrgast?«

»Den Herrn kenn ich nicht. Er wollte zuerst zum Hotel Klomser fahren, ist aber dann schon Am Hof, Ecke Freyung, bei der Creditanstalt ausgestiegen und hat mich dort ausbezahlt. «

»Führen Sie uns hin.«

Detektiv Macha fand unterwegs »am Boden des Autos ein ledernes Futteral, das der Verfolgte ganz offensichtlich verloren hatte, als er im Wagen sitzend, mit seinem Taschenmesser den eben behobenen Brief öffnete«.

Die Kriminalbeamten verließen das Taxi ebendort, wo wenige Minuten zuvor der »graue Herr« ausgestiegen war. Zu Fuß gingen sie jetzt zum Hotel Klomser, wo sie weitere Spuren des Verdächtigen zu finden hofften, da er dem Taxilenker ja ursprünglich diese Adresse angegeben hatte.

Polizeiagent Macha, der erfahrene Kriminalist, gab an, er hätte aufgrund der Haltung des lediglich von hinten am Poste Restante-Schalter erspähten Herrn in Zivilkleidung einen Offizier vermutet. Deshalb erkundigte er sich an der Rezeption des Klomser, ob Offiziere im Hotel wohnten. »Der Portier nannte mir etwa zehn Namen«, erzählte Macha, »doch keiner war mir persönlich bekannt. Hierauf übergab ich dem Hotelangestellten das im Automobil gefundene Taschenmesserfutteral mit dem Ersuchen, es auf dem neben der Eingangstür, bei der Portierloge befindlichen Tisch so hinzulegen, dass jeder Kommende es bemerken musste.« Macha schärfte dem Portier noch ein, »ja nicht zu verraten, dass ein Polizeiorgan diesen Gegenstand gebracht hat, sondern dass er von einem Chauffeur hinterlegt worden sei, dessen Wagen von einem Passagier des Hotel Klomser benützt worden war«. Ferdinand Watzek, der jüngste der drei Polizeiagenten, wurde nun im Auftrag des Einsatzleiters Macha »in der Nähe des Hotels so aufgestellt, dass er den Herrn im grauen Jackett beim Kommen hätte wahrnehmen können, ohne von diesem selbst gesehen zu werden«.

Die beiden anderen »Kiberer«, wie man Kriminalbeamte bis heute in Wien nennt, begaben sich mittlerweile in das schräg gegenüber vom Klomser liegende Durchhaus, welches die Herrengasse mit der Freyung verbindet. Plötzlich bemerkte einer der Detektive »zu meiner namenlosen Freude, wie der uns früher Entkommene, von der Freyung her, das Durchhaus betrat«.

Der Unbekannte ging ahnungslos an den Polizeiagenten vorüber, »blieb knapp vor dem Ausgang in der Herrengasse stehen, entnahm dort seiner Westentasche einige Papiere, zerfetzte sie in Stückchen, die er wegwarf. Dann erst trat er in die Herrengasse hinaus, blickte sich vorsichtig nach allen Seiten um, und ging bis zur Höhe des Palais Kinsky weiter. Jetzt machte er plötzlich kehrt und ging in das Hotel Klomser.«

Detektiv Volny hatte mittlerweile die Papierschnitzel aufgelesen und aufbewahrt. Macha verfolgte den Herrn im grauen Anzug ins Hotel, ein Blick auf den Tisch neben der Portierloge überzeugte ihn davon, dass das Taschenmesserfutteral nicht mehr auf seinem Platz lag. Gleichzeitig trat der Portier auf ihn zu und entschuldigte sich, dass er vorhin den Namen eines erst am selben Morgen mit eigenem Auto angekommenen Offiziers zu nennen vergessen hatte. »Es war der Herr Oberst Redl.«

»Hat er das Taschenmesserfutteral eingesteckt?«, fragte Macha.

»Ja, ja, gleich nach seiner Rückkehr hat es der Herr Oberst, unter Anzeichen heftigen Erschreckens, als sein Eigentum erkannt und an sich genommen. Er hat sich erst beruhigt, als ich ihm auftragsgemäß sagte, dass es ein Chauffeur hinterlegt habe.«

Dann sei der Herr Oberst auf sein Zimmer gegangen.

Einerseits waren die Polizisten glücklich, den Verdächtigen endlich identifiziert zu haben. Andererseits konnte Macha nicht glauben, dass ausgerechnet Oberst Redl der gesuchte Hochverräter wäre, dem er mit seinen Kollegen seit nunmehr sechs Wochen aufgelauert hatte. »Oberst Redl!«, Detektiv Macha wusste jetzt, wieso ihm der Herr im grauen Anzug, wenn er ihn auch nur flüchtig gesehen hatte, bekannt vorgekommen war. Er hatte den militärischen Sachverständigen in früheren Jahren des Öfteren vor Gericht gesehen, wenn er als Kriminalbeamter in den Zeugenstand gerufen worden war.

Oberst Redl! Der langjährige Chef der Spionageabwehr selbst ein Spion?

Ausgeschlossen. Macha wusste aus eigener Erfahrung, mit welcher Härte Redl von den Beamten der Staatspolizei seinerzeit die Verfolgung von Spionen verlangt hatte. Er erinnerte sich an die leidenschaftlich vorgetragenen Anklagen des Sachverständigen, der stets für eine höhere Strafe plädiert hatte als der Staatsanwalt. Nein, dieser Mann konnte kein Verräter sein, konnte nicht dasselbe oder vielleicht noch Schlimmeres begangen haben, als seine eigenen Opfer vor Gericht.

Und doch – die Beweise waren erdrückend. Von der Portierloge aus bediente Macha die Handkurbel des Telefonapparats. Er wählte die Geheimnummer des Leiters der Staatspolizei, 12-3-48. Edmund von Gayer selbst hob ab. Er war bereits vom Amtsvorstand der Hauptpost verständigt worden, dass ein unbekannter Zivilist die Briefe geholt hätte.

»Wer ist es?«, fragte Gayer. »Haben Sie ihn erwischt?«

»Herr Regierungsrat – es ist – der Oberst – Redl!«

»Unmöglich. Sie müssen sich irren. Kommen Sie sofort herein!«

Das Büro der politischen Staatspolizei verwandelte sich innerhalb von Sekunden in einen Hexenkessel. Gayer rief die drei mit der Angelegenheit vertrauten Polizeiräte zu sich und versuchte gleichzeitig, Major Ronge im Kundschaftsbüro telefonisch zu erreichen. Doch der war gerade auf dem Weg nach Hause. In der Zwischenzeit traf Polizeiagent Macha bei Gayer ein. Es gab keinen Zweifel: »Oberst Redl ist Nikon Nizetas, Oberst Redl ist der Verräter!« Die von dem Spion in der Passage zwischen Freyung und Herrengasse achtlos weggeworfenen Papierstücke wurden von den Polizeibeamten zusammengefügt. Es handelte sich um Zahlungsbestätigungen, aus denen bekannte Spionageadressen hervorgingen. Eine Warschauer Anschrift wies eindeutig nach Russland, in Brüssel war eine Expositur des französischen Geheimdienstes, und in Lausanne liefen die Drähte des italienischen Kundschaftswesens zusammen. Man wusste ab diesem Moment, welche Staaten Redls Auftraggeber waren. Gayer stürmte mit der Katastrophenmeldung in die Amtsräume des Polizeipräsidenten Karl Freiherr von Brzezowsky zur Berichterstattung. Im Anschluss daran versuchte er es wieder bei Ronge. Der sich an den Nachmittag des 24. Mai folgendermaßen erinnerte: »Ich begab mich gegen Abend zum späten ›Mittagessen‹ nach Hause. Kaum in der Wohnung angekommen, hörte ich das Telefon schrillen. Regierungsrat Gayer rief mich an: ›Bitte, kommen Sie in mein Büro, es ist etwas Schreckliches passiert!‹«

Im Polizeipräsidium auf dem Kolowratring angekommen, verharrte Ronge »einige Minuten in starrem Entsetzen, als mir die Kunde wurde, dass Redl als Verräter entlarvt worden war. Dann ging es an die traurige Arbeit«. Zunächst musste Redls Handschrift eindeutig identifiziert werden. Ronge ließ sich das vom Obersten bei Übernahme der Briefe mit den Worten ›Nikon Nizetas‹ versehene Stück Papier vom Postamt bringen. Gleichzeitig langten aus dem Evidenzbüro Dienstakte mit persönlichen Vermerken des seinerzeitigen Kundschaftsoffiziers Redl ein. Kein Zweifel: die Handschriften stimmten überein.

Um eine mögliche Flucht zu verhindern, musste Redl sofort unter Bewachung gestellt werden. Kriminalbeamte der Staatspolizei »übernahmen« Portal und Lieferanteneingang des Hotel Klomser.

Als Nächstes rief Ronge seinen direkten Vorgesetzten, den Geheimdienstchef August von Urbanski, an. »Mich traf Ronges Meldung wie ein Keulenschlag«, schreibt dieser in seinen Lebenserinnerungen. »Ich musste jedoch unverzüglich handeln.« Urbanski und Ronge trafen einander, um gemeinsam Franz Conrad von Hötzendorf, dem Chef des Generalstabs, Bericht erstatten zu können.

Urbanski hatte beim Adjutanten Conrads mittlerweile in Erfahrung gebracht, dass »der Chef« im Grandhotel am Kärntner Ring zum Abendessen weilte. Er saß in großer Gesellschaft im Speisesaal des Nobeletablissements.

»August, was bringst du mir Schönes?«, fragte General Conrad seinen Freund und Kameraden.

»Dürfte ich Eure Exzellenz gehorsamst um ein Gespräch unter vier Augen bitten?«

»Was, mitten im Abendessen? Ist's wirklich so dringend? Na also, geh'n wir.«

Major Ronge wartete im Speisesaal, Conrad und Urbanski gingen in einen Nebenraum. Der Chef des Evidenzbüros erstattete dem Chef des Generalstabs die Meldung, dass die Briefe an Nikon Nizetas heute Nachmittag abgeholt wurden, deren Beheber, der von Detektiven verfolgt worden war, habe unterwegs Postbestätigungen zerrissen.

»Ist der Mann verhaftet?«, fragte Conrad.

»Er wurde sichergestellt, Exzellenz.«

»Nur sichergestellt? Wer ist es denn?«

»Exzellenz ...«

»Nun, wer der Mann ist, will ich wissen!«

»Es ist ...«

»... heraus mit der Sprache, August, ich bin darauf vorbereitet, dass es nicht der erste Beste ist.«

»Exzellenz, es ist Oberst Redl.«

»Wer? Sind Sie wahnsinnig geworden?« Conrad von Hötzendorf schrie. »Nehmen Sie sich in Acht, Herr Oberst!«

»Exzellenz ...«

»Entschuldige, August. Oberst Redl! Ist denn das sicher?« Kreidebleich ließ er sich auf einen Stuhl in dem kleinen Extrazimmer des Grandhotels fallen. Er versuchte, sich die Tragweite der Affäre auszumalen. Wenn das bekannt würde, diese Schmach. Alles morsch und dem Untergang nahe, sagte man der Monarchie ohnehin schon die längste Zeit nach. Den »oppositionellen Nationen der Monarchie liefern wir wieder einen neuen Grund zur Unruhe. Nein, das alles darf nicht passieren«. Conrad von Hötzendorf musste eine Entscheidung fällen. Er befahl unbedingte Geheimhaltung. Nicht einmal Kaiser und Thronfolger sollten davon erfahren.

Und dann wörtlich zu Urbanski: »Der Verbrecher ist zu verhaften. Durch ein Verhör ist festzustellen, was von ihm verraten wurde. Wenn es aus prozessualen Gründen zulässig ist, ist Redl zu gestatten, sich selbst zu richten.«

Ein schwerwiegender Befehl, den Conrad nach einer nur wenige Minuten dauernden Überlegung erteilt hatte. Weg mit dem Verbrecher, einfach totschweigen, die Sache vom Tisch wischen. Oft noch musste sich der Chef des Generalstabs dieser Entscheidung wegen Vorwürfe gefallen lassen. In seinen Memoiren rechtfertigt sich Conrad damit, dass »in der Zeit, da ich junger Offizier war, die Sitte galt, einem Kameraden, von dem man sicher wusste, dass er das Ehrenkleid geschändet habe, einen Brief auf den Tisch zu legen, der ihm mitteilte, man sei in Kenntnis seiner Tat, daneben aber einen geladenen Revolver platzierte. Das Übrige war ihm überlassen ...«

Und Urbanskis Stellungnahme in seinen Lebenserinnerungen: Die Kritiker »übersahen hierbei ganz und gar die psychische Verfassung, in der Conrad und ich im vollen Bewusstsein der auf uns lastenden Verantwortung genötigt waren, eine sofortige Entscheidung zu treffen, und dass diese im Interesse unbedingter Sühne für das begangene Verbrechen nicht anders lauten konnte«.

»Sie«, die Entscheidung, konnte auch deshalb nicht anders lauten, weil in der k. u. k. Armee die Ehre des einzelnen Offiziers von jener des gesamten Offizierskorps nicht zu trennen war. Und die einzige Alternative zu Redls befohlenem Selbstmord wäre ein Aufsehen erregender Spionageprozess gewesen. Ein Spionageprozess gegen einen Generalstäbler! Niemals, das gehörte zu den Maximen des Generalstabs, niemals durfte einer der ihren von einem Militärgericht verurteilt werden. Denn die Verurteilung eines »Flaschengrünen« wäre als Folge der »Kollektivehre« die Verurteilung des gesamten Generalstabs gewesen.

Deshalb musste Redl sterben. Freilich ohne dass die Nachwelt erfahren sollte aus welchem Grund.

Daher Conrads Auftrag an Urbanski, für »strengste Geheimhaltung« zu sorgen. Nicht mehr als insgesamt zehn Angehörige des Evidenzbüros und der Staatspolizei durften über den wahren Sachverhalt informiert werden. Jeder von ihnen hatte absolutes Stillschweigen zu beeiden.

»Niemand darf etwas über die Todesursache erfahren! Bin ich verstanden worden, Herr Oberst?«

»Zu Befehl, Exzellenz!«

»Heute Nacht muss alles geschehen.«

»Zu Befehl, Exzellenz!«

Vier Offiziere klopften an der Zimmertür Redls, der sie mit den Worten empfing: »Ich weiß schon, weshalb die Herren kommen. Ich bin das Opfer meiner unseligen Leidenschaft; ich weiß, dass ich mein Leben verwirkt habe und bitte um eine Waffe, um mein Dasein beschließen zu können.«

Stunden später ist der 49-jährige Oberst Alfred Redl tot.

Im Wiener Kriegsarchiv fand ich eine Meldung Conrad von Hötzendorfs an Erzherzog Franz Ferdinand, wonach Oberst Redl sich »aus unbekannter Ursache« erschossen hätte.

So »unbekannt« kann die Ursache dem Generalstabschef nicht gewesen sein, hatte doch Conrad selbst Redls Selbstmord befohlen!

Fünf Jahre später war der Krieg verloren, war's mit der Monarchie aus und vorbei.

»Strengste Geheimhaltung«: Der Tod des Spions Alfred Redl im Wiener Hotel Klomser am 25. Mai 1913.

ZEICHNUNG: LADISLAUS TUSZYINSKI, »ILLUSTRIERTE KRONEN ZEITUNG«

Als ich die komplette Akte Redl in Händen hielt und damit das wahre Ausmaß des Verrats sah, wollte ich neben der historischen Tragweite der Affäre auch die menschliche Komponente aufzeigen. Ich suchte daher, mehr als siebzig Jahre nach seinem Tod, nach möglichen Zeugen, die Redl noch gekannt hatten, mit ihm verwandt oder befreundet waren.

Ich traf eine betagte Bewohnerin des Hauses in der Wickenburggasse, in dem Redl lange gelebt hatte, und die mir ein wenig aus ihrer Erinnerung erzählen konnte. Ich erfuhr auch, dass Redls Brüder – ein Offizier und ein hoher Ministerialbeamter – nach Auffliegen der Affäre durch Egon Erwin Kisch ihren Namen amtlich auf »Renolt« ändern ließen.

Ich nahm das Wiener Telefonbuch zur Hand und fand dort Frau Hedy Renolt, Wien I., Opernring 6. Ja, sagte sie, ihr verstorbener Mann sei Redls Neffe gewesen. Sie selbst hätte dies erst nach 30-jähriger Ehe erfahren: »Als ich einmal zu Hause ein Dokument suchte, fiel mir die Geburtsurkunde meines Mannes in die Hände. Und darauf stand ›Redl‹. Mein Mann erklärte mir nun, dass sich die ganze Familie 1913 infolge der Schande, mit dem verhassten Spion verwandt zu sein, umbenannt hatte. Die Schmach war so groß, dass mir mein Mann seine eigene Herkunft erst nach so langer Zeit gestanden hatte. Und auch nur, weil ich durch Zufall auf seinen wahren Namen gestoßen war.«

Tage später sollte ich Frau Renolt treffen. Sie wollte mir noch die eine oder andere Episode, die sie von ihrem Mann über Redl erfahren hatte, erzählen. Ich stand zur vereinbarten Stunde an ihrer Tür und läutete. Niemand öffnete. Ich klopfte bei der Nachbarin, fragte, ob sie wüsste, wo Frau Renolt …

»Ach, die Frau Renolt«, bedauerte eine sichtlich unter Schock stehende Dame, »da haben S' ein Pech, die ist heut früh hier vor dem Haus von der Tramway zusammengeführt worden. Sie war auf der Stelle tot.«

Mehr als siebzig Jahre waren seit Bekanntwerden des Spionagefalls Redl vergangen. Und gerade an jenem Tag, da das letzte Familienmitglied vielleicht noch etwas Licht ins Dunkel hätte bringen können, war dieses tragisch verunglückt.

»Alles gerettet!«

Der Brand des Wiener Ringtheaters

Kurz vor seinem Tod im Jahre 1880 hatte Jacques Offenbach jenes Werk geschaffen, das seinen Namen unsterblich machen und in alle Welt tragen sollte: *Hoffmanns Erzählungen*.

Diese Oper ist aber nicht nur in die Geschichte der Musik, sondern auch in die der großen Theaterkatastrophen eingegangen. Denn kurz vor Beginn der zweiten Wiener Aufführung am 8. Dezember 1881 kam es im Ringtheater zu einem der größten und folgenschwersten Brände aller Zeiten: 386 Menschen starben, weit mehr noch erlitten schwere Verletzungen.

Bühnenhäuser waren in jenen Tagen prinzipiell extrem gefährdet. Die Flammen der Gasbeleuchtung, die leicht brennbaren Vorhänge und Kulissen, die großen Menschenansammlungen, die die Beweglichkeit der Feuerwehr stark beeinträchtigten – all das hatte immer wieder zu Katastrophen geführt: So brannte 1823 das Hof- und Nationaltheater in München ab, zwanzig Jahre danach war es das Königliche Opernhaus in Berlin, das den Flammen zum Opfer fiel. 1847 forderte der Brand des Hoftheaters von Karlsruhe 63 Todesopfer, 1863 brannte das Wiener Treumann-Theater, zwei Jahre später gingen das berühmte Surrey Theatre in London und das Stadttheater Breslau in Flammen auf, gefolgt von der Pariser Oper und dem Hoftheater in Dresden.

Gelernt hatte man aus all den tragischen Ereignissen gar nichts. Auch das Wiener Ringtheater war so gebaut worden, dass die Katastrophe nicht vermieden werden konnte. Das Haus war sieben Jahre vor seiner Vernichtung als »Komische Oper« am Schottenring feierlich eröffnet worden, und zwar nach den neuesten – und doch unzureichenden – Erkenntnissen.

Meine Bemühungen, historische Ereignisse möglichst durch Gespräche mit lebenden Zeitzeugen zu dokumentieren, waren in diesem Fall zum Scheitern verurteilt, zumal sich die Katastrophe vor weit mehr als hundert Jahren ereignet hatte. Und doch sollte ich auf dieser Reise in die Vergangenheit einen Mann treffen, der mir über den Brand des Ringtheaters so detailliert Auskunft erteilen konnte, als wäre er selbst dabei gewesen: Walter Krumhaar, Oberbrandrat der Wiener Berufsfeuerwehr und begeisterter Feuerwehrhistoriker, entstammte nicht nur einer richtigen Feuerwehrdynastie, sondern hatte auch einen sehr persönlichen Zugang zu der Katastrophe: Sein Großvater war einer der Hauptangeklagten in jenem Prozess, der nach dem Theaterbrand am Schottenring abgehalten wurde. Krumhaars Großvater hieß Leonard Heer und war Exerziermeister der Wiener Feuerwehr.

Von seinem zunächst angeklagten und später freigesprochenen Großvater hat Walter Krumhaar, der sich mit dem Ringtheaterbrand schon aus Gründen der Familientradition sein Leben lang befasste, Abschriften von Verhandlungsprotokollen des Gerichtsprozesses, zeitgenössische Darstellungen und weitere Direktinformationen geerbt, die sich in keinem Archiv finden. Darunter auch die in Kurrent geschriebenen Zeilen im Brandjournal des Jahres 1881, die vom »Einsatz No. 665« am 8. Dezember berichten:

»6.55 Uhr durch die Polizei gemeldet: Dachfeuer, 1., Schottenring. Angetroffen: Theaterfeuer. Als die Feuerwehr am Brandort anlangte, standen bereits die Bühne und der Zuschauerraum in

Flammen, welche schon über dem Schnürboden beim Dache herausschlugen …«

Das Protokoll zeigt auch schon den ersten fatalen Fehler auf: Da von der Polizei vorerst nur ein Dachfeuer, keineswegs jedoch ein Theaterbrand gemeldet wurde, hielt man den Alarm bei der Feuerwehr für einen Routinefall. Dass es sich bei der nicht näher definierten Adresse (»1., Schottenring«, ohne Angabe der Hausnummer) um das Ringtheater handelte, war aus der ersten Meldung nicht ersichtlich. Also rückte die Mannschaft unter Führung des Exerziermeisters Heer von der nahen Feuerwehrzentrale Am Hof lediglich mit einer Spritze und zwei Wasserwagen aus, wie dies bei kleineren Brandfällen üblich war.

Der Oberbrandrat Krumhaar blätterte in seinen Aufzeichnungen und berichtete: »Erst am Ring angekommen, stellte sich für meinen Großvater und die mit ihm ausgerückten 15 Männer heraus, dass der so genannte ›Dachbrand‹ in Wirklichkeit ein Theaterbrand war. Das Publikum – 1760 Personen befanden sich im Saal – wartete auf den Beginn der Vorstellung.«

Die kleine Truppe unter »Großpapa« Heer kam gegen 19 Uhr, rund zehn Minuten nach Ausbruch des Feuers, im Fiaker an. Leonard Heer war Unteroffizier – geschulte Offiziere gab es zu diesem Zeitpunkt in der Millionenmetropole Wien noch nicht!

Als auslösendes Moment für den Brand sollte sich eine defekte als Bühnenbeleuchtung in Betrieb gewesene Gassoffitte erweisen. Verhängnisvoll war, dass der Bühnenvorhang Feuer fing und die Drahtcourtine – Vorgängerin des eisernen Vorhangs – nicht sofort heruntergelassen wurde. Weiters wurde der Brandmelder vom Theaterpersonal nicht betätigt, der die Feuerwehr automatisch verständigt hätte. In diesem Fall wäre sofort bekannt gewesen, dass der

Brand im vollbesetzten Ringtheater ausgebrochen war. Dafür schaltete ein Bühnenarbeiter entgegen den Vorschriften die gesamte Theaterbeleuchtung durch Schließen des Gas-Haupthahnes aus, wodurch im ganzen Haus eine entsetzliche Panik entstand. Und die Türen des Zuschauerraums ließen sich – welch folgenschwere Bausünde – nur nach innen öffnen. Die ins Freie drängenden Publikumsmassen versperrten sich auf diese Weise selbst den Weg zur Straße.

In seinen, vor der Eröffnung der Gerichtsverhandlung handschriftlich verfassten Aufzeichnungen beschreibt Leonard Heer einen weiteren Grund für die Ohnmacht der einlangenden Hilfstruppen: »Wegen Sauerstoffmangels sind nun, sobald wir ins Haus vordringen wollten, unsere Fackeln ausgegangen. Wir konnten daher das Gebäude zunächst nicht betreten.« Aus einem anderen Bericht aus Krumhaars Archiv erfährt man anhand der Schilderungen eines Augenzeugen, wie sich die Katastrophe fortsetzte:

»Endlich, knapp vor sieben Uhr, war die erste Spritze erschienen und begann ihre Tätigkeit zu entwickeln. Mittlerweile waren auf dem kleinen Rasenplatz, wo der Zugang zu den Galerien befindlich ist, die Herren Erzherzog Albrecht und Wilhelm sowie der Polizeirat Landsteiner und einige Minuten danach auch Ministerpräsident Graf Taaffe, letzterer in voller Amtsuniform, erschienen.

Erzherzog Albrecht ließ sich sofort die Meldungen über das Entstehen und den Stand des Brandes bringen, und es wurde ihm von der Polizei die erfreuliche Auskunft zuteil, dass ›Alles gerettet!‹ sei und niemand sich mehr in dem brennenden Gebäude befinde, was übrigens von dem Erzherzog mit sehr ungläubiger Miene entgegengenommen wurde.

Es vergehen einige Minuten. Ein kleines Häuflein Menschen verlässt das Theater durch den Ausgang in der Heßgasse, ebenso wurde man jetzt einer Menge Leute auf dem Balkon zur Ecke der Heßgasse gewahr, welche jammernd um Hilfe rief. Tumultartig rannte nunmehr alles durcheinander, ein Teil der umstehenden Menge wollte sich mit Gewalt in das brennende Gebäude stürzen, um die Rettung der im Theater befindlichen Menschen zu beschleunigen. Doch daran wurden sie durch die Interventionen der Sicherheitswache gehindert, mit dem Bedauern, dass es ja doch niemanden mehr zu retten gebe.

Nach weiteren fünf Minuten kommt atemlos ein zweiter Polizeikommissär bei dem Erzherzog Albrecht mit der Meldung an, dass die Stiege zur zweiten und zur dritten Galerie voll von Toten sei. Bleiche Angst bemächtigte sich der Umstehenden, welche die Meldung mit angehört hatten.

Immer aufs Neue vermehrten sich jetzt die Informationen, immer größer war die Anzahl der Toten, welche man aus dem brennenden Gebäude herausschaffte, in welches nunmehr die Löschmannschaften eindringen konnten. Die meisten der Leichen waren schrecklich verstümmelt, mit vom Leibe gerissenen Kleidern, das Gesicht verzerrt, Schaum vor dem Munde, Hände und Füße krampfhaft zusammengekrümmt, aufgefunden worden. In furchtbarer Anzahl häuften sich die Leichen, so dass der Raum im Hofe zu eng wurde und man dieselben aufeinander schlichten musste. Alle Anwesenden zitterten und bebten vor Angst und Aufregung. Greise sah man weinen.

Bis dreiviertel elf Uhr abends wurden über 116 Leichen deponiert, von denen nur eine einzige agnosziert werden konnte. Es war ein junges, schönes Mädchen, welches von dem Vater an einem Ringe, den es an der rechten Hand trug, erkannt wurde. Um halb zwölf Uhr wurde das Werk der Totenlese eingestellt, obwohl noch zahllose Leichen auf der dritten und vierten Galerie im brennenden Hause zurückgelassen werden mussten, da es nicht mehr möglich war, die Räume ohne äußerste Lebensgefahr zu betreten. Das Feuer brannte fort, und die Dampfspritzen und viele andere Löschapparate schleuderten unablässig ihre Wassermassen in die sich fortwälzende Glut.«

Da sich die Erste-Hilfe-Maßnahmen der Stadt Wien als völlig unzureichend erwiesen hatten, gründeten Hans Graf Wilczek, der mit der Anklage betraute Staatsanwalt Eduard Graf Lamezan und der Arzt Dr. Jaromir von Mundy schon am Tag nach dem Brand die Wiener Freiwillige Rettungsgesellschaft. Doch sollte noch mehr als ein Jahr vergehen, ehe die Behörden erste Maßnahmen bei der Feuerwehr trafen, um ähnliche Katastrophen verhindern zu können: Ab Jänner 1883 wurde für Wiener Privatbühnen eine ständige »Brandsicherheitswache« durch die Berufsfeuerwehr vorgeschrieben.

Doch schon am 16. Mai 1884 sollte sich der nächste Theaterbrand ereignen, als das Stadttheater auf der Seilerstätte in einem Flammenmeer unterging. Glücklicherweise befanden sich zu diesem Zeitpunkt keine Menschen im Haus.

Erst jetzt, nach der Vernichtung des Stadttheaters, entschloss man sich zur Schulung hauptberuflicher Feuerwehroffiziere. Und laut baupolizeilicher Ordnung müssen die Türen der Theaterausgänge seither selbstverständlich nach außen hin zu öffnen sein.

Neben dem Exerziermeister Heer wurde auch der angeklagte Wiener Bürgermeister Julius Ritter von Newald freigesprochen, der dennoch zurücktreten und seine politische Karriere beenden musste. Zu einer Gefängnisstrafe verurteilt wurde hingegen der Ringtheaterdirektor und populäre Schauspieler Franz von Jauner, der sich einige Jahre später das Leben nahm.

386 Menschen starben im brennenden Ringtheater. Wien, im Dezember 1881.

Kaiser Franz Joseph beauftragte den Dombaumeister Friedrich von Schmidt, an der Stelle des abgebrannten Theaters das *Sühnhaus* zu errichten, das am 8. Dezember 1885 eröffnet wurde. Einer der ersten Mieter des neuen Gebäudes war der junge Arzt und Privatdozent Dr. Sigmund Freud, der hier wohnte und ordinierte und erst 1891 an seine berühmt gewordene Adresse Berggasse Nr. 19 übersiedeln sollte. Das *Sühnhaus* wurde im Zweiten Weltkrieg schwer beschädigt und danach abgetragen. Heute befindet sich auf dem Grundstück des ehemaligen Ringtheaters die Wiener Polizeidirektion.

Über *Hoffmanns Erzählungen* lag in den Augen vieler Menschen von jenem Tage an ein Fluch, wodurch sich der Siegeszug der Oper im gesamten deutschen Sprachraum um Jahre verzögern sollte.

Meine Reisen in die Welt der Liebe

»Ich schau dir in die Augen, Kleines!«

»Casablanca« allzu wörtlich genommen

Mein Name ist Ilona Ryder«, sagte die Dame, die sich in etwas gebrochenem Deutsch am Telefon meldete. »Ich bin eine Enkelin von Michael Curtiz.«

Michael Curtiz, das ist ein Stück Hollywood, welches aus einem einzigen Wort besteht: *Casablanca*. Denn mit dem vielleicht populärsten Film aller Zeiten hat Michael Curtiz einen Meilenstein der Kinogeschichte gesetzt.

»Was kann ich für Sie tun?«, fragte ich Mrs. Ryder.

»Ich bin gerade in Wien und auf der Suche nach den Kindern und Enkelkindern meines Großvaters.«

Millionen Menschen schluchzen, wenn Humphrey Bogart in *Casablanca* Ingrid Bergman die Worte »Ich schau dir in die Augen, Kleines!« zuflüstert. Ich aber sehe den Film, seit ich Mrs. Ryder getroffen habe, mit anderen Augen. Denn dass Michael Curtiz in dem Klassiker eine der schönsten Lovestorys aller Zeiten erzählt, ist eine Sache. Dass der österreichisch-ungarische Regisseur auch in seinem Privatleben ein Spezialist in Sachen Liebe war, sollte ich erst durch Mrs. Ryder erfahren. Als sie die weltweite Spurensuche ihres Großvaters aufnahm, fand sie nämlich eine ganze Reihe von (meist unehelichen) Nachkommen. Auch – und vor allem – in Wien.

Ilona Ryder, geb. Vondrak, wurde 1947 in Wien geboren und lebt als Lehrerin in Kanada. In ihrer Kindheit wurde ihr oft erzählt, dass sie einen berühmten Großvater hätte, viel mehr wusste sie nicht von ihm.

Irgendwann entschloss sie sich, rund um den Erdball zu fliegen, um das Leben von Michael Curtiz und seiner Nachkommen zu verfolgen. Und das sollte sich als eine Art Fulltimejob erweisen, wie sie mir auf ihrer Wien-Station berichtete. Hatte sie doch bislang die Spur folgender Kinder von »Opa Curtiz« aufgenommen:

- 1916 kam seine Tochter Katherina zur Welt. Sie ist das einzige ehelich geborene Kind von Michael Curtiz und entstammt seiner Ehe mit der ungarischen Schauspielerin Lucy Doraine.
- 1920 wurde Sohn Michael geboren, dessen Mutter als Bankangestellte in Wien tätig war. Ein Gerichtsbeschluss, der die Vaterschaft von Michael Curtiz bestätigt, liegt unter der Nummer 2845 im Archiv von *Warner Brothers* in Hollywood, da die Alimente für dieses Kind jahrelang von der Filmproduktionsfirma überwiesen wurden.
- In Wien kam 1923 auch Tochter Sonja Dalla-Bona zur Welt. Ihre Mutter war Schauspielerin und spielte in dem Michael-Curtiz-Film *Sodom und Gomorrha* eine kleine Rolle.
- 1925 brachte eine Statistin, ebenfalls aus dem Film *Sodom und Gomorrha* – ihr Name war Franzi Vondrak –, einen Buben zur Welt, der (wie schon der erste Sohn) auf den Namen Michael getauft wurde. Michael II. ist der Vater von Ilona Ryder und lebt als Kunstmaler in Seattle/USA.
- 1956 wurde Tochter Candace in den USA geboren. Ihre Mutter ist die Schauspielerin Jill Gerard. Papa Curtiz war, als sie zur Welt kam, siebzig Jahre alt. Seine Vaterschaft wurde von einem Pflegschaftsgericht erst nach seinem Tod bestätigt.

Sein Ruf, sich bei jeder möglichen und unmöglichen Gelegenheit sexuell zu betätigen, verfolgte den Regisseur auch zu den *Casablan-*

ca-Dreharbeiten. Ingrid Bergman erinnerte sich, dass der Regisseur täglich in Begleitung irgendwelcher Starlets auftauchte, deren »Vorstellungen« in Curtiz' Garderobe stattfanden. Der Wiener Peter Lorre, der in dem Kultfilm einen verfolgten Emigranten spielte, hatte im Liebesnest des Regisseurs ein Mikrofon installiert, dessen auf Band gestöhnte Aufnahmen er seinen Kollegen nach Drehschluss vorspielte.

Enkelin Ilona Ryder, seit Jahren in Sachen Familienforschung unterwegs, will ihren Großvater kennen lernen. »Es gibt mehrere Bücher über seine Arbeit, ich aber habe mir vorgenommen, etwas über den Menschen Michael Curtiz zu erfahren.«

Sie traf zu diesem Behufe bereits mehrere seiner Kinder und Enkel, wobei sich ein in Kanada lebender Sohn von Sonja Dalla-Bona via Internet gemeldet hatte: »Hallo, ich bin ein Enkel von Michael Curtiz.« Wie alle anderen bisher erfassten Nachkommen, kann auch er seine Herkunft nachweisen. Zur vielleicht wertvollsten Auskunftsperson über das Leben des Regisseurs könnte dessen 86-jährige Tochter Katherina »Kitty« Curtiz werden, die Ilona Ryder nach langer Suche in Krems an der Donau fand und mit der sie in ständiger Korrespondenz steht.

Ilona Ryder sieht ihren Großpapa so: »Er war einer der besten Regisseure in Hollywood und das, obwohl er kaum Englisch konnte. Er hat ein ziemliches Lotterleben geführt, aber den Kontakt mit allen Müttern seiner Kinder aufrechterhalten. Er hat alle seine Töchter und Söhne geliebt und gut für sie gesorgt. Ich sehe ihn ebenso liebevoll wie kritisch, auf jeden Fall aber ehrlich.«

Warum die Frauen so auf ihn geflogen sind? »Er sah gut aus, war charmant, aber natürlich hat auch der Nimbus des Filmregisseurs mitgespielt. Meine Großmama war 19, als mein Vater zur Welt kam, und Michael Curtiz ging kurze Zeit später nach Amerika. Aber sie hat ihn bis zu ihrem Lebensende mit 85 Jahren geliebt, immer von ihm geschwärmt, nie mehr einen anderen Mann gehabt. 1959 hat er sie noch einmal in Wien besucht, als er hier *Olympia* mit Sophia Loren drehte. Da sagte er zu meiner Großmama – nachdem er sie fast vierzig Jahre (!) nicht gesehen hatte –, sie sei die beste Frau seines Lebens gewesen. Darauf war sie sehr stolz, davon hat sie uns immer erzählt.«

Michael Curtiz hatte 1886 als Mano Kertesz in Budapest das Licht der Welt erblickt. Er war Offizier der k. u. k. Armee und schon in Ungarn ein bekannter Regisseur, ehe er ab 1919 für die *Sascha*-Film des Grafen Alexander Kolowrat in Wien drehte. Unter anderen den bereits erwähnten Monumentalfilm *Sodom und Gomorrha*.

»Die Korrespondenz meiner Oma mit Curtiz wird im Mittelpunkt eines Buches stehen, das ich über ihn schreiben möchte«, vertraute mir Ilona Ryder an. Weitere Forschungen stellte die Enkelin in jenen Gerichtsgebäuden an, in denen Michael Curtiz' Vaterschaftsverfahren liefen, sowie in den Pfarren, in denen seine Kinder getauft wurden. »Es würde mich natürlich sehr interessieren, ob es neben den jetzt bekannten Kindern und Enkeln irgendwo auf der Welt noch weitere Nachkommen gibt.«

Curtiz war ein Jahr nach Michael Vondraks Geburt nach Hollywood gegangen, wo er für *Warner Brothers* mit Stars wie Errol Flynn, Olivia de Havilland, Doris Day, Peter Ustinov, John Wayne und Elvis Presley drehte. Den absoluten Höhepunkt seiner Karriere bildete der Film *Casablanca*, für den er 1943 den *Oscar* als bester Regisseur erhielt.

Was nichts daran änderte, dass man sich am Set über seine Englischkenntnisse lustig machte. Curtiz verwechselte »geography« mit »choreography« und fragte seinen Assistenten »How much watch?«, wenn er wissen wollte, wie spät es ist. Derlei kann nicht darüber hinwegtäuschen, dass er zu den größten Meistern seines Fachs zählte. Wenn Humphrey Bogart in der Figur des Nachtclubbesitzers Rick Blaine sein Gewissen entdeckt, als Ingrid Bergman auftaucht, dann ist das weit mehr als ein Liebesfilm. *Casablanca* zeigt die Leiden der vor den Nazis geflüchteten Emigranten, die im französisch besetzten Casablanca ihre Zelte aufschlugen und sich im Widerstand gegen das Hitlertreue Vichy-Regime organisierten, dessen Offiziere gerade dabei sind, sich für de Gaulles Résistance zu entscheiden. *Casablanca* ist das einzigartige Beispiel, wie eine simple Lovestory Zeitgeschichte dokumentieren kann.

Dass man zu einem solchen Welterfolg auch ein wenig Glück braucht, ist ebenso klar. Es war wohl kaum zu erwarten, dass der Film in der ursprünglich vorgesehenen Besetzung – mit Ronald Reagan in der Bogart-Rolle und mit der Wienerin Hedy Lamarr statt Ingrid Bergman – dermaßen eingeschlagen hätte. Ein anderer Österreicher trug freilich maßgeblich zum perfekten Ergebnis bei: Paul Henreid als Ingrid Bergmans betrogener Ehemann Victor Laszlo.

»Nach dem Krieg lud Curtiz meinen Vater nach Hollywood ein«, erzählte mir Ilona Ryder. »Er hat ihm einen Job als Laufbursche bei *Warner* verschafft, doch mein Vater hat sich dort nicht wohl gefühlt und Kalifornien bald wieder verlassen.« Obwohl der Regisseur ab 1957 an Krebs litt, drehte er mit zähem Willen weiter. Er starb am 11. April 1962, kurz nach der Premiere seines letzten, mit John Wayne gedrehten Films *Comancheros*.

»Ich schau dir in die Augen, Kleines!« Michael Curtiz dürfte diesen Satz ziemlich ernst genommen haben. Obwohl er doch eigentlich nur für einen Film bestimmt war.

Der junge Mann und die Affär'

Hemingways Doppelleben im Montafon

Die eine oder andere Reise, die ich in Richtung Vergangenheit unternahm, hatte ich gar nicht geplant. So auch diese. Denn eigentlich wollte ich im schönen Montafon nur ein paar freie Tage verbringen, als ich dort aber von jener unglaublichen Geschichte erfuhr, konnte ich gar nicht anders als ihr nachzugehen. Sie betrifft den Urlaubsgast Ernest Hemingway, der in den zwanziger Jahren mit Frau und Geliebter ins Montafon gekommen war. Ja, Sie haben richtig gelesen: mit Frau und Geliebter.

An der Rezeption des Posthotels *Rössle* in Gaschurn zeigte man mir – nicht ohne Stolz – die Eintragung des hier registrierten Gastes. Später, als er schon weltberühmt war, notierte Hemingway, dass er in Vorarlberg, »glücklich wie ein König« gewesen sei. Führte man das königliche Gefühl des Dichters ursprünglich auf hohe Berge, strahlende Sonne und sportliche Betätigung zurück, so entdeckte ich während meiner Urlaubstage im Montafon, dass es einen ganz anderen Grund fürs Glücklichsein gegeben hat.

Mit der einen Frau nächtigte er im Gasthof *Zur Taube* in Schruns. Ganz offiziell, war sie doch sein Eheweib. Die andere jedoch beglückte er im Posthotel *Rössle* im benachbarten Gaschurn.

Dass die Affär' nach so vielen Jahrzehnten überhaupt bekannt werden konnte, ist auf die Gründlichkeit der österreichischen Hotellerie zurückzuführen. Würde es doch hierzulande niemand wagen, in einem Etablissement zu nächtigen, ohne sich vorher mit komplettem Namen, Hauptwohnsitz und sonstigen Lebensdaten ins Gästebuch einzutragen. So tat es auch Hemingway in der Nacht vom 12. zum 13. März 1926, obwohl von seinem Treffen mit der schönen Amerikanerin Pauline Pfeiffer niemand wissen durfte.

Am allerwenigsten seine gleichzeitig im zwölf Kilometer entfernten Schruns mit Söhnchen John logierende Ehefrau Hadley.

Wie – so fragt sich der durchschnittliche Ehemann – schafft man es, den Urlaub mit zwei Frauen zu verbringen, ohne dass zumindest eine der beiden von der Existenz der anderen erfährt?

Nun, der Phantasie eines genialen Romanciers sind offenbar keine Grenzen gesetzt: In der *Taube* wohnten neben dem Ehepaar Hemingway auch Ernests trinkfester Schriftstellerkollege John Dos Passos sowie der Maler Gerald Murphy. Von Schruns aus ging der Dichter regelmäßig auf Skitour. Was in den zwanziger Jahren ungleich aufwändiger war als heute, weshalb Hemingway – begleitet von den zwei Freunden – für jeden der zahlreichen Aufstiege zum *Madlenerhaus* mehrtägige Ausflüge einplanen musste.

Während also Frau und Kind brav in der *Taube* zurückblieben, legte »Hem« auf dem Weg zur 2000 Meter hohen *Bielerhöhe* im Silvrettamassiv den einen oder anderen Zwischenstopp im *Rössle* ein. In dem die schöne Pauline auf ihn wartete.

»Wir schliefen eng beisammen in dem großen Bett bei offenem Fenster, und die Sterne waren nah und sehr hell«, beschreibt Hemingway seinen Aufenthalt in »einem Gasthaus im Montafon«. Jahrzehntelang blieb unbekannt, wo das war und wer das »Wir« gewesen sein könnte.

Erst als im Juni 1988 die Mitglieder der *Ernest Hemingway Society* in Schruns tagten, kam man dem »Doppelleben« des Schriftstellers auf die Spur. Der amerikanische Hemingway-Forscher Gilbert Geis hatte beim Stöbern in Pauline Pfeiffers Korrespondenz entdeckt, dass sie just zu der Zeit im *Rössle* wohnte, als Ernest mit Frau und Kind die nahe *Taube* beehrte.

Von dem Experten auf die Pikanterie aufmerksam gemacht, blätterte nun *Rössle*-Chef Arnold Keßler im Gästebuch seines Hauses. Und wurde fündig. Da stand schwarz auf weiß, was bis dahin keiner beachtet hatte: Auch Hemingway hat um die Jahreswende 1925/26 tageweise im *Rössle* logiert.

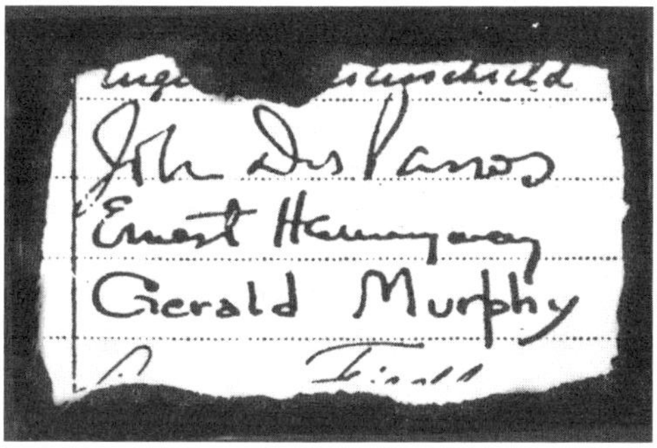

Die Eintragung Ernest Hemingways vom 12. März 1926 im Gästebuch des »Posthotel Rössle« in Gaschurn wurde erst 1988 entdeckt. Mit dem Dichter auf Tour waren seine Freunde John Dos Passos und Gerald Murphy.

Josef Nels, der Chef der *Taube* in Schruns, weiß aus den Erzählungen seiner Eltern, dass »Hemingway auf Zimmer 22 wohnte und seine Frau auf Nummer 21. Er saß oft am Stammtisch, trank Unmengen von Kirschwasser und andere Alkoholika und gewann viel beim Kartenspielen«. Ein Brief, den Hemingway von hier am Heiligen Abend 1925 an seinen Freund F. Scott Fitzgerald sandte, bestätigt beides: »Gestern Nacht habe ich Poker gespielt und zuviel Bier getrunken. Sieben Flaschen. 158 000 Kronen gewonnen. Macht etwa 2,35 Dollar.«

Als ich bald nach Bekanntwerden der einstigen Affär' im *Rössle* Urlaub machte, gab man sich dort immer noch sehr überrascht.

»Meine Großmutter hat zu dieser Zeit das Hotel geführt«, berichtete Juniorchefin Gaby Keßler. »Aber sie hat uns nie etwas von Hemingway erzählt, sie wusste gar nichts von ihm, er war ja damals noch als unbekannter Tourist ins Haus gekommen.«

Aus der Vorarlberg-Episode wurde mehr als Liebelei. Hemingway ließ sich nach dem Ende des dreimonatigen (!) Skiurlaubs von seiner nach Schruns mitgebrachten Frau scheiden, um etwas später die in Gaschurn untergebrachte Pauline zu heiraten.

Und doch reichte das »Montafoner Glück« nicht fürs ganze, bekanntermaßen wilde Leben des Dichters. Denn nach Pauline heiratete er noch zwei weitere Male.

Die Ferien sollten sich aber auch für Hemingways beruflichen Lebensweg als schicksalhaft erweisen. Erhielt er doch während des Österreich-Aufenthalts einen Brief seines Verlegers, in dem dieser ihm mitteilte, dass er damit einverstanden war, seinen Roman *Fiesta* zu veröffentlichen. Und just mit diesem Buch gelang dem späteren Nobelpreisträger der Durchbruch. Zwischen den beiden Frauen in Schruns und Gaschurn hin- und herpendelnd, überarbeitete Hemingway jenes Manuskript komplett, das seinen Weltruhm begründen sollte.

Während Schruns seinen prominenten Hotelgast längst mit einer Tafel ehrte und allerlei Erinnerungsstücke in der Fremdenverkehrswerbung einsetzt, konnte die Hemingway-Vermarktung in Gaschurn erst viel später beginnen. Im Heimatmuseum sind neuerdings Fotos und eine uralte Schreibmaschine ausgestellt, auf der der Dichter seinen Roman *Fiesta* korrigiert haben soll.

Was damals, zur Jahreswende 25/26, ein Skandal gewesen, das kann heute freilich nur noch amüsieren: Pauline, die Geliebte, hatte nämlich im Posthotel *Rössle* – oh Gott! – ihr Nachthemd vergessen.

Es wurde an »Mrs. Hemingway« nach Paris gesandt. Denn in Gaschurn hatte man Pauline für die Gemahlin des Dichters gehalten.

Und damit war wohl der Anfang vom Ende von »Hems« Ehe Nummer eins gekommen. Als die echte, gerade aktuelle Mrs. Hemingway in Paris das Paket öffnete ...

Der alte Mann und das Meer bleibt sein berühmtester Roman.

Der junge Mann und die Affär' ist ein Kapitel seines Lebens.

So liebte Casanova

Aus dem Leben eines Frauenhelden

Caterina Capretta war eine junge Frau, »deren Schönheit, Scharfsinn und Unschuld den Männern den Kopf verdrehte«. Natürlich auch den von Giacomo Casanova, der ihr sofort die Ehe versprach, allerdings nur »vor Gott«, womit er die Schöne herumkriegte, ohne sie tatsächlich heiraten zu müssen. Am Tag danach erzählte Caterina ihrer Freundin, der Nonne M., von Casanovas einzigartigen Liebeskünsten, worauf sich auch diese dem berühmtesten Galan der Weltgeschichte hingab.

Was hätte er denn tun sollen, der arme Mann, wo immer er hinkam, lauerte die Versuchung. Wer in Casanovas Memoiren blättert, erfährt, wie dieser seinem Namen alle Ehre machte. 1725 als Sohn armer Schauspieler in Venedig geboren, studiert er zunächst Jus und Theologie, ehe er – man glaubt's nicht: Priester wird! Der reiche Senator Bragadin, dem er nach einem Schlaganfall das Leben rettet, adoptiert ihn, worauf Casanova aus lauter Dankbarkeit dessen Frau beglückt. Infolge dieses Abenteuers von seinem Gönner verstoßen, legt Casanova die Soutane ab und reist als Kaufmann, Diplomat, Glücksspieler, Hochstapler und Spion quer durch Europa. Und findet, wo immer er hinkommt, dankbare Gespielinnen.

Auch während mehrerer Wien-Aufenthalte sollte sich Casanova als überaus aktiv erweisen. Erstmals 1752, als der damals 27-jährige Venezianer eine Wiener Baronin beglückt, »die ein lockeres Leben geführt, aber nicht alle Reize eingebüßt« hatte. Neben besagter Baronin erfreut er sich noch einer ungenannt bleibenden Zahl von Wienerinnen, die »der Liebe huldigten, und das so gründlich, dass sie nicht einmal befürchteten, durch Annahme von Gold ihre Vornehmheit zu verlieren«. Beim Picknick in Schönbrunn mit einer freizügigen Schönheit verdirbt er sich nach erfolgreichem Geschlechtsakt den Magen und sieht seine letzte Stunde gekommen. Die anschließende Behandlung durch einen Arzt missfällt ihm dermaßen, dass er auf ihn schießt. Der Doktor rennt um sein Leben.

Zurück in Venedig, kehrt Casanova eines Nachts, vom Regen durchnässt, heim in seine Wohnung. Tonina, die schöne Tochter der Vermieterin, trocknet ihn fürsorglich ab. Sie steht in einem Hemdchen, mit kaum bedeckten Brüsten, vor ihm, da empfiehlt er ihr, das Hemd mit den Zähnen festzuhalten. Es passiert das Unumgängliche: Was es oben verdeckt, entblößt es unten, worauf der um ihre Unschuld gerade noch so Besorgte die Beherrschung verliert: »Ich pflückte ihre schöne Blüte, und beim Erwachen fand ich mich in Tonina so verliebt, wie ich es nie zuvor gewesen.«

Er verbringt mit ihr 22 Tage, »die ich zu den glücklichsten meines Lebens zähle«. Wenn auch nicht glücklich genug, um nicht nach Ablauf dieser Frist deren Schwester Barberina erobern zu müssen, bei der er »eine Frucht zu genießen glaubte, deren Süße ich nie zuvor so vollkommen genossen habe«.

Natürlich fragt man sich, ob all das wahr ist, was Casanova uns hinterließ, oder ob er nicht eher ein Münchhausen als ein Frauenheld gewesen. Casanova-Forscher neigen dazu, seinen erotischen Schilderungen Glauben zu schenken, schreibt er doch auch über Misserfolge, Niederlagen und Besuche bei Dirnen. Über Erlebnisse also, die ein Angeber wohl eher »vergessen« hätte.

Als Beweis seiner amourösen Abenteuer dient auch Casanovas Verhaftung im Jahre 1755, als den venezianischen Behörden sein Treiben zu bunt wird. Wegen seines ausschweifenden Lebenswandels zu fünf Jahren Kerker verurteilt, gelingt ihm eine Aufsehen erregende Flucht aus den berüchtigten Bleikammern des Dogenpalasts. Casanova geht als Chevalier de Seingalt neuerlich auf Reisen, erobert in Preußen, Sachsen, Böhmen, Italien, Polen und Frankreich zahllose Herzen, um 1766 nach Wien zurückzukehren.

Diesmal in seinem Betätigungsfeld etwas eingeschränkt, muss er doch die linke Hand in der Schlinge tragen. Die Verletzung hat sich der nunmehr 42 Jahre alt gewordene Playboy in Warschau geholt, wo er einem Grafen Branicki im Pistolenduell gegenüberstand. Den Grund dazu hatte eine reizende Schauspielerin geboten, die mit beiden Herren den Beischlaf pflegte.

Die Duellaffäre hat Casanova gesellschaftlich aufgewertet – sich mit einem Aristokraten im Zweikampf zu messen, bedeutete damals, mit diesem auf dieselbe Stufe gestellt zu werden. Dennoch verläuft sein zweiter Aufenthalt an der Donau, was die Liebe betrifft, eher armselig: In Casanovas Wiener Absteige erscheint, wie er uns hinterlässt, »ein zwölf- oder dreizehnjähriges Mädchen«, das ihn »erst um eine milde Gabe bittet und dann die sonderbarsten Angebote macht. Ich fand das wunderhübsch, kam mit ihr zur Sache und schickte sie mit zwei Dukaten fort«. Über Linz gelangt er per Postkutsche nach Augsburg, wo er sich in neue Abenteuer stürzt.

Auch in späteren Jahren infolge seines amourösen Lebenswandels mehrfach im Gefängnis, dürfte er sich's zuletzt mit den Behörden »arrangiert« haben, indem er als Polizeispion und Spitzel der Inquisition in Freiheit lebte.

Als er mit 62 Jahren zum dritten Mal im Gebiet des heutigen Österreich weilt, ist's zwar schon vorbei mit der überbordenden Manneskraft, doch wird Wien auf ganz andere Weise zur wichtigen Station. Lernt Casanova doch hier den Grafen Waldstein kennen, der ihm eine Stelle als Bibliothekar auf Schloss Dux in Böhmen anbietet. Diesem Posten verdanken wir die detailreiche Kenntnis seiner Verführungskünste, zumal er jetzt endlich Zeit findet, seine Abenteuer zu Papier zu bringen. Auf 4000 Seiten erinnert sich der alternde Don Juan aufgrund seiner penibel geführten Tagebuchaufzeichnungen (anders hätte er sich all die Bettgeschichten nicht merken können) an mehrere hundert Affären »mit den schönsten Weibern« Europas.

Seine Memoiren sind freilich weit mehr als eine bloße Aufzählung sagenhafter Potenz. Zählt doch Casanovas *Geschichte meines Lebens* zu den besten kulturhistorischen Quellen des Rokoko, die den Sittenverfall der herrschenden Kreise in Europa sowie soziale und kirchliche Missstände wie kein anderes Werk wiedergeben. Berühmt freilich wurde er nur durch seine Eskapaden.

Was aber war das Unwiderstehliche an Giacomo Casanova? Zweifellos von eindrucksvollem Äußeren, wird seine Leidenschaft von Gespielinnen als ebenso ausdauernd wie zärtlich beschrieben. Gespräche, die er mit Rousseau, Voltaire, dem König von Preußen und der russischen Zarin Katharina führte, zeugen aber auch von hoher Bildung und großem Geist.

Dreihundert Liebhaberinnen sollen es gewesen sein. Und doch war's um eine zu wenig. Denn niemand ist bei ihm, als Giacomo Casanova am 4. Juni 1798 im Alter von 73 Jahren auf Schloss Dux seinem Prostataleiden erliegt. Das erotisch so wechselhafte Dasein bereitete Vergnügen in jungen Jahren, machte aber einsam im Alter.

Die Sittenwächter der Kaiserin

Maria Theresias Keuschheitskommission

Graf Maximilian F. hatte ein schönes Palais in Wien, er hatte eine Frau, und er hatte drei Söhne. Und er hatte ein Dienstmädchen namens Anna, das ein Kind von ihm erwartete. So wenig dramatisch eine solche Situation in anderen Zeiten gewesen sein mag – während der Regentschaft der Kaiserin Maria Theresia hatte Derartiges schlimme Folgen. Nicht so sehr für den Grafen, als für das Dienstmädchen. »Weibspersonen«, die sich anstößig benahmen, konnten festgenommen werden, untreue Ehemänner kamen hingegen mit Geldstrafen davon. Maria Theresia hatte zur Mitte des 18. Jahrhunderts die so genannte »Keuschheitskommission« ins Leben gerufen, um das sexuelle Verhalten ihrer Untertanen kontrollieren zu können.

Hauptamtliche Kommissare patrouillierten von da an wachsamen Auges durch die Straßen der Städte und drangen sogar in die Häuser »verdächtiger Bürger« ein. Da die Bevölkerung aufgerufen war, die Beamten »über Unzucht jeder Art in Kenntnis zu setzen«, erlebte das Spitzel- und Denunziantenwesen eine bis dahin ungeahnte Blüte.

Vom Verhältnis des Grafen F. mit seinem Dienstmädchen hatte die Kommission durch Hausangestellte im gräflichen Palais erfahren. Die arme Sünderin verschwand daraufhin hinter den Mauern eines Klosters, was aus ihrem Kind wurde, ist unbekannt.

Die am 12. Februar 1752 gegründete Keuschheitskommission ließ sofort alle Bordelle schließen und untersagte jegliche Form der Prostitution. Am schlimmsten traf es die auf dem Straßenstrich ertappten Dirnen. Sie mussten fortan – kahl geschoren – die Gassen kehren oder für mehrere Jahre ins Gefängnis. Im Wiederholungsfall wurden sie ausgepeitscht und in die Verbannung geschickt. Zweimal im Jahr segelten Schiffe mit 150 »liederlichen Weibsbildern« an Bord in den (im heutigen Rumänien gelegenen) Banat.

Den Hintergrund zur Einführung der Keuschheitskommission bildete das dramatische Ansteigen von Geschlechtskrankheiten. Freilich hatte die sittenstrenge Kaiserin auch ein persönliches Motiv. Wusste sie doch, dass es ihr Gemahl Franz Stephan I. mit der ehelichen Treue nicht allzu ernst nahm. In Biografien finden sich seine Affären mit der Fürstin Wilhelmine von Auersperg, einer Sängerin namens Gabrielli und einigen Schauspielerinnen. Die Hoffnung der Kaiserin, ihren Mann durch die Existenz der Kommission abschrecken zu können, erwies sich jedoch als Trugschluss: Franz Stephan verstand es, die Tugendwächter zu überlisten und somit weiterhin seinen amourösen Vergnügungen zu frönen.

Einer, der Maria Theresias Sittenstrenge ganz und gar nicht billigte, war – verständlicherweise – Giacomo Casanova. Der Frauenheld erwähnt in seinen Memoiren »eine Legion erbärmlicher Spitzel, die die unerbittlichen Verfolger aller Mädchen waren. Zu allen Stunden des Tages und in allen Straßen Wiens wurden Mädchen, die oft nur ausgegangen waren, um sich in Ehren ihren Lebensunterhalt zu verdienen, verhaftet und ins Gefängnis geschleppt. Es war eine Gemeinheit, denn wie konnte man wissen, dass das Mädchen zu einem Mann ging, der einfach nur Trost suchte. Ein Spion – die Polizei bezahlte ganze Scharen von solchen – folgte ihnen von fern, und da diese Halunken keine Uniform trugen, konnte man sie nicht erkennen. Die Folge war, dass man gegen jeden unbekannten Menschen misstrauisch war.«

Maria Theresias Sittenwächter unternahmen sogar den Versuch, die Kunst »sauber zu halten«, wobei der wohl kurioseste Fall den am Wiener Neuen Markt gelegenen Donnerbrunnen – ein bedeutendes Wahrzeichen der Stadt – betraf. Und so ließ die Keuschheitskommission eines Tages die von Georg Raphael Donner aus Bronze gefertigten barbusigen Nymphen abtragen, »weil deren Anblick gegen Anstand und Moral verstieß«. Man übergab die Figuren nun dem Bildhauer Martin Fischer zum Einschmelzen. Der freilich erkannte ihren künstlerischen Wert und versteckte sie im Bürgerlichen Zeughaus. So konnte der Brunnen nach Maria Theresias Tod in seiner alten Pracht wieder aufgestellt werden.

Die drakonischen Strafen der Keuschheitskommission erwiesen sich nicht nur als wirkungslos, sie sorgten sogar dafür, den Reiz des Verbotenen zu verstärken. Und da die bis dahin organisierten, jetzt aber in die Illegalität getriebenen Prostituierten nicht mehr medizinisch untersucht werden konnten, nahmen in Wien die Geschlechtskrankheiten weiter zu.

Darüber hinaus kam es immer wieder vor, dass sich Mitglieder der Keuschheitskommission von den Gunstgewerblerinnen bestechen ließen, wodurch etliche Kontrollore Opfer der sich rapide ausbreitenden Syphilis wurden.

Als die Kaiserin von der unmoralischen Vorgangsweise ihrer Sittenwächter erfuhr, löste sie die Kommission kurzerhand auf. Das unrühmliche Ende dieser eigentümlichen Institution war gekommen.

Eine wesentlich freizügigere Einstellung zur Sexualität hatte Maria Theresias Sohn und Nachfolger, Kaiser Josef II. Meinte er doch, als man ihm riet, er möge wieder Bordelle zulassen, um das unsittliche Treiben in der Residenzstadt kontrollieren zu können: »Da müsst ich ja über ganz Wien ein Dach bauen lassen!«

Meine Reisen zu berühmten Leuten

Auf Freuds Couch

Zeitzeugen und Patienten

Sie kommen wegen Freud«, sagte der alte Herr. »Ja, ich erinnere mich noch sehr gut an ihn, obwohl das jetzt alles schon sehr lange her ist. Ich traf ihn in Wien, und es wurde ein unvergessliches Erlebnis für mich. Nicht mein schönstes vielleicht, aber sicher eines der aufregendsten, die ich hatte.«

Natürlich muss man in Archiven und Bibliotheken stöbern, um historischen Persönlichkeiten auf die Spur zu kommen. Aber das ist zu wenig. Denn nur lebenden Menschen kann man Fragen stellen, nur mit ihrer Hilfe kann man dort weiterforschen, wo die Information der Geschichtsbücher endet. Und so begab ich mich – als ich aus Anlass von Sigmund Freuds fünfzigstem Todestag eine Biografie über den »Vater der Psychoanalyse« schrieb – auf die Suche nach Zeitzeugen.

»Einen gibt's noch«, erklärte mir mein Freund, der »Freudianer« Friedrich Hacker. »Aber wenn du ihn treffen willst, musst du eine weite Reise antreten.«

Ich trat sie gerne an und flog nach Topeka, in die Hauptstadt des Bundesstaates Kansas in den USA, wo ich dann tatsächlich Gelegenheit hatte, Freuds letzten lebenden Weggefährten zu treffen. Er hieß Karl Menninger und war mit seinen 96 Jahren der äußerst agile Präsident der berühmten Menninger-Clinic, die zu den größten psychiatrischen Krankenhäusern Amerikas zählt.

Was mich an Freud interessierte, war der Mensch, waren die Persönlichkeit und das Charisma des Mannes, der das 20. Jahrhundert wie kaum ein anderer geprägt hat. Und jetzt saß ich einem alten Herrn gegenüber, der ihn persönlich gekannt hatte.

»Well, äußerlich war Freud so, wie man sich einen Gelehrten vorstellt, und er war ein typical Viennese Gentleman«, erzählte Dr. Menninger – dessen Großvater 1848 von Frankfurt am Main in die USA ausgewandert war – in einem deutsch-englischen Sprachkonglomerat. »Freud war freundlich, überaus höflich und vornehm, und er wusste eine gewisse Distanz zu wahren. Es war nicht so, dass man ihm die Hand schüttelte und gleich an ihn herankam. Er war damals schon eine Legende, und er war sich dessen sehr wohl bewusst.«

Es war ein intensives Gespräch, das die beiden Herren an diesem strahlenden Sommertag im Jahre 1934 in Freuds Sommerresidenz in der Wiener Strassergasse geführt hatten. Und es waren keineswegs nur leere Floskeln, die ein weltbekannter Mann mit seinem Besucher – der sein Sohn hätte sein können – wechselte. Menninger hatte mit der Gründung einer psychiatrischen Klinik, in der die ersten amerikanischen Patienten nach Freuds Anleitungen behandelt wurden, ungeheuer viel zur Verbreitung der Psychoanalyse in den USA beigetragen. Umso ernüchternder die Tatsache, dass Freud seinem Kollegen einen ziemlich kühlen Empfang bereitete.

Der »Vater der Psychoanalyse« führte das Gespräch in »exzellentem Englisch, wenn auch mit stark österreichischem Akzent«. Trotz seiner schweren Krankheit war er voll konzentriert, reagierte auf jeden Einwand und jede noch so komplizierte Frage. Sigmund Freud litt seit mehr als zehn Jahren an Kieferkrebs, hatte oft unerträgliche Schmerzen und war bereits mehrmals operiert worden. »Aber er hatte eine eiserne Disziplin, ließ sich von all dem nichts anmerken.«

Ich spürte die Faszination, die der große alte Mann bei Menninger hinterlassen hatte. Und doch blieb sein Besuch in gewissem Sinn eine Enttäuschung. »Sie müssen sich vorstellen, ich war mit ungeheuren Erwartungen nach Wien gekommen«, erzählte Menninger. »Immerhin hatte ich viel dazu beigetragen, dass die Psychoanalyse in Amerika populär wurde, ich war hier zu einer Zeit, da viele nichts von ihr wissen wollten, so etwas wie ein Advokat seiner Lehre gewesen, ein Missionar. Aber was tat Freud? Er ließ mich nach meiner langen, mühsamen Europareise eine Stunde in einem finsteren Vorraum warten, ehe er mich empfing. Das wäre nicht so schlimm gewesen, hätte ich nicht den Eindruck gehabt, dass er überhaupt keine besondere Freude daran hatte, mit einem Amerikaner zusammenzuarbeiten. Das ist eigenartig, denn während man ihm in Europa sehr lange Zeit Steine in den Weg legte, ging seine Lehre gerade von den Vereinigten Staaten aus um die Welt. Ich habe später oft darüber nachgedacht, was er gegen uns Amerikaner hatte*.«

Dr. Menninger behielt einen genialen Mann voller Widersprüche in Erinnerung. Und zeichnete damit kein untypisches Bild des bedeutenden Arztes: Sigmund Freud konnte freundlich und gleichzeitig abweisend sein. Er hatte schon als junger Mann schreckliche Todesängste und war gerade dann besonders schöpferisch. Er verließ seine besten und treuesten Freunde und litt unter einer Isolation, in die er sich zum Teil selbst begeben hatte.

Freud war ein Fall für Freud. Im besten Sinn des Wortes. Denn gerade seine nicht unkomplizierte Persönlichkeit, das Genie voller

---

* Freud selbst erklärte seine Abneigung gegen die Neue Welt mit einer Darmstörung, die er sich während einer Amerikareise im Jahre 1909 zugezogen hatte.

Widersprüche, schaffte die Grundlagen zum Studium komplexer Vorgänge in der menschlichen Seele. Wie er selbst es einmal ausdrückte: »Der Hauptpatient, der bin ich selbst.«

»Und bei seinen Patienten«, riet mir Dr. Menninger, als ich mich von ihm verabschiedete, »bei seinen Patienten müssen Sie auch ansetzen, wenn Sie eine Freud-Biografie schreiben wollen. Ja, bei seinen Patienten, dann werden Sie den wahren Freud kennen lernen.«

Die erste Patientin, die ich mir, wieder in Wien angekommen, genauer »ansah«, hieß Elisabeth Weiss und war eine gut aussehende, hochintelligente junge Frau, die wohl behütet, in intakten Familienverhältnissen aufgewachsen war. Doch innerhalb von zwei Jahren brach das Glück der Familie Weiss in sich zusammen. Elisabeths Vater starb nach schwerer Krankheit; ihre Mutter musste sich kurz darauf einer gefährlichen Augenoperation unterziehen und drohte zu erblinden; die ältere ihrer beiden Schwestern heiratete einen Mann, der auf die ganze Familie negativen Einfluss ausübte; und zu all dem Unglück kam dann der wohl schwerste Schock, als Elisabeths jüngere Schwester – die sehr glücklich verheiratet war – während ihrer Schwangerschaft einem Herzversagen erlag.

Dass wir heute den Namen der Elisabeth Weiss wie auch anderer seiner Patienten kennen, liegt nicht an Freud, der sich – wenn er Fälle aus seiner Praxis veröffentlichte – natürlich stets an die ärztliche Schweigepflicht hielt. Einige der von ihm gewählten Pseudonyme wurden vielmehr in späteren Jahren, sei es durch die Patienten selbst oder durch Freud-Forscher, gelüftet. Elisabeth Weiss jedenfalls wird in Freuds Aufzeichnungen »Elisabeth von R.« genannt.

Freud bot sich ein Bild des Schreckens, als ihm Fräulein Weiss im Herbst 1892 von einem Kollegen vorgestellt wurde. Die 24-Jährige hatte so starke Schmerzen in beiden Beinen, dass sie zeitweise nicht gehen konnte. Nach eingehender Untersuchung kam Freud zu dem Ergebnis, dass kein organisches Leiden, sondern ein klarer Fall von Hysterie vorlag. Der Arzt hatte von Anfang an vermutet, dass sich hinter der Krankheit ein »Geheimnis« verbarg, das Elisabeth mit sich trug. Und das es zu ergründen galt. »Ich konnte also zunächst auf die Hypnose verzichten, mit dem Vorbehalte allerdings, mich später der Hypnose zu bedienen, wenn sich im Verlaufe der Beichte Zusammenhänge ergeben sollten, zu deren Klärung ihre Erinnerung etwa nicht ausreichte. So gelangte ich bei dieser ersten vollständigen Analyse einer Hysterie, die ich unternahm, zu einem Verfahren, das ich später zu einer Methode erhob.« Der Fall Elisabeth von R. wurde zur Geburtsstunde der Psychoanalyse.

Freud ließ sich zunächst die Lebens- und Leidensgeschichte der Patientin erzählen und führte die Behandlung infolge ihrer körperlichen Schwächen nicht nur in seiner jüngst eröffneten Ordination in der Berggasse, sondern auch in der Wohnung der Familie Weiss durch. Und genau diese Situation sollte bei der Lösung des Falles eine wesentliche Rolle spielen: »Ich hörte einmal während der Arbeit mit der Kranken Männerschritte im Nebenzimmer, eine angenehm klingende Stimme, die eine Frage zu stellen schien, und meine Patientin erhob sich darauf mit der Bitte, für heute abzubrechen; sie höre, dass ihr Schwager gekommen sei und nach ihr frage. Sie war bis dahin schmerzfrei gewesen, nach dieser Störung verrieten ihre Miene und ihr Gang das plötzliche Auftreten heftiger Schmerzen. Ich war in meinem Verdachte bestärkt und beschloss, die entscheidende Aufklärung herbeizuführen.«

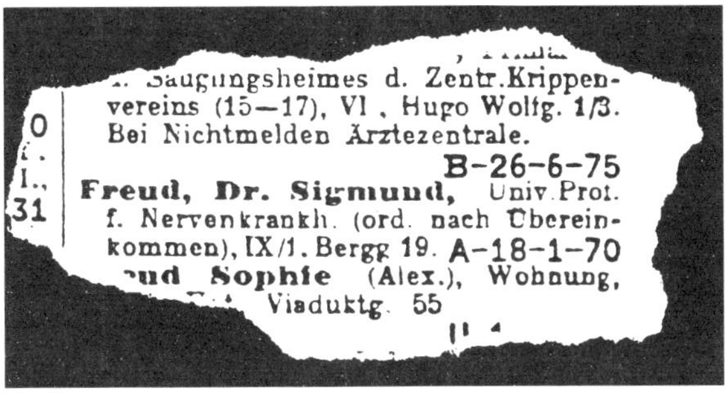
Säuglingsheimes d. Zentr. Krippenvereins (15—17), VI, Hugo Wolfg. 1/3. Bei Nichtmelden Ärztezentrale. B-26-6-75
Freud, Dr. Sigmund, Univ. Prof. f. Nervenkrankh. (ord. nach Übereinkommen), IX/1. Bergg 19. A-18-1-70
Freud Sophie (Alex.), Wohnung, Viaduktg. 55

Eintragung Sigmund Freuds im Amtlichen Wiener Telefonbuch

In der nächsten Sitzung führte Freud seine Patientin in Richtung dieses »Verdachts«: Die »angenehm klingende Stimme« vom letzten Mal gehörte dem Mann ihrer verstorbenen Schwester. Er war in den Erzählungen schon des Öfteren aufgetaucht, doch jetzt erst kam das »Geständnis«: Elisabeth hatte mit dem Schwager, kurz vor dem Tod seiner Frau, einen ausgedehnten Spaziergang unternommen. Als sie von der gemeinsamen Wanderung zurückkehrten – erinnerte sie sich im Gespräch mit Freud –, waren ihre ersten Lähmungserscheinungen aufgetreten. Danach hatte sie davon geträumt, »einen Mann wie diesen« an ihrer Seite haben zu können. Wenige Tage nach dem Spaziergang verstarb Elisabeths Schwester, die Frau dieses Mannes. Freud beschreibt die jetzt folgende, wichtige Phase der Analyse mit den Worten: »Dann standen sie vor dem Bette, sahen die Tote, und in dem Momente der grässlichen Gewissheit, dass die geliebte Schwester gestorben sei, ohne von ihnen Abschied zu nehmen, ohne ihre letzten Tage durch ihre Pflege verschönt zu haben –, in demselben Momente hatte ein anderer Gedanke Elisabeths Hirn durchzuckt, der sich jetzt unabweisbar wieder eingestellt hatte, der Gedanke, der wie ein greller Blitz durchs Dunkel fuhr: Jetzt ist er wieder frei, und ich kann seine Frau werden.«

Nun war freilich alles klar, »die Mühe des Analytikers war reichlich belohnt worden«. Freud hatte seine Patientin dahin gebracht, all das auszusprechen, was zur Umwandlung einer psychischen Erregung ins Körperliche geführt hatte. »Dieses Mädchen hatte ihrem Schwager eine zärtliche Neigung geschenkt, gegen deren Aufnahme in ihr Bewusstsein sich ihr ganzes moralisches Wesen sträubte. Es war ihr gelungen, sich die schmerzliche Gewissheit, dass sie den Mann ihrer Schwester liebte, zu ersparen, indem sie sich dafür körperliche Schmerzen schuf«, die genau in dem Augenblick auftraten (während des Spaziergangs mit dem Schwager), da sich ihr diese Gewissheit aufdrängte.

Von einer Heilung jedoch konnte auch nach Erkennen und Aussprechen der Wahrheit noch keine Rede sein, im Gegenteil, für die Patientin wie für den Therapeuten kam zunächst eine böse Zeit.

»Der Effekt der Wiederaufnahme jener verdrängten Vorstellung war ein niederschmetternder für das arme Kind. Sie schrie laut auf, als ich den Sachverhalt mit den trockenen Worten zusammenfasste: Sie waren also seit langer Zeit in Ihren Schwager verliebt. Sie klagte über die grässlichsten Schmerzen in diesem Augenblicke, sie machte noch eine verzweifelte Anstrengung, die Aufklärung zurückzuweisen. Es sei nicht wahr, ich habe es ihr eingeredet, es könne nicht sein, einer solchen Schlechtigkeit sei sie nicht fähig. Das würde sie sich auch nie verzeihen. Es war leicht, ihr zu beweisen, dass ihre eigenen Mitteilungen keine andere Deutung zuließen, aber es dauerte lange, bis meine beiden Trostgründe, dass man für die Empfindungen unverantwortlich sei und dass ihr Verhalten, ihr Erkranken unter jenen Anlässen ein genügendes Zeugnis für ihre moralische Natur sei, bis diese Tröstungen, sagte ich, Eindruck auf sie machten.«

Während der folgenden Begegnungen gelang es, die Patientin durch Abreagieren von der gespeicherten Erregung zu befreien. Eine Verbindung mit dem geliebten Schwager sollte sich, wie Freud in einem Gespräch mit Elisabeths Mutter erfahren musste, als nicht möglich erweisen, da dieser kränklich war und sich vom Tod seiner Frau nicht erholt hatte. Trotzdem betrachtete Freud, als die Sommerferien nahten, seine Patientin als geheilt. Zwar wurde er während des Urlaubs durch Elisabeths Mutter noch von schmerzhaften Rückschlägen informiert, doch im Herbst 1893, ein Jahr nach Beginn der Behandlung, hatte sie sich vollkommen erholt.

»Im Frühjahr 1894«, schließt Freud den Bericht dieses Falles, »hörte ich, dass sie einen Hausball besuchen werde, zu welchem ich mir Zutritt verschaffen konnte, und ich ließ mir die Gelegenheit nicht entgehen, meine einstige Kranke im raschen Tanze dahinfliegen zu sehen. Sie hat sich seither aus freier Neigung mit einem Fremden verheiratet.«

Als unmittelbare Folge der erfreulichen Genesung »Elisabeth von R.'s« wandte sich Freud von seiner bisherigen Behandlungsmethode, der Hypnose, ab und der »Freien Assoziation« zu, die später als Psychoanalyse die Welt erobern sollte.

Dem Arzt Dr. Menninger und der Schilderung des Falles der Elisabeth Weiss steht Sigmund Freuds Enkel als weiterer Zeitzeuge gegenüber, der sich eines »Großpapas« wie aus dem Bilderbuch entsinnt: Ernest Freud war, als ich im Jahre 1989 meine Freud-Biografie schrieb, eines der wenigen noch lebenden Familienmitglieder, die den sechsfachen Vater und »gottähnlichen Patriarchen« in bildhafter Erinnerung hatten. Ernest war 25, als sein Großvater starb, und er lebte teils in Hamburg, teils in Wien. Aus der Berggasse ist ihm eine Wiener Großfamilie im Gedächtnis geblieben, »mit ihrer eigenen Kultur, mit eigenen Werten, eine jüdische Familie, aber in keiner Weise orthodox; eine intellektuelle, gutbürgerliche Familie mit einem hohen Standard von Anständigkeit und Ehrlichkeit. Sie bestand aus Großvater, um den sich in Wirklichkeit alles drehte, und dessen jüngster Tochter Anna, die ihn unterstützte. Dann gab es Großmama, Tante Minna, Paula – eine Kombination von Haushälterin und Dienstmädchen – und eine Köchin. Da waren auch noch die fünf alten Tanten (Freuds Schwestern), alles nette Leute, warm und hilfreich. Großvater erschien äußerst menschlich, obgleich er als unfehlbar galt. Das nahmen alle als selbstverständlich hin. Er brauchte seine Wünsche nicht zu äußern, alles funktionierte.«

In Ernest Freuds Erinnerung war Freud »gewöhnlich mit Schreiben, Lesen oder Denken beschäftigt. Er wirkte immer freundlich, offen und aufrichtig, sprach langsam und mit Überlegung und was er zu sagen hatte, gab einem schon zu denken. Ich kann mich nicht erinnern, ihn je ungehalten oder wütend gesehen zu haben. Es herrschte immer Frieden und Ruhe und das emotionelle Klima schien spannungsfrei. Es war selbstverständlich, dass man bemüht war, einer Meinung zu sein. Ich kann mich nicht erinnern, dass ein Familienmitglied je laut sprach, dass man sich anschrie, mit der Faust auf den Tisch schlug, vor Wut auf den Boden stampfte, die Tür zuknallte oder fluchte. All dies war undenkbar, dazu war die Familie viel zu gutmütig, stolz und kontrolliert.«

Zurück zu den Patienten. Im Jahre 1902 ließ sich ein Student namens Bruno Goetz für kurze Zeit von Freud behandeln. In seiner Korrespondenz mit einem Jugendfreund geht der spätere Schriftsteller und Übersetzer mit seltener Offenheit auf Freuds faszinierende, geradezu magische Erscheinung ein.

Knapp 20 Jahre alt, begab sich Goetz, den heftige Gesichtsneuralgien plagten, »mit sehr gemischten Gefühlen« in die Ordination. »Freud kam auf mich zu, schüttelte mir die Hand, bat mich, Platz zu nehmen und musterte mich aufmerksam. Ich blickte in seine wunderbar gütigen, warmen schwermütig-wissenden Augen. Zugleich war mir, als fahre eine Hand flüchtig über meine Stirn.«

Schon durch die Begegnung wären die Schmerzen »wie weggewischt« gewesen, erinnerte sich Goetz dieser Situation. Die Persönlichkeit des Arztes hatte den neuen Patienten sofort in seinen Bann gezogen.

Goetz verfasste in seiner Freizeit Gedichte. Freud saß zunächst ein paar Sekunden schweigend da und lächelte vor sich hin. Dann sagte er freundlich: »Lassen Sie mich Sie ein wenig kennen lernen. Ich habe hier ein paar Gedichte von Ihnen. Sehr schön – aber verkapselt. Sie verstecken sich ja hinter Ihren Worten, anstatt sich von ihnen tragen zu lassen. Kopf hoch! Sie haben es gar nicht nötig, sich vor sich selbst zu fürchten ... Und jetzt erzählen Sie mir etwas von sich. In Ihren Versen kommt immer wieder das Meer vor. Wollen Sie damit symbolisch auf irgendetwas hinweisen? Oder haben Sie wirklich etwas mit dem Meere zu tun gehabt?«

Freuds treffsicherer Instinkt überraschte Bruno Goetz, der als Sohn eines Seemannes aufgewachsen war. »Mir schien, als hätte sich eine Schleuse in mir geöffnet. Und ehe ich mich dessen versah, erzählte ich ihm mein ganzes Leben, erzählte ihm ohne jede Zurückhaltung Dinge, über die ich noch niemals mit jemand gesprochen hatte. Was hätte es auch für einen Sinn gehabt, etwas vor ihm zu verbergen? Es war ihm ja doch schon alles im Voraus bekannt.

Beinahe eine Stunde hörte er mir zu, ohne mich zu unterbrechen und ohne mich anzusehen. Manchmal lachte er leise auf.« Und dann kam Freud auf das Elternhaus des Patienten zu sprechen. »War Ihr Vater denn nicht streng zu Ihnen?«, wollte er wissen.

»Er war mein bester Freund, wir verstanden uns bei den leisesten Andeutungen. Nur von meinen lächerlichen und unglücklichen Liebesgeschichten mit einem Mädchen und einer älteren Dame hatte ich ihm nichts gesagt, und auch davon nichts, dass ich zuweilen ganz verrückt in ein paar Matrosen verliebt war, die ich am liebsten abgeküsst hätte. Ich hatte Angst, er würde das vielleicht nicht ernst nehmen und verstohlen über mich lachen. Vorwürfe hätte er mir bestimmt keine gemacht. Ich hatte mir selbst ja auch gar nichts vorzuwerfen – nur dass ich mich nicht getraut hatte, und dann später, wenn ich in meinem Bett lag ... Sie verstehen doch ... «

»Gewiss, gewiss«, brummte Freud. »Und die Sache mit den Matrosen hat Sie nicht weiter beunruhigt?«

»Niemals!«, antwortete der Patient. »Ich war ja bis über beide Ohren verliebt. Und wenn man verliebt ist, dann ist alles in Ordnung. Oder nicht?«

»Bei Ihnen sicherlich!«, meinte Freud und musste plötzlich laut lachen. »Sie haben ein beneidenswert gutes Gewissen. Das verdanken Sie Ihrem Vater. Ich werde Sie daher nicht analysieren, Sie können mit Ihren Komplexen selig werden. Doch was Ihre Neuralgien anlangt, so werde ich Ihnen ein richtiggehendes Rezept verschreiben.«

Das von Freud verordnete Medikament wirkte innerhalb kürzester Zeit, sodass die Schmerzen des Patienten bald verflogen waren. Bruno Goetz behielt Freud als großen, warmherzigen Mann in Erinnerung.

Dr. Sergej Pankejew war vor dem Ersten Weltkrieg vier Jahre lang Patient in der Berggasse und sollte danach unter dem Pseudonym »Wolfsmann« Berühmtheit erlangen. Der Sohn eines reichen Großgrundbesitzers aus Odessa war auf Anraten eines russischen Psychiaters zu Freud gekommen, nachdem dieser seine Ohnmacht gegen Sergejs schwere Zwangsneurosen hatte erkennen müssen.

Auf Freuds Couch schildert der »Wolfsmann« die Atmosphäre einer mehr als außergewöhnlichen Kindheit. Seine Mutter war hypochondrisch veranlagt, der Vater depressiv, ein Onkel litt an Paranoia. Der Großvater machte dem Sohn die Braut streitig, die Großmutter verübte Selbstmord, ebenso Sergejs ältere Schwester, die ihn vor ihrem Freitod noch verführte. Als Sergej mit 17 nach intimem Kontakt mit einer Prostituierten an Gonorrhöe erkrankte, kam eine kaum erträgliche Depression zum Ausbruch. Er war plötzlich vollkommen hilflos, nicht einmal in der Lage, sich an- und auszuziehen oder mit anderen einfachen Dingen des täglichen Lebens fertig zu werden. Außerdem litt er unter schweren Darmstörungen und konnte natürlich auch keinen Kontakt zu Frauen finden.

»Gänzlich abhängig und existenzunfähig«, wie Freud den Patienten beschreiben wird, schickte man ihn von einem Arzt zum anderen. Sergej reiste nach St. Petersburg und München, suchte verschiedene Sanatorien auf, wurde von Kapazitäten (die zum Teil schon seine Eltern behandelt hatten) mit Hypnose und Elektrotherapie behandelt – doch es stellte sich keine Besserung ein.

Bei Freud erscheint Sergej – damals 23 Jahre alt – erstmals im Februar 1910. Der Patient »hörte zu, verstand und ließ sich nicht nahe kommen. Seine untadelige Intelligenz war wie abgeschnitten von den triebhaften Kräften. Es bedurfte einer langen Erziehung, um ihn zu bewegen, einen selbständigen Anteil an der Arbeit zu nehmen«.

Endlich gelingt es Freud, Sergej einen Traum zu entlocken, in dem er die Ursache seiner Neurose sieht – und dem der »Wolfsmann« sein später berühmt gewordenes Pseudonym verdankt. Es ist ein Traum, den der Patient als Vierjähriger erlebte: »Plötzlich geht das Fenster von selbst auf, und ich sehe mit Schrecken, dass auf dem großen Nussbaum vor dem Fenster ein paar weiße Wölfe sitzen. Es waren sechs oder sieben Stück. Die Wölfe waren ganz weiß und sahen eher aus wie Füchse oder Schäferhunde, denn sie hatten große Schwänze wie Füchse, und ihre Ohren waren aufgestellt wie bei den Hunden, wenn sie auf etwas aufpassen. Unter großer Angst, offenbar, von den Wölfen aufgefressen zu werden, schrie ich auf und erwachte.«

Hinter dem Traum, analysiert Freud, steckt ein Erlebnis aus noch früherer Kindheit. Sergej war im Alter von eineinhalb Jahren an Malaria erkrankt, weshalb er, statt wie üblich bei der Kinderfrau, im Zimmer der Eltern übernachtete. Dort wurde er »Zeuge eines dreimal wiederholten coitus a tergo«, bei dem er »das Glied der Mutter wie das Glied des Vaters sehen« konnte. Die weißen Wölfe stehen für die weiße Unterwäsche der Eltern in diesem von Freud als »Urszene« bezeichneten Geschlechtsverkehr, der schwere Kastrationsängste zur Folge hatte. Freud gelangte zu dem Schluss, dass es nicht von Bedeutung sei, ob der Patient den Beischlaf tatsächlich oder nur in phantastischen Träumen gesehen hätte.

Nach vierjähriger, überaus anstrengender Analyse – während der er täglich eine Stunde auf Freuds Couch lag – waren Sergejs Kindheitserlebnisse in sein Bewusstsein gedrungen, und er konnte, vollkommen gesund, entlassen werden.

Als die Rote Armee in Odessa einmarschiert und sämtliche Ländereien, Schlösser und Besitztümer seiner Familie beschlagnahmt, ist Pankejew gerade auf dem Weg nach Wien, wo ihm Freud zu einer Nachbehandlung rät, weil noch ein kleiner nicht-analysierter Rest zurückgeblieben sei.

Nach der Revolution ist der Aristokrat verarmt und kann nicht mehr in seine Heimat zurück. Freud behandelt ihn nicht nur kostenlos, sondern unterstützt ihn sechs Jahre lang durch Geldzuwendungen und organisiert eine Spendenaktion unter Kollegen, um dem inzwischen verheirateten und zum Doktor der Rechtswissenschaften graduierten Emigranten das Überleben zu sichern.

Sergej Pankejew starb im Mai 1979 im Alter von 92 Jahren in einem Wiener Altersheim.

Freud hat uns detailliert hinterlassen, mit welchen Worten er die Beziehung zum Patienten in der Psychoanalyse aufnahm, beziehungsweise wie er die Therapie »anlegte«: Der psychisch Kranke soll, schreibt er, »auf einem Ruhebett lagern, während man hinter ihm, von ihm ungesehen, Platz nimmt. Es ist im ganzen gleichgültig, mit welchem Stoffe man die Behandlung beginnt, ob mit der Lebensgeschichte, der Krankengeschichte oder den Kindheitserinnerungen des Patienten. Jedenfalls aber so, dass man den Patienten erzählen lässt und ihm die Wahl des Anfangspunktes freistellt.«

Nachdem der Patient sich's auf der – später so berühmt gewordenen – Freudschen Couch bequem gemacht hat, eröffnet der Arzt das Gespräch: »Man sagt (zum Patienten) also: ›Ehe ich Ihnen etwas sagen kann, muss ich viel über Sie erfahren haben: Bitte teilen Sie mir mit, was Sie von sich wissen. Noch eines, ehe Sie beginnen. Ihre Erzählung soll sich doch in einem Punkte von der gewöhnlichen Konversation unterscheiden. Während Sie sonst mit Recht versuchen, in Ihrer Darstellung den Faden des Zusammenhanges festzuhalten, und alle störenden Einfälle und Nebengedanken abweisen, um nicht, wie man sagt, aus dem Hundertsten ins Tausendste zu kommen, sollen Sie hier anders vorgehen. Sagen Sie also alles, was Ihnen durch den Sinn geht. Benehmen Sie sich so wie zum Beispiel ein Reisender, der am Fensterplatz des Eisenbahnwagens sitzt und den im Inneren Untergebrachten beschreibt, wie sich vor seinen Blicken die Aussicht verändert. Endlich vergessen Sie nie darauf, dass Sie volle Aufrichtigkeit versprochen haben, und gehen Sie nie über etwas hinweg, weil Ihnen dessen Mitteilung aus irgendeinem Grund unangenehm ist.‹«

Nach dieser kurzen Einleitung beginnt der Part des Patienten. Freud hört zunächst nur zu, sonst nichts. »Der Arzt«, sagt er einmal, »soll undurchsichtig für den Analysierten sein und wie ein Spiegel nichts anderes zeigen, als was ihm gezeigt wird.« Das Ziel der Analyse sei erreicht, sobald der Patient Einblick in sein Unbewusstes gewährt. Denn, und das war Freuds große Erkenntnis, hinter jedem Verhalten stehen auch Motive, die dem Menschen unbewusst sind. Unbewusste Prozesse sind ein wesentlicher Teil unserer Psyche.

War Freud auf der Suche nach den Inhalten des jeweils Unbewussten »fündig« geworden, zeigte er dem Patienten seine Befriedigung darüber. Er stand von seinem hinter der Couch befindlichen Sessel auf und sagte: »Das muss gefeiert werden!« Für ihn ein Grund mehr, sich genüsslich eine Zigarre anzurauchen, wie uns seine Patientin Hilda Doolittle hinterließ. Ebenso teilte er aber auch seine Unzufriedenheit mit, wenn die Mitteilungen allzu bruchstückhaft blieben. Waren die für seine Analyse wichtigen Details nicht an die Oberfläche gelangt, sondern im Unbewussten verblieben, pflegte er zu sagen: »Wir müssen weiter graben, bis wir auf etwas stoßen, das mehr Aufschluss gibt.«

Mit Gustav Mahler wenden wir uns dem wohl berühmtesten Patienten aus Freuds Praxis zu. Der Komponist hatte die Wiener Oper zur Jahrhundertwende in nie da gewesene künstlerische Höhen geführt, trat aber, als Folge einer zum Teil antisemitisch geführten Hetzkampagne, vorzeitig zurück. »Ich gehe, weil ich das Gesindel nicht mehr aushalten kann«, hatte Mahler 1907 an einen Freund geschrieben. Etwa zur selben Zeit war seine heiß geliebte Tochter Maria Anna an Diphtherie gestorben, und ein Arzt hatte bei ihm die ersten Anzeichen einer Herzschwäche festgestellt.

Drei Jahre nach dieser familiären und beruflichen Katastrophe brachte die dramatische Entwicklung der Ehe mit seiner fast 20 Jahre jüngeren Gemahlin Alma die nächste Erschütterung in Mahlers Leben. Der geniale Musiker hatte nach Lösung seines Wiener Vertrags eine Berufung an die Metropolitan Opera angenommen und war Leiter der New Yorker Philharmoniker geworden. Die Sommermonate des Jahres 1910 verbrachten Alma und Gustav Mahler in ihrem »Komponierhäuschen« am Attersee. Während dieses Urlaubs hatte Alma Mahler ihre stürmische Liebesbeziehung zu Walter Gropius aufgenommen. Der bedeutende Architekt, den sie nach Mahlers Tod auch heiraten sollte, nahm im steirischen Tobelbad eine Kur. Als der 50-jährige Mahler von der Affäre seiner Frau mit einem anderen, wesentlich jüngeren Mann erfuhr, war seine Erregung so groß, dass er den Psychoanalytiker durch halb Europa verfolgte, ehe er ihn fand.

Freud hielt sich gerade im Rahmen einer Bildungsreise durch Holland im Hotel *Nordzee* in Noordwijk auf, wo ihn das erste Telegramm Gustav Mahlers mit dem dringenden Wunsch einer möglichst baldigen Aussprache erreichte. Normalerweise reagierte Freud ungehalten, wenn er im Urlaub belästigt wurde. Bei Mahler war es freilich etwas anderes. Freud zeigte sich von Mahler, lange bevor er ihn persönlich kennen lernen sollte, tief beeindruckt – auch wenn sein musikalisches Verständnis nicht sehr ausgeprägt war.

Es wurde ein Termin in der holländischen Stadt Leiden vereinbart.

Schon Jahre davor hatte der ihr väterlich zugetane Burgtheaterdirektor Max Burckhard Alma vor der Ehe mit Mahler gewarnt. »Ein so schönes Mädchen«, meinte er damals, 1901, »könne doch keinen degenerierten, kränklichen Juden heiraten, der Schulden hat und als Komponist stark umstritten ist«. Neun Jahre später schien sich die Unmöglichkeit dieser Ehe zu beweisen. Die von der Männerwelt heftig umworbene, 31-jährige, zu voller Blüte gereifte Frau fühlte sich, wie sie einmal sagte, bei ihrem Mann in »erzwungener Askese«. Der physisch und psychisch leidende Mahler wiederum, der seine Frau über alles liebte, hatte seine »Libido von Alma abgewendet«, wie sich Freud ausdrückte. Tatsächlich hatte der Künstler nach den Erschütterungen des Jahres 1907 seine ganze, durch die Krankheit reduzierte Kraft seinem künstlerischen Schaffen gewidmet und sich mit der nach wie vor geliebten Frau nur noch seelisch verbunden gefühlt.

Der Kontakt zwischen Mahler und Freud blieb auf einen einzigen Tag beschränkt. Zwei der bedeutendsten Männer ihrer Zeit trafen einander vorerst in Freuds Hotel und unternahmen dann einen ausgedehnten, mehrstündigen Spaziergang. Viele Jahre später erwähnt Freud die Begegnung mit den Worten, er hätte Mahler »einen Nachmittag lang in Leiden analysiert und, wenn ich den Berichten glauben darf, sehr viel bei ihm ausgerichtet. Wir haben in höchst interessanten Streifzügen durch sein Leben seine Liebesbedingungen, insbesondere seinen Marienkomplex (Mutterbindung) aufgedeckt; ich hatte Anlass, die geniale Verständigkeit des Mannes zu bewundern. Auf die symptomatische Fassade seiner Zwangsneurose fiel kein Licht. Es war, wie wenn man einen einzigen, tiefen Schacht durch ein rätselhaftes Bauwerk graben würde.«

Alma Mahler ergänzt diese Aussage in ihren Erinnerungen an Mahler. Freud hätte ihrem Mann damals in Leiden heftige Vorwürfe gemacht, nachdem dieser ihm sein Leben und die gerade aktuelle Situation ausführlich geschildert hatte. »Wie kann man in einem solchen Zustand ein junges Weib an sich ketten?«, soll der Arzt gesagt haben. Und dann: »Ich kenne Ihre Frau. Sie liebte ihren Vater* und kann nur den Typus suchen und lieben. Ihr Alter, das Sie so fürchten, ist gerade das, was Sie Ihrer Frau anziehend macht. Seien Sie ohne Sorge! Sie lieben Ihre Mutter, haben in jeder Frau deren Typus gesucht. Ihre Mutter war vergrämt und leidend, dies wollen Sie unbewusst auch von Ihrer Frau!« Mahler hätte sich nach Freuds Darlegungen zwar beruhigt gezeigt, wollte aber von seiner Mutterfixierung nichts wissen.

Einmal mehr erscheint erstaunlich, wie Freud innerhalb kürzester Zeit in der Lage war, die Problematik eines Falles zu erkennen. Tatsächlich wollte Mahler am Beginn seiner Bekanntschaft mit Alma diese nicht nur Marie rufen (das war der Name seiner Mutter), sondern schien auch enttäuscht darüber, dass sie nicht »verlittener« aussah, wie er sich ausdrückte. Darüber beklagte sich Mahler sogar einmal bei seiner Schwiegermutter, die schlagfertig konterte: »Beruhige dich, das kommt schon noch durch das Leben.«

---

* den Maler Jakob Emil Schindler

Mahler war vermutlich durch seinen engsten Vertrauten Bruno Walter auf Freud gestoßen und hat nach dem Gespräch mit ihm angeblich sogar seine Potenz wieder gewonnen.

Der Dirigent Bruno Walter war Jahre vorher selbst bei Freud in Behandlung gewesen, wie er seinen Memoiren anvertraute: Aufgrund einer neuralgischen Lähmung seines rechten Armes hatte er ein frühzeitiges Ende seiner Berufslaufbahn befürchten müssen. Er wandte sich an Freud und erwartete von diesem über sexuelle Verfehlungen im Säuglingsalter befragt zu werden. Doch bewies Freud wieder einmal, dass er keineswegs starrsinnig Psychoanalyse anwandte, wenn ganz andere als seelische Ursprünge zu vermuten waren. Statt nach seinem Sexualleben zu forschen, fragte er Bruno Walter: »Kennen Sie Sizilien?« Nachdem dieser verneinte, sagte Freud: »Dann fahren Sie noch heute Nacht los und vergessen Sie Ihren Arm und Ihre Arbeit in der Oper.« Bruno Walter befolgte den ärztlichen Ratschlag und war tatsächlich bald von den Symptomen befreit.

Mahler jedoch, der wahrscheinlich durch Walters Vermittlung an Freud gelangt war, verstarb wenige Monate nach der Konsultation des Seelenarztes an den Folgen seiner Herzschwäche. Vielleicht hatte ihm Freud durch ein nachmittägliches Gespräch in der holländischen Stadt Leiden das Ende seines Lebens ein wenig verschönert. Was den weltberühmten und wohlhabenden Komponisten jedoch nicht daran hinderte, seinem Arzt das ihm zustehende Honorar über seinen Tod hinaus schuldig zu bleiben.

Herr von Knigge benimmt sich schlecht

Der Ahnherr der feinen Sitten war nicht immer fein

Im Haus einer gebildeten Frau«, behauptete der Freiherr von Knigge allen Ernstes, gehe es »verkehrt zu: Speisen kommen kalt oder angebrannt auf den Tisch; es werden Schulden auf Schulden gehäuft, und der arme Mann muss mit durchlöcherten Strümpfen einherwandeln.«

Mehr als 200 Jahre sind seither vergangen, und obwohl Herr von Knigge Derartiges niederschrieb, gelten seine Anweisungen immer noch als oberste Instanz guten Benehmens.

Allerdings dürfte sich Herr von Knigge selbst nicht immer so benommen haben, wie er's von uns verlangte. War er doch zumindest in zwei Skandale verwickelt, die sich gewaschen hatten.

Skandal Nummer eins ereignete sich in seiner Dienstzeit als Kammerherr am Hof des Erbprinzen Wilhelm von Hessen. Dieser hegte den Verdacht, dass Knigge seine Frau – die Prinzessin – nach Dänemark entführen wollte.

Sollte das wahr sein, kann man Herrn von Knigge laut Knigge gar keinen Vorwurf machen, schreibt er doch Jahre später in seinem Benimm-Buch, dass »die Unkeuschheit der Frau mehr zu bestrafen sei als die des Mannes«.

Na, dann!

Knigge war, als die Affäre mit der Prinzessin passiert sein soll, 28 Jahre alt, verheiratet und Vater einer Tochter, deren Erziehung er selbst in die Hand genommen hatte. Ein Umstand, der später Skandal Nummer zwei zur Folge hatte: Da Töchterchen Philippine im Unterricht nicht allein sein sollte, nahm Knigge mehrere Kinder in sein Haus auf, darunter Franziska Zollikofer. Worauf Henriette Knigge ihrem Mann ein allzu inniges Verhältnis mit der Schülerin unterstellte und ihren Bruder zu Hilfe rief, der den untreuen Schwager zum Duell forderte. Knigge setzte sein Testament auf (zugunsten der kleinen Franziska übrigens), besorgte Pistolen und Sekundanten – fand dann aber doch eine unblutige Lösung: Die Schülerin wurde zur weiteren Erziehung in die Obhut einer befreundeten Familie nach Hamburg entlassen.

Skandal Nummer eins hatte ein für das gute Benehmen von Generationen weitreichendes Nachspiel: Als der Prinz den des Ehebruchs verdächtigten Kammerherrn aufforderte, sein Haus zu verlassen, drohte Knigge, er werde, »wenn er mir nicht Genugtuung vor dem Publico gäbe, seine Schandtaten öffentlich drucken lassen«. Worte, die man eher von einem kleinen Erpresser als vom Ahnherrn des guten Tons erwartet hätte. Da der Prinz nicht daran dachte, auf Knigges »Vorschlag« einzugehen, machte dieser seine Drohung wahr und veröffentlichte 1781 den *Roman eines Lebens*, in dem wenig Schmeichelhaftes über den Prinzen zu finden ist.

»Das Buch ging«, hinterließ uns Knigge, nicht zuletzt »durch das unvernünftige Geschrey der Betroffenen reissend ab«. Knigge aber war nun auf den Geschmack gekommen und schrieb, da er dringend Geld brauchte, hurtig weiter.

Es folgten Romane, Theaterstücke und Gedichte; Knigge übersetzte sogar das Libretto zu Mozarts *Die Hochzeit des Figaro* aus dem Italienischen ins Deutsche. 1788, endlich, erschien dann jenes Buch, das ihn weltberühmt machte: *Über den Umgang mit Menschen*, in dem er seine in Adelskreisen gewonnene Lebenserfahrung unters Volk brachte.

Adolph Freiherr von Knigge, 1752 als Sohn eines Hofgerichtsrates in Hannover geboren, war mit vierzehn Jahren Vollwaise. Sein Vater hatte ihm riesige Ländereien hinterlassen, auf denen aber so hohe Schulden lasteten, dass Knigge sein Leben lang für deren Rückzahlung arbeiten musste. *Über den Umgang mit Menschen* entstand also weniger aus ethisch-moralischen Gründen denn aus schlichtem Geldmangel.

Einerseits schien Knigge in manchem seiner Zeit voraus. Galt es doch als gar nicht so selbstverständlich für einen Aristokraten des 18. Jahrhunderts, Pflichten anzusprechen, »die wir allen Arten von Menschen, allen Klassen schuldig sind«. Knigge trat dafür ein, dass man Bauern und Handwerker ebenso achte wie die Vertreter der höchsten Stände. Als Befürworter der Französischen Revolution ließ er sich nie als »Freiherr« ansprechen, sondern immer als »der freie Herr Knigge«.

Andererseits aber blieb er in seinen Ansichten »über Frauenzimmer« im tiefsten Mittelalter stecken. »Weiber«, meinte er, seien »eigentlich gar keine Personen im bürgerlichen Sinn«, und Schwiegermütter bezeichnete er generell als »alte Hexen«. Auch dürfte eher der Wunsch Vater des Gedankens gewesen sein, wenn er behauptete, »Frauen verzeihen uns kleine Untreuen, man kann dadurch bei ihnen zuweilen sogar gewinnen«.

Noch schlimmer sein Beitrag zum Thema Kindererziehung, demzufolge »Prügel, die nicht verkrüppeln oder zum Tod führen, durchaus hilfreich sein können«.

Wie human!

Zum Welterfolg des Klassikers trug bei, dass Knigge sein zum Teil recht schauriges Benimm-Buch mit selbst erlebten Anekdoten anreicherte. So entpuppt er sich als eine Art Adabei seiner Zeit, wenn er – im Kapitel über Maulhelden – von einem Menschen berichtet, der von seiner Vertraulichkeit mit Kaiser Joseph redete, »obgleich ich genau wusste, dass dieser ihn kaum dem Namen nach kannte«.

Knigge starb am 6. Mai 1796 im Alter von vierundvierzig Jahren. Vieles, das er uns hinterließ, erscheint nach zwei Jahrhunderten absurd, etliche seiner Regeln haben aber ihre Gültigkeit behalten.

Auch wenn er selbst die eine oder andere nicht immer befolgt hat.

»Mein Gott, es spricht«

Wie Mr. Bell das Telefon erfand

»Kommen Sie, Watson, ich brauche Ihre Hilfe!«, rief Alexander Graham Bell am 10. März 1876 seinem Assistenten durch einen eigentümlich anmutenden Apparat zu, und diese Worte gelten für alle Zeiten als das erste Telefongespräch der Weltgeschichte. Als Mr. Bell daraufhin freilich seine revolutionäre Erfindung in London vorstellen wollte, lehnte die britische Regierung dies mit dem Hinweis ab: »Es besteht kein Bedarf für eine derartige Einrichtung, da die Postbehörde über genügend Botenjungen verfügt, die in der Lage sind, schriftliche Mitteilungen persönlich zu überbringen.«

Von Bells ersten Versuchen zu unseren Digital-, Schnurlos-, Fax- und Handy-Geräten war's ein weiter Weg.

Alexander Graham Bell, der diese Entwicklung nicht vorhersehen konnte, stammte aus Edinburgh und arbeite im Zivilberuf als Lehrer an einer Taubstummenschule. Ausgerechnet, könnte man meinen und doch war's kein Zufall, dass er es war, der das erste »sprechende Telephon« baute. Denn gerade weil er sich im Umgang mit Gehörlosen besonders intensiv der Erforschung der menschlichen Sprache widmete, entdeckte er das Prinzip des Telefons: Aus den beim Sprechen verursachten Schallwellen entstehen – über eine eingebaute Membrane – Vibrationen, die am anderen Ende der Leitung wieder in Schallwellen umgewandelt werden.

Dabei war Mr. Bell – ein in den USA lebender Schotte – nicht der Erste, der sich mit der Übertragung der Sprache auf elektrischem

Wege auseinandersetzte: der Amerikaner Elisha Gray und der Deutsche Philipp Reis hatten vor ihm schon ähnliche Versuche unternommen, doch reichte die von ihnen erzielte Klangqualität nicht an die von Bells Telefon heran. Und: Nur er hatte die Ausdauer, der Erfindung zum Durchbruch zu verhelfen.

Denn Bell erlitt vorerst ein typisches Erfinderschicksal, musste sich gegen Neider und Konkurrenten zur Wehr setzen. Als er seine »Sprechmaschine« 1876 bei der Weltausstellung in Philadelphia vorführte, fand er zunächst keine Beachtung. Erst als der Kaiser von Brasilien zufällig an seinem Stand vorbeikam und erstaunt »Mein Gott, es spricht!« ausrief, begannen sich die Experten zu interessieren.

Auch durch die nun folgende Ablehnung der britischen Post (»Wir haben ja genügend Boten«) ließ sich Mr. Bell nicht unterkriegen. Statt aufzugeben, gründete er die *American Telephone and Telegraph Company*, die heute noch die größte Telefongesellschaft der USA ist. Damals aber protestierten Schreib- und Papierwarenhändler, weil sie durch das Telefon schwere Geschäftseinbußen befürchteten.

Und auch in der k. u. k. Monarchie stand man Graham Bells »Hörapparaten« skeptisch gegenüber. 1881, im ersten Jahr des österreichischen Fernsprechwesens, gab es hierzulande ganze 154 »sprechende Telefone«, eines davon befand sich im Wiener Ringtheater. Und dennoch war es nicht möglich, damit die größte Brandkatastrophe der österreichischen Geschichte zu verhindern. 386 Theaterbesucher kamen hier am 8. Dezember 1881 ums Leben. Keiner konnte für rasche Hilfe sorgen, das nagelneue Telefon im Theater half nichts, zumal zu diesem Zeitpunkt weder Polizei noch Feuerwehr über einen Anschluss verfügten!

Auch auf Kaiser Franz Josephs Schreibtisch in der Wiener Hofburg befand sich bald ein Telefon. Wer seine Rufnummer 750 anwählen ließ, konnte theoretisch mit dem Monarchen sprechen. Praktisch aber nicht, denn Kaiser Franz Joseph lehnte neumodische Erfindungen wie das Telefon kategorisch ab.

Die fernmündliche Kommunikation war in diesen ersten Jahren aber auch noch sehr umständlich:

- Es gab keine Wählscheibe, man setzte vielmehr – als ersten Schritt – eine am Telefonapparat installierte Kurbel in Bewegung, die für die nötige Stromzufuhr sorgte.
- Dann drückte man auf einen Knopf, der die Verbindung zu einer Telefonzentrale herstellte.
- Nach – meist endloser – Wartezeit meldete sich dort das »Fräulein vom Amt«, dem man nun den Namen oder die Nummer des gewünschten Gesprächspartners mitteilte.
- In der Telefonzentrale stellte das »Fräulein« durch das Einstecken sogenannter »Stöpsel« endlich die Verbindung her.
- Sobald es beim angeklingelten Teilnehmer läutete, hatte auch der seine Kurbel in Bewegung zu setzen.
- Jetzt erst konnte man sprechen, wobei das Telefonfräulein während der gesamten Gesprächsdauer eine Verbindungstaste niederdrücken musste.

Durch Zeitungsinserate bemühte sich die *Wiener Privat-Telegraphengesellschaft*, Kunden für den »Sprechtelegraphen« anzuwerben. Am Wortlaut der Annoncen sieht man, dass vor gut hundert Jahren kaum jemand wusste, was ein Telefon tatsächlich ist. Dieses sei »ein Apparat, der dem Besitzer desselben die Möglichkeit gibt, auf große Entfernungen mit anderen Personen, die den gleichen Apparat besitzen, so zu sprechen, dass die Betreffenden sich nicht nur vollkommen gut verstehen, sondern auch an der Stimme erkennen«.

Erst das neue Jahrhundert sollte der Telefonie zu ihrem Siegeszug verhelfen. Die vorerst skeptischen Menschen erkannten, dass sich auch »mit unsichtbaren Personen« sprechen ließ. Als dann die Post mit der Errichtung der immer zahlreicher gewünschten Telefonleitungen nicht nachkam, hatten die österreichischen Ingenieure Hubert Dietl und Friedrich Koch die rettende Idee: ihr im Jahre 1905 entwickeltes *Gesellschaftsanschluss-System* ermöglichte es, auf einer Leitung bis zu vier Teilnehmer »anzuhängen«. Dies war die Geburtsstunde des weltweit einzigartigen Vierteltelefons, das sich wegen der niedrigeren Grundgebühr jahrzehntelang großer Beliebtheit erfreute.

1927 begann der Ausbau zum »Selbstwählverkehr«, der – man hält es kaum für möglich – erst 1972 mit Schließung der letzten Telefonvermittlung in Karlstein im Waldviertel abgeschlossen wurde. Seither können Telefonteilnehmer in Österreich praktisch jede gewünschte Verbindung selbst herstellen. Das Telefonfräulein, dem Robert Stolz 1919 den Schlager *Hallo, du süße Klingelfee* widmete, hatte nun endgültig ausgedient.

Alexander Graham Bell, durch das Telefon weltberühmt und wohlhabend geworden, zog sich wenige Jahre nach der Erfindung mit seiner Frau Mabel – die eine seiner taubstummen Schülerinnen gewesen war – ins Privatleben zurück. Er starb 1922 mit 75 Jahren.

Und besaß bis zum letzten Tag seines Lebens kein Telefon. »So ein Ding«, soll er gesagt haben, »kommt mir nicht ins Haus!«

»Ich freu mich schon aufs Himmelreich«

Ein Gespräch mit der 105-jährigen Schauspielerin Liane Haid

Als Liane Haid, Österreichs erster Filmstar, im Sommer des Jahres 2000 ihren 105. Geburtstag feierte – ja, den einhundertundfünften – wollte ich ein Porträt über sie schreiben. Ich hatte sie schon einmal zu einem Interview getroffen, damals war sie neunzig und in Wien zu Hause. Inzwischen, so erfuhr ich, sei sie zu ihrem Sohn in die Schweiz gezogen. Ich rief also bei der mir genannten Telefonnummer in Bern an. Doch nicht ihr Sohn war am Apparat, sondern – Liane Haid selbst!

»Ach, Sie rufen aus Wien an, das freut mich aber«, sagte die alte Dame mit fester, klarer Stimme. Und legte gleich los: »Wissen Sie, ich blicke viel zurück, ich kann ja auch nur zurückblicken. Denn ich habe so viel erlebt. Bedenken Sie, ich wurde am 16. August 1895 geboren, ich werde also in wenigen Tagen meinen 105. Geburtstag feiern. Stellen Sie sich das vor! Vielleicht hat der liebe Gott nur vergessen, mich zu sich zu holen.«

Liane Haid ist ein Stück Filmgeschichte. Als Tochter eines Geigenbauers in Wien zur Welt gekommen, trat sie als Kind im k. k. Hofopernballett und als junge Schauspielerin im Theater an der Wien auf. »Meine ersten Filme wurden ganz schnell, innerhalb weniger Tage, im Dachatelier der *Wiener Kunstfilm* am Weghuberpark, abgedreht. Das hatte nichts mit großer Kunst zu tun, wir spielten einfach drauflos.«

Die von der Filmproduktion als »süßes Wiener Mädel« aufgebaute Schauspielerin erhielt im Jahre 1916 eine Monatsgage von 200 Kronen, die zwei Jahre später verdoppelt wurde. Als der Vertrag abgelaufen war, erregte ein Prozess, den Liane Haid gegen die *Wiener Kunstfilm* anstrengte, großes Aufsehen. Sie gab vor Gericht an, »ausgebeutet« worden zu sein, weil sie ihre Toiletten selbst hatte beschaffen müssen, weiters sei sie an Lungenentzündung erkrankt, da sie bei jedem Wetter hatte drehen müssen.

Nach dem Krieg heiratete Liane Haid den Industriellen Baron Haymerle, der nun für sie die *Schönbrunn-Film* gründete. »In den Studios, die mein Mann für mich baute, habe ich wunderbare Filme gedreht, natürlich alles noch ohne Ton.« 1921 gelang ihr als *Lady Hamilton* der Durchbruch, und als Wirtin im *Weißen Rössl* wurde sie populär. Liane Haid war über Nacht *der* Liebling des Stummfilms – und sie war der erste österreichische Filmstar überhaupt.

Während die meisten Stars der zwanziger Jahre im Tonfilm dann kaum noch eingesetzt wurden, konnte die bildschöne Wienerin ihre Karriere weiter ausbauen. Robert Stolz komponierte für sie das Chanson *Adieu, mein kleiner Gardeoffizier*, das in Liane Haids Interpretation weltberühmt wurde.

Ob sie ein Leben lang auf ihre Gesundheit geachtet hätte, fragte ich sie nach dem Hintergrund ihres wahrhaft biblischen Alters. »Also, gegessen habe ich eigentlich immer ganz normal«, antwortete sie. »Alkohol hab ich wenig getrunken. Und so lange ich lebe nur eine einzige Zigarette probiert – und gleich erkannt: Das ist nichts für mich. Danach habe ich nie wieder eine angerührt.«

Ihre Filme, die sie an der Seite von Heinz Rühmann, Hans Moser und Theo Lingen drehte, waren so erfolgreich, dass sie auf Theaterengagements bald verzichten konnte. »Auf der Bühne war ich nie so glücklich wie beim Film. Ich erinnere mich an eine Theaterpremiere, irgendwann in den dreißiger Jahren: Der Vorhang ging in die Höhe, und mir fiel der Text nicht ein. Da sagte ich in meiner Verzweiflung viel zu laut zu meinem Partner: ›Ich bitte dich, fang du an!‹ Das elegante Premierenpublikum war geschockt. Es war ein richtiger Skandal!«

Sie hörte während unseres Gesprächs gar nicht mehr auf, von den alten Zeiten zu schwärmen, und ich musste mir immer wieder sagen: Die Frau, die hier so charmant, witzig und schlagfertig plaudert, wird in wenigen Tagen 105 Jahre alt.

Als ihr Österreich zwischen den beiden Weltkriegen zu klein wurde, nahm Liane Haid ein Angebot der Ufa an und bezog »die eleganteste Wohnung Berlins«, wie sie erzählte. »Ich drehte bis zu sieben Filme im Jahr, aber leider litt das Privatleben unter der Karriere.« Nach der Scheidung vom Baron Haymerle heiratete sie einen Schauspielkollegen, doch auch diese Verbindung ging in die Brüche. Erst in der Ehe Nummer drei mit einem Schweizer Arzt sollte sie ihr Glück finden. »Damals«, meinte Liane Haid, »begann mein wahres Leben.«

Als ihr Sohn zur Welt kam, beschloss sie, die Karriere zu beenden, um sich nunmehr ganz der Familie widmen zu können. Sie wartete, bis das Kind erwachsen war und versuchte ein Comeback, das jedoch nicht glückte.

Liane Haid begann daraufhin in ihren reifen Jahren Literatur- und Kunstgeschichte zu studieren, »und das hat sicherlich viel dazu beigetragen, mir meine geistige Regsamkeit zu erhalten, das können Sie mir glauben«.

Ich glaubte es ihr aufs Wort und verabschiedete mich artig.

»Ich habe gerne gelebt«, fügte die alte Dame noch an, »aber glauben Sie mir: Ich freue mich auch schon aufs Himmelreich!«

In dieses sollte sie dann am 28. November 2000 Einzug halten. Sie stand in ihrem 106. Lebensjahr.

Das Gespräch mit der alten Dame war Teil einer Zeitungsserie, die ich über berühmte Menschen schrieb, die mehr als hundert Jahre alt wurden. Es ist erstaunlich, wie viele es davon gab.

- Der Amerikaner Irving Berlin, dem wir Evergreens wie *White Christmas*, *Cheek To Cheek*, *Puttin' On The Ritz* und *They Say It's Wonderful* verdanken, und der die Musik zu den Fred-Astaire-Filmen *Easter Parade* und *This Is The Army* schuf, starb im September 1989 im Alter von 101 Jahren. Sein Musical *Annie Get Your Gun* (*There's No Business Like Showbusiness*, *Anything You Can Do, I Can do better*) hatte sämtliche Broadwayrekorde des 20. Jahrhunderts gebrochen.
- Hundert Jahre alt wurde auch der Komiker George Burns, der als Partner von Walther Matthau in der Filmkomödie *Die Sunny Boys* berühmt geworden war. Er musste achtzig werden, ehe er – nach einer langen Karriere als Entertainer – den Durchbruch zum Weltstar schaffte. Als er mit 99 noch einmal in der *George-Burns-Show* auftrat, stellte der Conférencier des Abends fest, dass er ihn immer nur in Gesellschaft bildhübscher junger Damen angetroffen hätte. »Ja«, lachte der Komödiant, »manche versprechen mir sogar, mich ins Showgeschäft zu bringen.«
- Schicksalsschläge, und seien sie noch so unerträglich, sind offenbar kein Grund, nicht alt werden zu können. Wofür Rose Kennedy, das weibliche Oberhaupt des berühmtesten Clans der USA, ein exemplarisches Beispiel lieferte. Sie hatte mit ansehen müs-

sen, wie vier ihrer Kinder auf dramatische Weise ums Leben kamen – zwei davon durch Mordanschläge – und starb 1995 im Alter von 104 Jahren.

- Keine der Begegnungen mit Menschen, die hundert und mehr Jahre alt wurden, hat mich so berührt wie die mit Österreichs letzter k. u. k. Hofschauspielerin Rosa Albach-Retty, die ich im Sommer 1977 traf, als sie in ihrem 103. Lebensjahr stand. Sie erzählte von ihrer Audienz bei Kaiser Franz Joseph und ihren Burgtheaterauftritten mit Josef Kainz und glaubte in ihrem positiven Naturell das Geheimnis ihres Alters zu erkennen. »Ich kann Dinge, die mich belasten, ziemlich leicht abschütteln«, meinte sie, »ich sage mir, es hat keinen Sinn, sich allzu sehr aufzuregen.« Rosa Albach-Retty starb am 26. August 1980 in ihrem 106. Lebensjahr. Zwei Jahre vor ihrer Enkelin Romy Schneider, die nur 43 Jahre alt wurde.
- Europas berühmteste Hundertjährige war aber Englands »Queen Mum«, die durch ihre offene und heitere Art als das bei weitem beliebteste Mitglied der »Royals« galt. Die Witwe König George VI. kam bis kurz vor ihrem Tod am 30. März 2002 ihren repräsentativen Aufgaben nach. Sie war 101 Jahre alt geworden.
- Auf ein ausgefülltes Leben konnte die Wiener Architektin Margarete Schütte-Lihotzky zurückblicken. Sie hatte in den zwanziger Jahren die erste Einbauküche der Welt konzipiert und mit weltberühmten Architekten wie Adolf Loos, Josef Hoffmann, Gropius und Le Corbusier zusammengearbeitet. Margarete Schütte-Lihotzky starb im Jänner 2000 im Alter von 103 Jahren.
- Auch der Grazer Autopionier Hans List – dessen Forschungsarbeiten die Entwicklung des Dieselmotors revolutionierten und ihm jene Laufruhe schenkten, die er für seine weltweite Verbrei-

tung benötigte – konnte die Früchte seiner Arbeit bis ins hohe Alter genießen. Am 30. April 1996, seinem hundertsten Geburtstag, nahm er den Doktortitel honoris causa der Technischen Universität Wien in Empfang.

- Hundertjährig brachte der umstrittene, mit dem Frankfurter Goethe-Peis ausgezeichnete deutsche Schriftsteller Ernst Jünger im Jahre 1995 sein letztes Buch heraus – es trug den Titel *Siebzig verweht IV*. Und er blieb dann noch drei Jahre am Leben.
- Alle anderen in den Schatten stellte aber der Innsbrucker Universitätsprofessor Dr. Leopold Vietoris, der im Frühjahr 2002 als ältester Österreicher 111-jährig starb. Der Mathematiker hatte noch mit 105 Jahren wissenschaftliche Arbeiten veröffentlicht und bis zuletzt die einschlägige Literatur studiert.

So unterschiedlich die Wege dieser »Methusalems« auch verliefen, eins war ihnen allen gemeinsam: Jeder wusste sich bis ins hohe Alter geistig zu beschäftigen, sie lebten bewusst, hatten eine positive Einstellung zum Leben und konnten somit ihre ganz späten Jahre genießen.

»Ja, ja, lang leben will halt alles, aber alt werden will kein Mensch«, sagte Nestroy.

Es fällt mir schwer, unserem Volksdichter zu widersprechen. Aber heutzutage muss man ganz sicher auch alt werden *wollen*!

Meine Reisen nach Mayerling

»Das Grab ist leer!«

Wie ich Mary Vetseras Gebeine fand

Der Herr, der mir an diesem 1. Dezember 1992 entgegentrat, war weißhaarig, Mitte fünfzig, mittelgroß und braungebrannt. Man hätte ihn für einen Oberamtsrat halten können, für einen Vertreter in der Automobilbranche oder für einen Möbelhändler. Nichts Außergewöhnliches war an ihm, er fiel weder durch besonderes Charisma auf noch wirkte er unsympathisch oder gar verrückt. Ein unauffälliger Zeitgenosse, ein Durchschnittsbürger.

Überhaupt nicht durchschnittlich freilich war die Geschichte, die er mir zu erzählen hatte.

Ich war ja bereits vorgewarnt. Der Mann hatte mich in der Woche vor diesem Treffen in der Redaktion angerufen. Von einer »historischen Sensation« wollte er mir berichten, einer Geschichte, die um die Welt gehen würde. Irgendwie hatte er den Namen Mary Vetsera erwähnt, und auch von einem Skelett war die Rede.

Ich weiß nicht, welcher Teufel mich geritten hat, dass ich mich tatsächlich mit ihm traf. Ich hatte gerade erst ein Buch fertig geschrieben; hätte er ein paar Tage früher angerufen, wäre es zu der Begegnung nicht gekommen, da hätte ich keine Zeit gehabt. Verrückte rufen, weiß Gott, immer wieder in Zeitungsredaktionen an. Würde man jeden treffen – man käme nicht zum Schreiben.

Kurz und gut: Um ein Haar hätte die Zusammenkunft nicht stattgefunden. Und ich hätte die wohl unglaublichste Story meines Lebens versäumt. Ich hätte sie ebenso versäumt wie die Journalistenkollegen vom Österreichischen Fernsehen, von der *Bunten Illustrierten*, vom Magazin *News*, von *RTL*, von einer deutschen und einer österreichischen Presseagentur, die er alle schon kontaktiert hatte.

Sie alle hielten den Mann für das, wofür auch ich ihn hielt, als ich mit ihm zum ersten Mal telefonierte – für einen Verrückten. Mit dem einen Unterschied: Ich traf ihn trotzdem.

Und zwar in einem Café in der Nähe des Wiener Westbahnhofs. Der Mann war schon vor mir da. Er wartete in dem schmucklosen Lokal, vor sich eine Tasse Kaffee, neben sich einen rotbraunen Lederkoffer. Er gab mir eine Visitenkarte, auf der »Helmut Flatzelsteiner« stand. Und tatsächlich: er war Möbelhändler und kam aus Linz an der Donau.

»Herr Flatzelsteiner«, entschuldigte ich mich gleich, »ich habe nicht viel Zeit. Also, bitte, worum geht's?«

»Ich habe es schon bei unserem Telefongespräch angedeutet, es geht um eine Sensation, das können Sie mir glauben, Herr Markus. Ich kenne Ihre Bücher und Ihre historischen Reportagen, das ist eine Geschichte für Sie …«

»Zur Sache, Herr Flatzelsteiner.«

»Ich bin im Besitz des Skeletts der Mary Vetsera.«

Ich Idiot vergeude hier meine Zeit!

Herr Flatzelsteiner öffnete nun seinen rotbraunen Aktenkoffer, um mir ein paar Fotos zu übergeben: Fotos von einem Gerippe, von einem Totenkopf, von einem verwitterten Kleid, von einem Paar abgewetzten Schuhen. Dann zeigte er mir mehrere Gutachten: von zwei Gerichtsmedizinern, einem Zahnarzt, dem Institut für Kostümkunde an der Hochschule für Angewandte Kunst.

Seriöse Gutachten, zweifellos, das sah man gleich an Briefkopf, Unterschrift und Stampiglie. Das war aber auch schon alles, was hier seriös wirkte. Denn bereits der ersten Seite des Gutachters Professor Szilvássy war zu entnehmen, dass es sich bei dem untersuchten Skelett um das der am 1. Mai 1889 verstorbenen … – nein, nicht der Mary Vetsera, sondern einer Theresia Vindona handelte.

»Herr Flatzelsteiner«, sagte ich mit einem ungeduldigen Blick auf die Uhr, »warum sollte mich diese Theresia Vindona interessieren?«

»Es hat Theresia Vindona nie gegeben«, zog mich Herr Flatzelsteiner ins Vertrauen. »Ich habe sie für die Gutachter erfunden und als meine Urgroßmutter ausgegeben. Ich konnte ja nicht sagen, dass das in Wahrheit die Vetsera ist. Was glauben Sie, was da los gewesen wäre.«

Ja, ja, natürlich. Also bitte, jetzt war ich schon einmal da, zehn Minuten wollte ich noch opfern. »Herr Flatzelsteiner, was Sie mir da erzählen, klingt doch reichlich unglaubwürdig, geben Sie's zu!«

Flatzelsteiner gab zu.

Und entnahm seinem Aktenkoffer zwei Kunststoffmappen. Mappen offensichtlich von irgendwelchen Möbelkollektionen, von denen dieser sonderbare Herr vielleicht etwas verstehen mochte.

Aber was hatte er mit der österreichischen Geschichte zu tun? Was wollte er von einer Tragödie dieser historischen Dimension verstehen? Was wollte Herr Flatzelsteiner von Mayerling wissen?

Mayerling, das war der noch immer nicht vollständig geklärte Tod des Kronprinzen Rudolf von Österreich. Und der gleichzeitige Tod seiner Geliebten, der Baronesse Mary Vetsera. Mayerling, das war und ist eines der mysteriösesten Kapitel in der 600-jährigen Geschichte des Habsburgerreichs.

Und neben mir sitzt ein Herr Flatzelsteiner, der von sich behauptet, die Gebeine dieses Mädchens zu besitzen. Sie lägen in seinem Keller in Linz. Gerippe, Schädel, Kleider, Schuhe ... Und er sah sich anhand dieser Unterlagen berufen, das »Rätsel von Mayerling« zu lösen. Was Generationen von Historikern, Ärzten und anderen Forschern nicht schafften, das sollte Herrn Flatzelsteiner jetzt gelingen.

Schön und gut, jemand hatte ein Skelett fotografiert und alles, was dazu gehörte. So etwas gibt es an Universitätsinstituten, jeder Medizinstudent hat dort Zutritt, vielleicht hat Herr Flatzelsteiner einen Sohn, eine Tochter, was weiß denn ich ... und vor allem: Was geht das mich an?

»Beim untersuchten Skelett handelt es sich um das eines 18-jährigen weiblichen Individuums mit einer Körperhöhe von ca. 162 cm. Die Liegezeit im Erdreich beträgt ca. 100 Jahre«, stand im Gutachten von Professor Szilvássy.

Den Fotos konnte man entnehmen, dass das Mädchen besonders lange Haare (die noch vorhanden waren) hatte, dass seine Kleidung der einer jungen Dame »aus besseren Kreisen« entsprach. Ja, und auf einer Detailaufnahme konnte man sogar das Schild des Geschäftes entziffern, in dem es gekauft worden war: »Josef Fischer, k. k. Hofschneider, Schneider für Amazonen, engl. Herren- und Damen-Costume und Livreen, Wien 1., Lobkowitzplatz 1, Mezzanin.«

Für mich stand also fest: Mein Gegenüber war offensichtlich im Besitz eines Skeletts, das er gerichtsmedizinisch hatte untersuchen lassen. Es handelte sich um die sterblichen Überreste einer Frau, deren Merkmale auffallend mit allen mir bekannten der Baronesse Vetsera übereinstimmten: Mary starb vor rund hundert Jahren, sie war achtzehn Jahre alt, von eher kleiner Statur, hatte langes Haar.

Und auch ihre Kleidung wird wohl der einer jungen Adeligen dieser Zeit entsprochen haben.

Dennoch: Die Geschichte war zu verrückt.

»Na, was sagen Sie?«, fragte Flatzelsteiner.

»Auffallende Parallelen«, antwortete ich. »Aber hier steht Theresia Vindona und nicht Mary Vetsera. Woher haben Sie denn die Gebeine?«, fragte ich jetzt. Und war von mir selbst überrascht, dass ich dieser verrückten Sache nachgehen wollte.

»Ich hab sie gekauft«, erzählte Herr Flatzelsteiner.

»Gekauft? Von wem denn?«

»Mary Vetsera wurde im Auftrag eines Aristokraten von zwei Burgenländern aus ihrer Gruft im Stiftsfriedhof von Heiligenkreuz bei Wien gestohlen. Der Aristokrat hat nicht bezahlt, da blieben die beiden dann auf ihrem Skelett sitzen. Und boten es mir an. Ich hab's gekauft. Um 30 000 Schilling.«

Oh Gott, was für ein Unsinn! »Herr Flatzelsteiner, ich muss gehen. Vielleicht melde ich mich wieder.«

Der Möbelhändler fuhr samt seinem rotbraunen Koffer per Bahn zurück nach Linz, ich im Auto in meine Wiener Wohnung.

Während der Fahrt dachte ich nach: Wenn der Mann tatsächlich ein Skelett besitzt, das so vieles gemeinsam hat mit alldem, was man von Mary Vetsera weiß, dann ist's vielleicht wirklich das echte. Denn diese beiden angeblichen Burgenländer hätten ja Hunderte Gräber öffnen müssen, bis sie das Skelett eines Mädchens fanden, das vor hundert Jahren mit 18 starb, klein von Wuchs war und langes Haar hatte. Da wär's ja wirklich einfacher, die echte Mary Vetsera zu stehlen als eine zu finden, auf die eben diese Personenbeschreibung passte.

Der Satz »Ich schau dir in
e Augen, Kleines!« war
r Humphrey Bogart
stimmt, als er Ingrid
ergman in dem Klassiker
Casablanca« in die Arme
hm. Michael Curtiz, der
s Österreich-Ungarn
mmende Regisseur des
ms, dürfte die Worte
zu wörtlich genommen
ben. Jedenfalls sah er
r vielen Schauspiele-
nen in die Augen: Curtiz
t seiner Wiener Freundin
nzi Vondrak und dem
meinsamen Sohn
chael (2).

3 »Mercedes war eine große, fesche Person, und wir haben uns glänzend verstanden. Sie war komödiantisch und wäre am liebsten Schauspielerin geworden. Ein Auto hat sie nie besessen«: Andrée Jellinek-Mercedes erinnert sich, vor einem alten 170er Cabrio, an ihre Schwester, der die Automarke ihren Namen verdankt. Das Foto, das Andrée mit der um 17 Jahre älteren Mercedes zeigt, entstand 1910 in Baden bei Wien (4). Mercedes war elf Jahre alt, als sich ihr Vater Emil Jellinek an den Daimler-Werken beteiligte und die neu konstruierten Wagen nach seiner Tochter benannte (5).

6 »Freud war gewöhnlich mit Schreiben, Lesen oder Denken beschäftigt«, erzählte sein Enkel. »Er wirkte immer freundlich, offen und aufrichtig, sprach langsam und mit Überlegung, und was er zu sagen hatte, gab einem schon zu denken. Ich kann mich nicht erinnern, ihn je ungehalten oder wütend gesehen zu haben. Es herrschte immer Frieden und Ruhe, und das emotionelle Klima schien spannungsfrei. Es war selbstverständlich, dass man bemüht war, einer Meinung zu sein.«

7 »Es war ein aufregendes Erlebnis«, erinnerte sich der 96-jährige Dr. Karl Menninger, der letzte damals noch lebende Freud-Schüler, im Gespräch mit Georg Markus an seinen Besuch beim »Vater der Psychoanalyse« in Wien.

8 »Hilfe, Mörder! Ein Attentat!« Am 18. Februar 1853 wurde ein Mordanschlag auf den 23-jährigen Kaiser Franz Joseph verübt. Das Bild zeigt (v. li. n. re.) den Adjutanten Maximilian Graf O'Donell, Kaiser Franz Joseph, den Attentäter János Libényi und den Lebensretter Josef Ettenreich. Nicht zuletzt als Folge des Mordanschlags gewann der schwer verletzte und bis dahin kaum populäre Monarch die Sympathien seiner Völker. Sein Bruder Erzherzog Maximilian regte später »zum Zeichen der Dankbarkeit für die Rettung unseres Kaisers aus drohender Lebenslage« den Bau der Wiener Votivkirche an.

Rechte Seite: Der 30. Jänner 1889 erschütterte die österreichisch-ungarische Monarchie in ihren Grundfesten. Der Sohn des Kaisers schoss im Jagdschloss Mayerling (9) auf seine 17-jährige Geliebte Mary Vetsera (10); dann richtete Kronprinz Rudolf (11) die Waffe gegen sich selbst. Da der Hof die wahren Umstände zu verschleiern versuchte, kursierten mehr als hundert Jahre später immer noch zahlreiche Versionen, wie es zu der Bluttat gekommen war. Bis ein Möbelhändler aus Linz bei Nacht und Nebel das Skelett der Baronesse Vetsera aus ihrer Gruft in Heiligenkreuz bei Wien holte …

12 »Er überhäufte mich mit Aufmerksamkeit und Zärtlichkeiten und küsste mich zum Ersticken«, notiert Anna Nahowski nach einem Besuch des Kaisers. Das Ende der Liaison war weniger romantisch: Ein Hofbeamter teilte der Geliebten mit, dass Franz Joseph sie nicht mehr zu treffen wünschte. Die Fotografie zeigt Anna mit ihren Kindern Helene und Franz Joseph, deren Vater der Kaiser sein soll.

Katharina Schratt war zunächst Anna Nahowskis »Nachfolgerin« als des Kaisers Geliebte, wurde aber
Lauf einer langen Freundschaft zu seiner wichtigsten Vertrauten. Die Beziehung hatte zur Folge, dass
ınz Joseph die Hofschauspielerin in einer Geheimhochzeit ehelichte. Ein solcher Schritt würde dem
ıarakter und dem ritterlichen Wesen des Kaisers durchaus entsprechen, meint sein Urenkel.

Mit dieser plumpen Bildfälschung wollte ein holländischer Geschäftsmann im Jahre 1872 Kaiser Franz Joseph erpressen. Er montierte auf eine Fotografie der Amsterdamer Prostituierten van der Ley (14) den Kopf der Kaiserin Elisabeth (15). Sollte die geforderte Summe in Höhe von 3000 Francs nicht innerhalb weniger Tage bereit gestellt werden, »wird sofort eine Anzahl dieser Photos auch in den Straßen von Wien in Umlauf gebracht und verkauft werden«.

› Im Grand Hotel Pupp im mondänen Kurort
ırlsbad fanden die konspirativen Treffen des
u. k. Generalstabsobersts Alfred Redl (17) mit
inem Mittelsmann vom zaristischen Geheim-
enst statt. Hier wurden den russischen Auftrag-
bern zahllose Geheimdokumente übergeben,
runter auch die persönlichen Befehle des Kaisers
d des Thronfolgers. Vor allem aber verkaufte der
ion den Feinden von morgen die jeweils aktuel-
ı Aufmarschpläne der österreichisch-ungarischen
mee. Der Verrat hatte die Niederlage im Ersten
eltkrieg vorherbestimmt.

18 Der Freiherr von Knigge gilt als Ahnherr der feinen Sitten. Er selbst benahm sich nicht immer ganz fein, war er doch in etliche Skandale verwickelt.

19 Casanova, der sich in seinen Memoiren an mehrere hundert Affären »mit den schönsten Weibern« erinnert, war auch in Wien einschlägig tätig.

22 Drei Ehefrauen, 13 Verlobte, zahllose Amouren: Wir verdanken seinen Eroberungen viele der schönsten Melodien des Walzerkönigs Johann Strauß.

23 »Können Sie für mich eine Sammlung veranstalten?« Peter Altenberg, Besitzer eines amtlichen Hausiererscheins, galt als »genialer Schnorrer«.

) Rund hundertfünfzig Jahre nach seinem Tod
nden zwei Wiener Ärzte in kriminalistischer
leinarbeit den Grund für Beethovens Taubheit.

21 Der Chirurg Theodor Billroth war im alten Österreich eine populäre Erscheinung. Am Wolfgangsee gab es sogar eine Bahnstation namens »Billroth«.

»So ein Ding kommt mir nicht ins Haus!« – Alex-
ler Graham Bell, der Erfinder des Telefons, weiger-
sich, in seinem Haus ein Telefon zu installieren.

25 »Der Text lag mehr als zwanzig Jahre herum, ohne dass sich ein Mensch darum gekümmert hätte«: »Lili Marleen«-Komponist Norbert Schultze.

26 Er sagt kein Wort, lächelt stumm vor sich hin und nimmt wenig Anteil an seiner Umwelt. Der Sohn des großen Kabarettisten Karl Farkas lebt in einem privaten Pflegeheim außerhalb Wiens. Aufgrund seiner schweren Krankheit war das Ehepaar Farkas acht Jahre voneinand getrennt, da Robert als Behinderter nicht in die USA einreisen durfte. Karl Farkas hielt das Leiden seines Sohnes geheim, weil er daraus einen beruflichen Schad befürchtete. Seine Frau lüftete das Geheimnis erst nach seinem Tod. In seinen ersten Lebensjahren wurde der B noch als Stolz der Familie präsentiert (27).

8 Unnachahmlich in seiner
ıenschlichen Breite stellte
leinz Rühmann den »Haupt-
ıann von Köpenick« dar, der
ich 1906 an die Spitze des
rsten Preußischen Garde-
egiments gestellt und damit
as ganze Kaiserreich genarrt
atte. Carl Zuckmayer (29)
ntdeckte den Stoff über
vanzig Jahre später für sich
nd ließ daraus ein literari-
ches Meisterwerk entstehen.
er »echte falsche Haupt-
ann« war ein stellungsloser
chuster, der sich während
ehrerer Zuchthausaufent-
alte die Erteilung militäri-
her Befehle angeeignet
atte. Den ungeheuren Erfolg
iner dramatisierten Lebens-
eschichte sollte Wilhelm
oigt (30) nicht mehr erle-
en. Er und seine »Helden-
t« wurden, nachdem ihn
aiser Wilhelm II. begnadigt
atte, auf Jahrmärkten und
haubuden gefeiert. Voigt
arb 1922 im Alter von 73
hren in Luxemburg.

31 »Er hat a schweres Leben ghabt«, erinnert sich seine Großnichte. »Schaun S' einmal unsere Zimmer an, die sind grad zwei Meter hoch, da konnte er ja nicht einmal aufrecht stehen. Und viele Leut haben i verspottet.« Franz Winkelmeier war mit seinen 2,58 Metern der größte Mensch seiner Zeit.

2 Liane Haid, als Tochter
nes Geigenbauers in Wien
r Welt gekommen, trat als
ind im k. k. Hofopernballett
f und wurde dann Schau-
ielerin des Theaters an
r Wien. In den zwanziger
hren avancierte sie zu
sterreichs erstem Kinostar
d drehte zahlreiche Filme
der Seite von Hans Moser,
einz Rühmann und Theo
ngen. Robert Stolz kompo-
erte für sie das Chanson
Adieu, mein kleiner
ardeoffizier«, das in ihrer
terpretation weltberühmt
urde. Bild 33 zeigt Liane
aid im Alter von 105
hren mit ihrem Sohn, dem
usiker Pierre Spycher.
Vielleicht«, sagte sie damals,
at der liebe Gott nur ver-
sen, mich zu sich zu
len.«

34 Ernest Hemingway war 1926 mit zwei Frauen zum Skiurlaub ins Vorarlberger Montafon gekommen – und keine der beiden wusste von der anderen! Mit seiner Frau Hadley (35) nächtigte er ganz offiziell im Gasthof »Zur Taube« in Schruns …

… Pauline Pfeiffer jedoch hatte er im Posthotel »Rössle« im benachbarten Gaschurn untergebracht. Sie wurde später seine zweite Frau (36, re.). Zwischen Schruns und Gaschurn hin- und herpendelnd, überarbeitete Hemingway das Manuskript des Romans »Fiesta«, der seinen Weltruhm begründen sollte.

Spätabends blätterte ich noch in einer Mary Vetsera-Biografie. Tatsächlich, die Geliebte des Kronprinzen war mit den Kleidern begraben worden, die sie am Abend vor ihrem Tod in Mayerling getragen hatte. Olivgrünes Kostüm mit schwarzen Verschnürungen, Filzhut, Boa, Strümpfe und auch die Schuhe ... das alles könnte durchaus mit den auf den Fotos abgebildeten »Grabbeigaben« übereinstimmen, die mir der Mann gezeigt hatte.

Zweites Treffen mit Herrn Flatzelsteiner, diesmal in der Redaktion, am 9. Dezember 1992. Er hat wieder seinen Koffer bei sich. »Erzählen Sie, Herr Flatzelsteiner! Die zwei Burgenländer, wie war das genau, wann sind Sie mit denen in Kontakt gekommen. Und wo?«

Es sprudelte nur so heraus, der Mann schien glücklich, seine Story endlich loszuwerden. Ein wenig nervös, das wusste ich jetzt schon, war der Herr aus Linz. Aber es klang ja auch ziemlich verrückt, was er mir da zu berichten hatte.

»Also, es war im Tanzlokal *Slovanka Split* in Budweis, da kam ich mit den beiden in Kontakt.«

»Wann?«

»So genau weiß ich's nicht mehr. Aber es muss ... «

»Herr Flatzelsteiner, denken Sie nach.«

»Es muss vor vier Jahren gewesen sein.«

»1988? Wann, genauer!«

»Im Frühjahr.« Die beiden Burgenländer hätten ihn später in seiner Linzer Möbelhandlung besucht und ihm dort erst gestanden, dass es sich bei der Toten um Mary Vetsera handelte. Nach Beweisen für diese Behauptung gefragt, überreichten ihm die beiden Ganoven ein Paar Schuhe. Herr Flatzelsteiner sei damit zu seinem Nachbarn, dem oberösterreichischen Landesinnungsmeister der

Schuhmacher, gegangen, der ihm bestätigte, dass die Schuhe etwa hundert Jahre alt wären.

»Jetzt glaubte ich schon an die Möglichkeit, dass es sich bei der Toten um Mary Vetsera handelte«, erzählte Herr Flatzelsteiner weiter. Etwas später hätten ihm die Männer das Skelett samt Sarg und den Kleidungsstücken übergeben, wofür sie von ihm die geforderten 30 000 Schilling erhielten.

Für Flatzelsteiner stand von Anfang an fest, dass er die Gebeine der Baronesse Vetsera – sollten sie echt sein – ihrem rechtmäßigen Eigentümer, dem Stift Heiligenkreuz, übergeben würde.

Das jedenfalls war die Version, die er mir an jenem 9. Dezember erzählte.

Mir war klar, dass ich als Journalist nie und nimmer darüber entscheiden konnte, ob sich Herr Flatzelsteiner tatsächlich im Besitz der Vetsera-Gebeine befand oder ob hier ein gigantischer Schwindel vorlag. Ich hatte die *Hitler-Tagebücher* als warnendes Beispiel vor Augen: Reporter der Illustrierten *Stern* hatten im April 1983 die exklusive Veröffentlichung der eben entdeckten Aufzeichnungen des »Führers« angekündigt, worauf »die Weltgeschichte neu geschrieben werden müsste«, wie sie vollmundig hinausposaunten.

Und sie waren damit in die journalistische Falle des Jahrhunderts getappt. Denn die Tagebücher sollten sich als »Geniestreich« eines Fälschers namens Konrad Kujau erweisen. Papier, Tinte und Klebstoff stammten, wie Kriminalexperten des deutschen Bundesarchivs feststellen konnten, aus der Nachkriegszeit.

Eine schlaflose Nacht. Ist dieser Flatzelsteiner ein zweiter Kujau? Andererseits: Ein Tagebuch kann man fälschen. Aber ein Skelett?

Unmöglich! Und es gab ja die gerichtsmedizinischen Gutachten, an deren Echtheit kein Zweifel bestehen konnte.

Ein Fachmann musste beigezogen werden, ein Experte für Pathologie und Gerichtsmedizin, der gleichzeitig Kenner der historischen Zusammenhänge ist und der auch über die Hintergründe von Mayerling Bescheid wusste. Es gab und gibt nur einen, auf den diese Kriterien zutreffen: Hans Bankl, Professor für Pathologie an der Universität Wien, Autor eines Buches über Leben und Tod historischer Persönlichkeiten – darunter ein Kapitel über Mary Vetsera und Kronprinz Rudolf.

Donnerstag, 17. Dezember 1992. Herr Flatzelsteiner ist wieder in der Redaktion. Öffnet seinen Aktenkoffer. Und legt plötzlich einen Totenkopf auf meinen Schreibtisch.

»Das ist Mary«, sagt er.

Ich ersuche meinen Gast den Schädel wieder in seine Tasche zu stecken, zumal der Anblick wirklich nicht besonders erfreulich war.

Er tat es und übergab mir nun die Mary Vetsera betreffenden gerichtsmedizinischen Gutachten und Fotografien.

Dreißig Minuten später, der erste Termin mit Dr. Bankl im Büro von Hans Dichand, dem Herausgeber und Chefredakteur der *Kronen Zeitung*: »Herr Professor«, versuchten wir den Pathologen schonend vorzubereiten, »es ist eine verrückte Geschichte. Da behauptet jemand …« und wir erzählten ihm die Flatzelsteiner-Version vom Raub der Vetsera-Gebeine.

Bankl schaute von Hans Dichand zu mir und wieder zurück. »Bitte, das kann doch nicht wahr sein, das ist doch unmöglich.«

Ich packte aus: Die Gutachten seiner Kollegen Szilvássy und Jarosch. Die Expertise des Linzer Zahnarztes Dr. Michael Stolz. Die

Textiluntersuchungen. Und die Fotos von Skelett, Schädel, Haaren, Schuhen, Kleidern …

Bankl schüttelte den Kopf, las die Expertisen ganz genau, sah sich die Fotos an. Sagte kein Wort. Dichand und ich warteten gebannt.

»Nun, Herr Professor, was halten Sie von der ganzen Sache?«, fragte ich nach einigen Minuten.

»Ich könnte mir vorstellen«, und er betonte jedes einzelne Wort, »ich könnte mir vorstellen, dass das echt ist!«

»Sie meinen, es ist möglich, dass das Skelett der wirklichen Mary Vetsera aus ihrem Grab gestohlen, von Gerichtsmedizinern untersucht und fotografiert wurde?«

»Ja, das kann ich mir anhand dieser Unterlagen gut vorstellen!«

Als Bankl gegangen war, nahm mich Hans Dichand zur Seite und sagte zu mir: »Wer weiß, ob dieser Flatzelsteiner nicht selbst das Grab geöffnet hat?«

»Das glaube ich nicht«, entgegnete ich. – Ich hätte dem Linzer Möbelhändler, nach den drei oder vier Gesprächen, die ich mit ihm bis dahin geführt hatte, eine solche Tat nicht zugetraut.

»Ja, das kann ich mir anhand dieser Unterlagen gut vorstellen!« – Die Worte Professor Bankls sollten zum Startschuss für die »Aktion Mary Vetsera« werden. Wir schlugen dem Arzt vor, dass er die Gebeine genauestens untersuchen sollte, ehe wir mit der Story an die Öffentlichkeit gingen. Er stimmte zu, meinte aber, er müsse die Professoren Georg Bauer, Chef des Gerichtsmedizinischen Instituts Wien, und Johann Szilvássy von der Sache in Kenntnis setzen. Bankl würde unseren Plan unterstützen und das angebliche Skelett der Baronesse Vetsera gemeinsam mit diesen beiden Kollegen auf seine Echtheit prüfen.

Montag, 21. Dezember 1992, zehn Uhr früh. Professor Bauer am Telefon: »Ich habe mir das genau überlegt, Herr Markus. Wir können das so nicht machen. Wenn es sich hier tatsächlich um die Gebeine einer Persönlichkeit von so großer historischer Bedeutung handelt, dann muss ich das meiner vorgesetzten Dienststelle, dem Wissenschaftsministerium, melden.«

Das freilich war eine völlig neue Situation, die uns zu viele Menschen beschert hätte, die über die Sachlage informiert gewesen wären. Die Geschichte war im jetzigen Stadium »zu heiß«. Wir mussten in die Öffentlichkeit, konnten nicht länger zuwarten. »Wenn hier jemand plaudert«, findet sich die Story in einer anderen Zeitung. Also starteten wir noch am selben Tag. Mit der Schlagzeile: »Strafanzeige wegen dringenden Tatverdachts: Mary Vetsera aus dem Grab geraubt.«

Eine Stunde bevor die Zeitung in der Abendkolportage zum Verkauf angeboten wurde, saß ich bei Hofrat Max Edelbacher, dem Chef des Wiener Sicherheitsbüros, um die Behörden noch vor Erscheinen der Geschichte über die Sachlage zu informieren. Und ich erstattete Anzeige gegen Unbekannt:

1. wegen des dringenden Verdachts der Störung der Totenruhe und

2. wegen des dringenden Verdachts des Kulturdiebstahles.

Und dann legte ich los, erzählte von Herrn Flatzelsteiner und dessen Version von den beiden Burgenländern, die er im Tanzlokal in Budweis kennen gelernt haben wollte.

Während das Protokoll getippt wurde, rief ich Gerhard Hradil, den Abt des Stiftes Heiligenkreuz an, um auch ihn von dem vermuteten Diebstahl zu verständigen.

Vom Sicherheitsbüro aus teilte ich dann noch Herrn Flatzelsteiner telefonisch mit, dass ich soeben Anzeige erstattet hätte und dass er den Herren vom Sicherheitsbüro Auskunft geben müsse, wo sich das Skelett befände.

Ich übergab den Hörer an den diensthabenden Polizeijuristen Dr. Walter Czapek, der Name und Adresse einer Spedition in Wien-Meidling notierte, in der Herr Flatzelsteiner die sterblichen Überreste mittlerweile deponiert haben wollte.

Drei Minuten später waren wir in zwei Autos, geleitet von einem Einsatzwagen mit Blaulicht und Folgetonhorn, unterwegs zu der Spedition.

Die drei uns dort vorgelegten, mit Kartons umhüllten Kisten beinhalteten den Sargdeckel, den Sargunterteil und einen wesentlich kleineren Metallkoffer, in dem sich Mary Vetseras Gebeine sowie ihre Kleider und Schuhe befanden.

Eine halbe Stunde nach uns trafen die Gerichtsmediziner Bauer und Szilvássy ein.

Ich hatte an diesem Abend ein ziemlich mulmiges Gefühl in der Magengegend. Immerhin lautete unsere Schlagzeile: »Mary Vetsera aus dem Grab geraubt!« Viele Indizien sprachen dafür, dass in der kleinen Spedition tatsächlich die sterblichen Überreste der Geliebten des Kronprinzen Rudolf lagen.

Aber Beweise? Wirklich zu beweisen war die Sache vorerst nicht.

Am nächsten Morgen erfuhr ich, dass Mary Vetseras Gruft in Heiligenkreuz aufgrund meiner Anzeige sofort geöffnet werden sollte. Ich hatte nicht damit gerechnet, dass die dafür zuständige Staatsanwaltschaft so rasch handeln würde.

Ich erahnte die hämischen Kommentare der anderen Zeitungen für den Fall, dass Mary friedlich in ihrem Grab läge. Obwohl ich den Artikel relativ vorsichtig formuliert hatte, konnte ich mir ausmalen, wie mich die Konkurrenz »zerlegen« würde, wenn die Information falsch wäre.

Um 12.50 Uhr wurde die erste der drei, je 200 Kilogramm schweren Grabplatten gehoben. Drei Minuten später rief mich mein Kollege Christian Hauenstein von seinem Mobiltelefon vom Stiftsfriedhof in Heiligenkreuz aus an: »Das Grab ist leer!«

Ein Stein – mindestens so schwer wie der soeben vom Grab entfernte – fiel mir vom Herzen. Die *Hitler-Tagebücher* konnten die journalistische Blamage des Jahrhunderts bleiben.

Die Veröffentlichung der Geschichte vom Grabraub in Heiligenkreuz wäre sinnlos gewesen, hätte sie nicht dazu beigetragen, die Umstände des Todes der Mary Vetsera aufzuklären.

Vorerst konnte bewiesen werden, dass es sich bei »Theresia Vindona« tatsächlich um Mary Vetsera handelte. Die vom Gerichtsmedizinischen Institut der Universität Wien durchgeführte »Superprojektion«, bei der ein Originalfoto der Baronesse Vetsera in einem komplizierten fototechnischen Verfahren mit dem Profilbild des aufgefundenen Schädels verglichen wurde, erbrachte dieses eindeutige Ergebnis.

Da nun feststand, dass die vorhandenen Gutachten tatsächlich Mary Vetsera betrafen, bat ich die mit der Aufklärung des Falles betrauten Wissenschafter, die Ergebnisse der Expertisen im Bewusstsein der wahren Identität der Toten zu kommentieren.

Die Kernaussage von Professor Bankl lautet: »Da Mary Vetseras Schädel in Einzelteile zersprengt ist und von den Gutachtern Jarosch und Szilvássy erst zusammengesetzt werden musste, liegt mit an Sicherheit grenzender Wahrscheinlichkeit Gewalteinwirkung vor. Eine Schussverletzung führt in typischer Weise zu einer solchen

Zerlegung des Schädelskeletts in Einzelbruchstücke. Daher ist nach dem derzeit aktuellen Stand der Begutachtung des Todes von Mary Vetsera ein Schädelschuss anzunehmen ... Noch deutlicher ist die genaue Analyse der vorhandenen Fotografien. Sie zeigen neben der linken Augenhöhle schläfenwärts ein kleines rundes Loch, die Einschussöffnung. Und hinter dem rechten Gehörgang ein zackig begrenztes größeres Loch, den Ausschuss.«

Für Hans Bankl gibt es daher keinen Zweifel an der Tatsache, dass Mary Vetsera durch einen Schuss in den Schädel starb.

Diese Erkenntnis sollte sich insofern als bedeutsam erweisen, als es bis dahin über die Todesursache Rudolfs und Marys nur Spekulationen gegeben hatte: Mord, Selbstmord, Folge einer Abtreibung, im Zuge einer Orgie mit einer Sektflasche erschlagen, mit Zyankali vergiftet, bei einem Jagdunfall erschossen, Opfer eines politischen Attentats ... der Phantasie schienen keine Grenzen gesetzt.

Schuld an den vielen Gerüchten um das Drama von Mayerling trug der kaiserliche Hof, der keine ernsthaften polizeilichen Untersuchungen zuließ und die Hintergründe der Affäre verfälscht darstellte.

- Der Kronprinz – hieß es in der ersten offiziellen Mitteilung in der Amtlichen *Wiener Zeitung* – sei »am Herzschlag plötzlich verschieden«.
- Und der Tod Mary Vetseras durfte fast dreißig Jahre lang, bis zum Ende der österreichisch-ungarischen Monarchie, in der Öffentlichkeit überhaupt nicht erwähnt werden.

Erst seit Vorliegen der nach dem Grabraub durchgeführten Gutachten kann demnach nachgewiesen werden, dass Mary Vetsera erschossen wurde.

Wiener Zeitung.

Nr. 26. Donnerstag, den 31. Jänner 1889.

Amtlicher Theil.

Seine k. und k. Hoheit der durchlauchtigste Kronprinz Erzherzog Rudolph ist gestern, den 30. d. Mts., zwischen 7 und 8 Uhr früh in seinem Jagdschlosse in Meyerling bei Baden, am Herzschlag plötzlich verschieden.

»Am Herzschlag plötzlich verschieden«: Erste offizielle Meldung nach dem Tod des Kronprinzen Rudolf. Mary Vetsera wurde nicht einmal erwähnt.

Blieb die Frage offen, ob Kronprinz Rudolf der Täter war. Eine Frage, mit der auch Otto von Habsburg in den Tagen nach dem Grabraub konfrontiert wurde. Doch das Oberhaupt des einstigen Kaiserhauses blockte ab: »So lange ich lebe«, sagte Habsburg, »wird das Geheimnis von Mayerling nicht restlos geklärt werden.«

Einige Tage später erschien in der Tageszeitung *Der Standard* ein Bericht der Journalistin Marie Therese Hartig, deren in Kanada lebender Großonkel Kurt Paümann behauptete, Dr. Habsburg im Jahre 1985 eine geheimnisvolle »Mayerling-Schatulle« überreicht zu haben. Der Inhalt: die Tatwaffe (Rudolfs Armeerevolver samt Munition), Abschiedsbriefe, je eine Locke der beiden Toten sowie ein Taschentuch. Paümann hatte die Schatulle von seinem Vater, einem hohen Beamten im Stab von Österreichs letztem Kaiser Karl, geerbt.

Ich rief nun Otto von Habsburg an, der mir gegenüber bestätigte, die ominöse Kassette erhalten zu haben. Er sei jedoch nicht bereit, die darin befindlichen Beweise öffentlich zu präsentieren.

Ich wollte mich damit nicht zufrieden geben und bohrte weiter: »Können Sie sagen, welche der zahllosen Versionen, was in Mayerling tatsächlich passiert ist, durch den Inhalt der Schatulle bestätigt wird?«

Immerhin war Otto zu diesem Kompromiss bereit. Seine Antwort lautete kurz und bündig: »Die Dokumente bestätigen ganz eindeutig die Theorie, die Emil Franzel in seinem Mayerling-Buch vertritt.«

Ich besorgte mir das 1963 erschienene, längst vergriffene Werk des mittlerweile verstorbenen Autors. Wenn wir die Schatulle schon nicht zu Gesicht bekommen, überlegte ich, dann sollen wir wenigstens erfahren, wie sich die Tat anhand der darin befindlichen Unterlagen rekonstruieren lässt.

Emil Franzel über Marys Tod: »Als sich das schwärmerische Mädchen anscheinend ohne Bedenken bereit erklärte, gemeinsam mit Rudolf zu sterben, muss der Kronprinz völlig seine Haltung verloren haben.« Bei einer Aussprache zwischen ihm und seinem Vater, Kaiser Franz Joseph, sei es am 26. Jänner 1889 zu einem heftigen Streit gekommen.

Franzel geht in seinem Mayerling-Buch auch auf Rudolfs nicht erhalten gebliebenen Abschiedsbrief an seine Mutter ein: »Schreibt er doch an die Kaiserin Elisabeth, er müsse sterben, weil er getötet habe. Nachdem er das hingebende, ihm blind vertrauende Mädchen erschossen hatte, konnte er nicht mehr zurück.«

Otto von Habsburg sagt aufgrund der ihm 1985 übergebenen Briefe und Dokumente, dass Franzels Version mit dem Tathergang übereinstimme. Damit bestätigt der Sohn des letzten Kaisers: Rudolf beging

1. Mord (auf Verlangen) an Mary Vetsera und
2. Selbstmord.

Über die Motive heißt es bei Franzel: »Die Ansicht, dass die Liebesgeschichte nicht die entscheidende Ursache des Selbstmordes war – möglicherweise nur ein zynischer Vorwand, um von den wahren (politischen) Motiven abzulenken –, hat sich durchgesetzt.«

Von den vielen Reisen, die ich in die Vergangenheit unternahm, war die nach Mayerling zweifellos die aufregendste. Als nicht minder spektakulär sollte sich auch die Rückkehr in die Gegenwart erweisen. Wenige Wochen nachdem ich meine ersten Berichte zur Causa Mayerling geschrieben hatte, gestand Herr Flatzelsteiner den Kriminalbeamten des Sicherheitsbüros, dass nicht »ein Aristokrat« den Auftrag gegeben hatte, die Gebeine der Baronesse Mary Vetsera aus ihrem Grab zu rauben, sondern er, Helmut Flatzelsteiner, selbst.

Der Möbelhändler hatte zwei Jahre davor gelesen, dass Professor Bankl eine Exhumierung Mary Vetseras beantragt hatte, um auf diesem – selbstverständlich legalen – Wege der wissenschaftlichen Mayerling-Forschung weiterzuhelfen. Als Bankl die Genehmigung verweigert wurde, überlegte Herr Flatzelsteiner: »Wenn dieser Professor das Rätsel von Mayerling nicht löst, dann werde ich es lösen!«

Bis zu einem gewissen Grad ist ihm das gelungen. Er hatte Mary mit Hilfe zweier Komplizen aus ihrem Grab »geholt« und das Skelett von Experten untersuchen lassen.

Und das alles, ohne straffällig geworden zu sein. Als Diebstahl konnte der »Grabraub« nicht verfolgt werden, da dem Möbelhändler keinerlei Bereicherungsabsicht nachzuweisen war. Und die Möglichkeit, wegen »Störung der Totenruhe« angeklagt zu werden, schied aus, da die Tat bereits verjährt war.

Mary Vetseras Gebeine wurden, als man sie in der Spedition in Wien-Meidling sichergestellt hatte, in Wiens Gerichtsmedizinisches Institut gebracht. Danach bettete man die sterblichen Überreste wieder in ihre Gruft in Heiligenkreuz zur Ruhe.

Nun aber hoffentlich wirklich zur ewigen.

Meine Reisen zu Typen und Originalen

Beruf: Riese

Die Lebensgeschichte des Franz Winkelmeier

Als er 1,80 Meter groß war, mag er sich gerade recht wohl gefühlt haben. Doch der Zustand hielt nur ein paar Tage an. 1,90 m, 2,00 m, 2,10 m ... Franz Winkelmeier sollte nie mehr aufhören zu wachsen.

In der zweiten Hälfte des 19. Jahrhunderts lebte in Lengau im Innviertel der größte Mensch, den es in Österreich je gegeben hat. Damals eine Berühmtheit, nicht nur im Gebiet der k. u. k. Monarchie, war er längst schon in Vergessenheit geraten – bis im Frühjahr 2002 die Oper *Der Riese vom Steinfeld* an der Wiener Staatsoper ihre Uraufführung feierte. Peter Turrini erzählt zur Musik Friedrich Cerhas die fiktive Geschichte eines Mannes, der damit fertig werden musste, 2,58 Meter groß zu sein. Meine diesbezügliche Reise in die Vergangenheit führte mich nach Oberösterreich, wo ich der wahren Lebensgeschichte des tragischen Helden nachging.

Die Gemeinde Lengau besteht aus ein paar Bauernhäusern, in dessen kleinstem, dem »Schöscharhäusl«, der Riese gelebt hat. Heute wohnt seine Großnichte Resi Schinwald in dem alten Hof, und sie gibt gerne Auskunft darüber, was sie von ihm weiß. »Er hat a schweres Leben ghabt«, beginnt sie. »Schaun S' einmal unsere Zimmer an, die sind grad zwei Meter hoch, da konnte er ja nicht einmal aufrecht stehen. Und viele Leut haben ihn verspottet und ausgelacht.«

Franz Winkelmeier wurde als Schauobjekt quer durch Europa gezerrt, um von einem staunenden Publikum angestarrt zu werden.

Am 27. April 1860 in Lengau als Sohn einer einfachen Bauernfamilie zur Welt gekommen, besuchte er dort die zweiklassige Volksschule und entwickelte sich zunächst normal. Bis er im Alter von 14 Jahren innerhalb von sechs Monaten explosionsartig einen halben Meter in die Höhe schoss. Niemand konnte sich zunächst erklären, warum dies so war. »Man hat ihn direkt wachsen gesehen«, erinnern sich die Lengauer an die Erzählungen ihrer Großeltern.

Nur die Kleider wuchsen nicht mit, aus der langen Hose wurde eine Kniehose, und die verzweifelte Mutter kam kaum mit dem Einstückeln der Stoffreste nach. Die Eltern, die Brüder und die Schwester wussten nicht, wie das weiter gehen sollte. »Fünf Kinder waren's, i hob no drei von seinen Gschwistern kennt, die waren alle normal groß«, sagt die 83-jährige Großnichte. »Auch seine Eltern waren nur 160 und 170 cm, der Franzl war der Einzige bei uns, der aus der Norm g'wesen is. Es war zum Verzweifeln.«

Mag es anfangs noch ein Abenteuer gewesen sein, im Ort als Naturwunder bestaunt zu werden, so wurde der nicht aufzuhaltende Wuchs zusehends zur Qual. Als er das 2,20-Metermaß überschritt, stieß Franz Winkelmeier an die Zimmerdecke der meisten Räume, und er begann unter Rückenschmerzen zu leiden, weil er kaum je aufrecht gehen konnte. Wenn er beim Essen saß, ragten seine Knie weit über die Tischplatte hinaus. Und weil er kein normales Bett benutzen konnte, schlief der Franzl auf dem Fußboden, in der Streukammer, oder, wenn es die Jahreszeit erlaubte, im Freien.

Noch schlimmer aber war es, wenn er das Haus verließ, um die Wiese zu mähen oder den mit Spreu beladenen Schubkarren durch den Ort zu schieben. Da liefen die Kinder hinter ihm her und brüllten »langes Elend«, Fremde stießen einen Schrei aus und erstarrten, weil sie es einfach nicht glauben konnten, wenn ihnen der Riese entgegenkam. »Ich tu euch nichts, ihr braucht mich nicht zu fürchten«, beruhigte der gutmütige Kerl die Leute, denen der Schrecken ins Gesicht geschrieben stand. Dabei hatte er mindestens so viel Angst vor diesen wie sie vor ihm.

Seine Großnichte und andere Lengauer wissen noch viele Geschichten vom legendären Riesen zu erzählen:

- Wenn er das Haus verließ, legte er den Schlüssel in die Regenrinne unterm Dach, weil dort ohnehin kein anderer hinlangen konnte.
- Der Türstock der Stube in seinem Wohnhaus musste, da er ständig weiter wuchs, ausgebrochen und bis zur Decke vergrößert werden, damit er überhaupt eintreten konnte.
- Von der Musterungskommission in Mattighofen wurde er weggeschickt, weil er die Messvorrichtung der k. k. Armee bei weitem überragte.
- Und als er bei einer Hochzeit, die im Garten des Bräuwirts von Lengau gefeiert wurde, zu Gast war, ließ er sich den Bierkrug aus dem Fenster im ersten Stock reichen.

Seine Eltern waren rechtschaffene, arme Bauersleute, für die der Bub zum immer größeren Problem wurde. Die von der Mutter zubereiteten Essensportionen reichten nie, sein Riesenmagen kam mit den normalen Mengen nicht aus, der Franzl blieb immer hungrig. Doch mehr konnte er nicht kriegen, mehr war einfach nicht da.

Für den Franzl gab's keine Schuhe – er benötigte die Größe 59 –, kein Hemd und keine Kleider. Alles, was er brauchte, musste angefertigt werden, wobei für Hosen und Röcke der Schneidermeister Klammer aus Lengau ins Haus kam. Der Klammer-Schneider war ein zugewanderter Böhm, der sich weit mehr vom Leben erhofft hatte, als es ihm geben konnte.

Als der arme Schneider zum ersten Mal dem noch ärmeren Franzl gegenübersteht, erkennt er sofort: Der Bursche ist eine Attraktion, aus der sich Kapital schlagen lässt. Er besucht ihn regelmäßig und redet auf ihn ein. »Geh weg von hier«, sagt er, »wenn du dich in Lengau schämst, dann komm mit mir auf einen Kirtag, wo dich keiner kennt. Jeden Tag ist irgendwo Kirtag, wir schließen einen Vertrag ab und ziehen mit einer Künstlertruppe herum. Ich kann im Ausland mit den Leuten genauso reden wie mit dir, wirst staunen, wie gut ich Italienisch kann und Englisch und Französisch.«

Das Gerede ist dem Franzl widerwärtig, er hat das obere Innviertel noch nie verlassen, ist nie über Lengau und die umliegenden Weiler hinausgekommen, nur einmal war er bei einer Wallfahrt in Altötting, die er in schrecklicher Erinnerung hat. Alle waren schockiert, als er ankam, Mütter flüchteten in ihre Häuser, gefolgt von den Kindern, die das Riesenkind für ein Gespenst hielten.

Seit damals will er gar nicht mehr fort aus der gewohnten Umgebung. Was soll er denn in der weiten Welt, sein Bauernblut wehrt sich dagegen, etwas anderes zu sein als seine Vorfahren. Bloßfüßig, wie ein schwankender Turm, geht er durch Lengau, bebaut das kleine Feld des Vaters. Jedes Werkzeugstück, jede Schaufel, jeder Pflug wirkt in seinen Riesenhänden wie Spielzeug.

Und doch gehen immer wieder die Gedanken durch seinen Kopf, die Gedanken vom Jahrmarkt und dem Zirkus, die der Klammer ihm schmackhaft machen möchte.

Er ist 21, als es dem Schneider gelingt, ihn zu überreden.

Der Franzl ist jetzt Riese von Beruf.

Und wird in Ober- und Niederösterreich, in Kärnten, der Steiermark, in Görz, Triest, Fiume, Ungarn und Siebenbürgen zur Schau gestellt, wie ein exotisches Tier. Er zählt jetzt zu jenen Vagabunden, die von Ort zu Ort ziehen, oft ohne zu wissen, ob sie die Stadttore überhaupt passieren dürfen, ob ihre Anwesenheit genehm ist, denn Spielleute, Gaukler, Bettler und Komödianten gelten als rechtlose Geschöpfe. Nicht immer unterschreibt der jeweilige Bürgermeister den Satz: »Wegen abnormaler Körpergröße drei Tage Aufenthalt bewilligt.«

Doch was für »Auftritte« sind das! Schmutzige Säle in billigen Kaschemmen, auf deren Bühnen er sich zeigt. Franzl trägt ein Phantasiekostüm, das von falschen Edelsteinen, Goldplättchen und riesigen Knöpfen geziert wird. Steif und hölzern stolziert er über die Bretterböden, sagt kein Wort, lässt sich nur begaffen. »Meine Damen und Herren, bewundern Sie den größten Menschen der Welt«, schreit der Klammer-Schneider, »ein Wunder der Natur, wie Sie es noch nie gesehen, zwei Kreuzer Eintritt, die sich lohnen ...«

Der Franzl schaut nicht auf die Menschen herab, er schenkt ihnen nur einen melancholischen Blick. Ganz klein ist er in diesen Momenten, der Riese, mit seinen 2,58 Metern.

Und doch fühlt er sich hier bei den Liliputanern, den Feuerschluckern und »Frauen ohne Unterleib« wohler als unter den »Normalen«, denn beim fahrenden Volk hat fast jeder irgendeinen Makel, ist jeder auf seine Weise ungewöhnlich. Unter seinen neuen Freunden ist der Franzl ein geradezu unauffälliger Zeitgenosse, einer, den man nicht ununterbrochen als Weltwunder bestaunt. Und das ist ein Zustand, nach dem er sich ein Leben lang gesehnt hat.

Im Herbst 1885 ist er für drei Monate im Berliner Concordiatheater engagiert. »Franz Winkelmeier hat ein wohlgebildetes Gesicht mit gutmütigem Ausdruck, ist aber besonders in der Breite der Schultern noch unproportioniert, was auf Rechnung seiner großen Jugend und seines so überaus raschen Wachstums geht«, beschreibt ihn die Berliner *Illustrierten-Chronik der Zeit.* »Mit nach oben ausgestreckter Hand kann er bequem einen auf dem ersten Range Sitzenden die Hand reichen oder sich, wenn er abends ausgeht, an einer Straßenlaterne die Cigarre anzünden.«

Niemand, so bestimmt sein »Manager« Klammer, darf den Riesen unentgeltlich sehen. Er wird daher nur in dicht verhängten Kutschen befördert und am Ort seines nächsten Auftritts in einem billigen Hotelzimmer versteckt. Der Riese lockt mehr Leute an als die mitreisenden Kunstreiterinnen, Magier und die tanzenden Bären. Der Franzl hat freilich eine Prominenz erlangt, die ihm alles andere als behaglich ist. Er muss sogar Autogramme geben – und zu seiner Unterschrift gehört das Wort »Riese«.

Die Original-Unterschrift: »Franz Winkelmeier, Riese«

Jetzt aber zählt etwas anderes: Er verdient gut, hat zum ersten Mal in seinem Leben genug zu essen. Doch die Familie ist bis über beide Ohren verschuldet. Ein Bekannter wollte in Salzburg ein Käsegeschäft eröffnen, Franzls gutmütiger Vater unterschrieb eine Bürgschaft. Den Winkelmeiers soll das kleine Grundstück weggenommen werden. Der einzige in der Familie, der das verhindern kann, ist der Riesensohn. Er schickt jeden Groschen, den er in der Fremde verdient, in die Heimat, kauft alles zurück, mehr noch, von einem Nachbarn kann sogar ein Stück Feld dazugekauft werden, das heute noch Riesen-Land heißt. »Im Schöscharhäusl ist ein Wunder geschehen«, sagt der Vater damals. »Ein Riese ist zur Welt kommen und hat uns die Schulden zahlt!«

Der Franzl kann der Familie jetzt zurückgeben, was er ihr in seiner Jugend »weggegessen« hat, was Tischler und Schneider verrechneten. Doch als alles abgezahlt ist, ist er wieder genauso arm, wie er es einst gewesen.

Auf Berlin folgt ein Engagement ins berühmte Revuetheater der *Folies-Bergères* in Paris. Da Franz Winkelmeier jetzt ein gefeierter Star ist, rennen ihm die internationalen Agenten die Türen ein. Der Impresario Rosinsky verpflichtet »den größten Mann der Welt« nach London, wo der Franzl mehr als irgendwo anders begafft und beschenkt wird. Überall hängen Spruchbänder, Girlanden und Fahnen, die Menschen können sich nicht satt sehen an seinem gigantisch ungelenken Körper. Es herrscht ein gewaltiger Rummel, ein Termin jagt den anderen.

Der Aufenthalt in England wird zum Höhepunkt seiner Karriere als Riese. Ist er doch am 22. Juni 1887 Ehrengast eines Empfangs, den Queen Victoria aus Anlass ihres 50-Jahre-Thronjubiläums gibt. »Die Königin stellte ihn den anwesenden Fürstlichkeiten vor«, heißt es in Zeitungsberichten, »und schenkte dem Riesen eine goldene Uhr mit fein ziselierter Kette.«

Es ist die eigentliche Tragödie des Franz Winkelmeier, dass er auf Europas Varietébühnen bestaunt wird, privat aber kaum unter Menschen geht, da er sich überall verspottet und verhöhnt fühlt. »Er war sehr musikalisch«, erzählt die Großnichte, »und hat auch eine zeitlang in der Musikkapelle von Lengau die Zither g'spielt, aber er hat sich halt so geniert, weil er alle anderen überragte. Und da hat er seine schmucke Uniform auszogen und hat wieder aufghört zu spielen. Das hat ihn aber sehr getroffen.«

Der aus Lengau in Oberösterreich stammende Bauernsohn Franz Winkelmeier war mit seinen 2,58 Metern der größte Mensch seiner Zeit. Das zeitgenössische Zeitungsbild zeigt ihn bei einem Empfang in London.

Nach Aussage des berühmten deutschen Arztes Rudolf Virchow, der den Riesen untersuchte, war Franzl der größte Mensch, den man bis zu diesem Zeitpunkt weltweit vermessen hat. Der Wiener Hormonexperte Professor Johannes Huber führt es heute, fast eineinhalb Jahrhunderte später, auf eine Überfunktion des Wachstumshormons zurück, dass die Natur mitunter derartige Kapriolen schlägt. »Das Wachstumshormon entwickelt sich in solchen Fällen auf Kosten anderer Hormone, oft zu Ungunsten der Geschlechtsentwicklung, weshalb Menschen, die so außergewöhnlich groß sind, meist auch ihr kindliches Aussehen behalten.«

»A Frau oder Freundin«, bestätigt die Großnichte, »hat der Franzl nie g'habt, er hat nur seine Mama vergöttert.« Wenn ihn die Lengauer hänselten: »Franzl, du musst doch einmal heiraten«, zog er sich mit seinem Standardsatz aus der Affäre: »Ich hab schon eine Annonce aufgegeben: ›Suche gleichgroße Frau!‹«

Traurig, wie so vieles in seinem Leben, verlief auch sein Ende. Die Manager in London waren vom Riesen, der die Hallen der Vergnügungslokale im East End wie kein anderer füllte, hingerissen. Man bot ihm eine vielfach erhöhte Gage an, aber seine Kräfte reichten nur noch für einen Auftritt am Tag.

Franzls Riesenkörper ist müde und krank, der ganze Trubel um ihn wird ihm zur Folter. Wie schön wäre es jetzt in Lengau, denkt der einfache Landbursch, der dringend bessere Luft benötigt, die im stickigen London nicht zu finden ist. Angebote aus Amerika langen ein, der Impresario Rosinsky drängt ihn, sie anzunehmen.

Doch da kommt die Schreckensnachricht aus der Heimat. »Grad wie er bei der Queen war, hat er erfahren, dass seine Mama gstorben is«, sagt die Großnichte. »Er is glei zhaus gfahren und hat schrecklich gelitten.« Sechs Wochen später war auch er tot, dahingegangen an den Folgen einer Lungentuberkulose. Seine Organe waren dem übergroßen Körper nicht gewachsen.

Der Riese von Lengau war nur 27 Jahre alt geworden.

Er lag noch nicht unter der Erde, da machte man sich schon Gedanken, wie die Geschichte des Franz Winkelmeier zu vermarkten sei. Als wäre sein wirkliches Leben nicht tragisch genug gewesen, entstanden jetzt noch Legenden, die der Gemeinde Lengau möglichst viele Touristen bescheren sollten. So erzählte man, dass Franzls Gebeine nach seinem Tod zersägt wurden, um sie in einem normierten Sarg bestatten zu können. Und dass sein Leichnam aus seiner überlangen Ruhestätte am Fuße des Kirchturms von Lengau bei Nacht und Nebel von unbekannten Männern ausgegraben und nach England gebracht wurde. Natürlich im Auftrag der ihm fasziniert ergebenen Königin Victoria.

Dass derlei erfunden war, weiß man spätestens seit der Exhumierung des Riesen im Jahre 1975, die ihm ein neues, würdigeres Grab bescherte.

Dass Franz Winkelmeier 115 Jahre nach seinem Tod zum Bühnenhelden wurde, verdankt er einem Besuch Peter Turrinis bei der »Seewirtin« Johanna Enzinger in Zell am Moos. Als der Schriftsteller bei ihr einkehrte, erzählte sie ihm von dem Riesen, der in der Region immer noch eine Berühmtheit ist …

Jetzt ist er's auch unter Opernfreunden. Eine späte Würdigung, die der Franzl aus Lengau sich wohl nicht hätte träumen lassen.

Der echte »Hauptmann von Köpenick«

Die Geschichte des Schusters Wilhelm Voigt

Ja, es hat ihn wirklich gegeben, den Schuster Wilhelm Voigt, der nach Verbüßung mehrerer Gefängnisstrafen am 16. Oktober 1906 den Entschluss fasste, ein »bürgerliches Leben« zu beginnen. Er zwängte sich in eine abgelegte Hauptmannsuniform, die er in einem Trödlerladen gekauft hatte, und zog durch die Straßen Berlins. Als ihm Soldaten des Ersten Preußischen Garderegiments begegneten, erteilte er den Befehl: »Im Namen Seiner Majestät des Kaisers übernehme ich das Kommando! Wir fahren nach Köpenick, um eine dienstliche Angelegenheit zu erledigen!«

Per Bahn gelangt die kleine Truppe nun in den Berliner Vorort Köpenick, in dessen Rathaus der 57-jährige »Offizier« die mit 4000 Reichsmark gefüllte Stadtkasse beschlagnahmt und Bürgermeister Dr. Langhans verhaftet. Der eigentliche Zweck, einen auf seinen Namen ausgestellten Pass zu erhalten, um trotz seiner Vorstrafen ins Ausland reisen zu können, misslingt, da es in Köpenick kein Passamt gibt.

Voigt, der die im Zuchthaus erlernten militärischen Befehle zum Gelingen seines Schelmenstreichs einsetzte, schlug die Gesellschaft mit ihren eigenen Waffen. Seine »Köpenickiade« – wie die Eulenspiegelei bald genannt wurde – sorgte für weltweites Aufsehen, wobei der schrullige Schuster die Sympathien vor allem der »kleinen Leute« auf seiner Seite hatte, weil er als einziger weit und breit imstande war, »denen da oben« ein Schnippchen zu schlagen.

Im Zuge der Gerichtsverhandlung befragt, ob ihm die Befehle des »Hauptmanns« nicht recht sonderbar vorgekommen seien, antwortete einer der Soldaten: »Wir hatten unsere Bedenken, als aber Polizei und Gendarmerie vor ihm ihre Honneurs machten, schwand unser Misstrauen.«

Wilhelm Voigt wird zu vier Jahren Gefängnis verurteilt, aber von Kaiser Wilhelm II. begnadigt. Nach seiner Freilassung unternimmt er »Tourneen« durch deutsche Städte, in denen er signierte Postkarten verkauft, die ihn in Hauptmannsuniform zeigen. Später übersiedelt Voigt nach Luxemburg, wo er 1922 im Alter von 73 Jahren stirbt.

Erst Jahre nach dem Tod des Schusters wurde Carl Zuckmayer durch Wilhelm Voigts Hochstapelei zu seinem Meisterwerk *Der Hauptmann von Köpenick* inspiriert. Der Dichter hatte ihn bei einem seiner Auftritte während der Mainzer Fastnacht beobachtet und ließ sich viele Jahre später die Prozessakte kommen. »Denn wenn auch die Geschichte mehr als zwanzig Jahre zurücklag«, erinnerte sich Zuckmayer in seinen Memoiren *Als wär's ein Stück von mir*, »so war sie gerade in diesem Augenblick, im Jahre 1930, in dem die Nationalsozialisten als zweitstärkste Partei in den Reichstag einzogen und die Nation in einen neuen Uniformtaumel versetzten, wieder ein Spiegelbild des Unfugs und der Gefahren, die in Deutschland heranwuchsen – aber auch der Hoffnung, sie wie der umgetriebene Schuster durch Mutterwitz und menschliche Einsicht zu überwinden.«

Das Stück erlebte, mit Werner Krauß in der Titelrolle, am 5. März 1931 in Berlin seine Uraufführung – wobei es an ein Wunder grenzt, dass sie überhaupt stattfand.

Denn der geniale – aber alkoholkranke – Werner Krauß war am Nachmittag der öffentlichen Generalprobe nicht im Deutschen Theater erschienen. Stattdessen erhielt der Regisseur Heinz Hilpert von Maria Bard, die seit einem Jahr mit Werner Krauß verheiratet war, die telefonische Mitteilung, dass ihr Mann volltrunken im Ratskeller von Köpenick aufgelesen wurde, wohin er sich begeben hatte, um »an Ort und Stelle noch ›Atmosphäre zu atmen‹«. Hilpert »warf sich in ein Taxi«, schreibt Zuckmayer, »und raste nach Köpenick. Dort fand er Krauß in den Armen eines alten Kellners, der seinerzeit, im Jahre 1906, dem echten ›falschen Hauptmann‹, während er auf die Kassenabrechnung im Rathaus gewartet hatte, eine halbe Flasche Wein servierte. Krauß ließ es nicht bei einer halben bewenden. Er war in einem Zustand temporärer Bewusstlosigkeit.«

Der verzweifelte Regisseur zerrte »den taumelnden Krauß nun mit Brachialgewalt über die Stufen des Ratskellers. In der Garderobe wurde er mit kaltem Wasser übergossen und mit heißem Mokka angefüllt, bis er tatsächlich in Kostüm und Maske auf der Bühne erschien«. Die Aufführung erwies sich als einzige Katastrophe, Krauß verschluckte den halben Text und war kaum verständlich.

Doch dann passierte das Wunder. »Am nächsten Abend«, erinnerte sich Zuckmayer, »spielte Krauß die Premiere mit einer Sicherheit, einer Präzision, einer suggestiven Gewalt, wie ich das fast nie von einem anderen Schauspieler erlebt habe. Die Vorstellung wurde einer der größten Triumphe seiner Laufbahn.«

Ähnliche Bedeutung erlangte *Der Hauptmann von Köpenick* für die Karriere von Heinz Rühmann, der den Schuster Voigt 1956 in der Verfilmung Helmut Käutners darstellte. Nach dem Krieg von der deutschen Filmwirtschaft total abgeschrieben, feierte Rühmann nun eine glanzvolle Rückkehr. Unnachahmlich in seiner menschlichen Breite, wenn er als Gestrauchelter zu seinem Schwager sagt: »Ik häng an meine Heimat, jenau wie du, aber erst solln sie mir mal drin leben lassen, in de Heimat, dann kann ik och sterben dafür …«

Werner Krauß blieb nicht der einzige Schauspieler, der durch übermäßigen Alkoholgenuss am *Hauptmann von Köpenick* zu scheitern drohte. Ähnlich erging es Harald Juhnke, der im März 1996 nach einer durchzechten Nacht in die Intensivstation der Martin-Luther-Klinik in Berlin eingeliefert wurde, statt als »Hauptmann« auf der Bühne des Maxim-Gorki-Theaters zu stehen. Dass die Vorstellung nicht ausfiel, war der Regisseurin Katharina Thalbach zu danken, die für den verhinderten Schauspieler einsprang. Sozusagen als »Hauptfrau von Köpenick«.

Eine weitere Köpenickiade also.

»Schnorrer braucht man überall«

Wie berühmte Leute wohlhabend wurden (und blieben)

»Es gäbe keine reichen Leute,
wenn sie nicht sparsam wären.«
Paul Getty, Milliardär

Kaiser Franz Josephs Socken waren gestopft, Hans Moser bewohnte die Hausmeisterwohnung seiner Villa, und der Milliardär Paul Getty ließ im Gästezimmer seines Schlosses einen Münzfernsprecher aufstellen, weil er es satt hatte, »dauernd die Privatgespräche anderer Leute zu bezahlen«.

Die Grenzen zwischen gesunder Sparsamkeit und krankhaftem Geiz sind oft fließend. Ein Fall für den Psychiater wird erst, wer Geld um seiner selbst willen hortet und sich Opfer auferlegt, nur um beobachten zu können, wie das Bankkonto wächst.

Es gab Millionäre, die aus Geiz buchstäblich verhungert sind. Kaiser Franz Joseph konnte jahrzehntelang ein Millionenreich regieren, ohne jemals eigenes Schreibpapier zu besitzen. Für Notizen verwendete er prinzipiell nur die Rückseite der täglich eingehenden Post, wichtige Mitteilungen an die Regierung kritzelte er auf die so genannten »Respektränder« der ihm zugeleiteten Gesuche, die er eigenhändig mittels eines Lineals von den Akten trennte und an seine Minister weiterleitete. Die Toiletten in der Hofburg waren dermaßen primitiv, dass Kronprinzessin Stephanie, die Schwiegertochter des Kaisers, auf eigene Kosten zwei Badezimmer installieren ließ. Auch die Privatkleidung des Monarchen war »mehr als dürftig«, wie

Franz Josephs Leibkammerdiener Eugen Ketterl in seinen Memoiren vermerkte: »Außer dem Jagdkostüm, einem bedenklich unmodernen Frack und einem Salonrock, der schon halb der Geschichte angehörte, gab es kaum zwei brauchbare Sakkoanzüge. Die Wäsche war aus einfachem Kattun hergestellt und hätte einem Vergleich mit meiner nicht standhalten können«, meinte der Diener und fügte hinzu: »Mit dem Schuhwerk Seiner Majestät war es sehr schlecht bestellt.«

Auch Anna Nahowski hinterließ uns in ihren Tagebüchern einen deutlichen Hinweis für die Sparsamkeit des geliebten Kaisers: »Wenn ich Ihm beim Ankleiden helfe, sagt Er: ›Sehen Sie nur die Kleider nicht viel an, ist alles abgeschabt und alt, ich trage meine Kleider 20 und 30 Jahre. Die Beinkleider werden gewendet und schließlich für Pantalons gerichtet.‹ Wenn Er dann beim Spiegel stand, sagte Er: ›Es ist wirklich eine Schande, ich sehe aus wie ein Bettler!‹ Einmal machte ich Ihn aufmerksam, dass sein Wollunterleibchen neben dem eingesetzten Fleck ein Loch habe. Er sagte, das Leibchen sei nicht zu ersetzen, es sei in der ganzen Welt kein zweites zu bekommen ... Ich tröstete Ihn mit den Worten, es noch weiter flicken zu lassen«.

Das Knausern hatte der Kaiser von seinem Großvater Franz I. gelernt, der nach dem Staatsbankrott des Jahres 1811 zu drastischen Budgeteinsparungen gezwungen war. Diese hatten bedauerlicherweise auch zum Ende der großzügigen barocken Kirchenbauten geführt, die bis dahin von den Habsburgern gestiftet worden waren.

Wie gefährlich es sein kann, am falschen Platz zu sparen, zeigt eine Episode aus der Zeit des Prinzen Eugen: Der österreichischen Armee wurden damals von der Iglauer Tuchfabrik »sehr günstige Stoffe« angeboten, worauf das gesamte Heer in neues Grau gehüllt wurde.

Leider verloren die Uniformen nach zweimaliger Reinigung ihre Farbe und waren plötzlich strahlend weiß, wodurch unsere sonst so stolzen Soldaten schon aus größter Entfernung vom Feind gesichtet wurden.

Weit weniger folgenschwer sind die einschlägigen Anekdoten privater Geizhälse des 20. Jahrhunderts, deren populärster wohl Hans Moser hieß. 1961 trat er, bereits mehr als achtzig Jahre alt, im Theater in der Josefstadt als Flickschuster Pfrim in Nestroys *Höllenangst* auf. Da er nicht täglich spielte, war ihm einmal entfallen, dass er an diesem Abend Vorstellung hatte. Im Theater machte man sich größte Sorgen, als er zur vereinbarten Zeit nicht ankam, Moser wurde angerufen, er nuschelte bedauernd ins Telefon: »Jössas, i hab total vergessen, i komm sofort«, und machte sich schon auf den Weg. Hunderte Menschen warteten von da an eine volle Stunde lang im Foyer, bis der Komödiant endlich aus Hietzing eintraf.

»Herr Moser, wo waren S' denn so lang?«, fragte der verzweifelte Inspizient, worauf Moser antwortete: »I kann nix dafür, dass es solang 'dauert hat, aber die Straßenbahn is nicht und nicht daherkommen.«

Auf die Idee, wenigstens in dieser prekären Situation ein Taxi zu nehmen, wäre er nie gekommen.

In seiner Hietzinger Villa lebte Hans Moser mit seiner Frau sehr bescheiden. Freunde erinnern sich an einen Besuch Anfang der fünfziger Jahre in der Villa Moser, als das Ehepaar die Hausmeisterwohnung im Parterre bewohnte, um – wie es hieß – im Winter die Heizkosten zu sparen. Mosers Sparsamkeit wird eher verständlich, wenn man weiß, dass der Schauspieler jahrzehntelang auf Schmierenbühnen auftrat und wirklich hungern musste, bis er in reifen Jahren endlich entdeckt wurde. Wie so viele, die erst spät zu Vermögen kamen, war er nicht in der Lage, dieses auch genießen zu können.

Das deutsche Pendant zu Hans Moser war der Volksschauspieler Hans Albers. Als er einmal in Berlins Nobelrestaurant Hiller Unter den Linden zu Abend aß, wurde er von seinem zufällig anwesenden Schneider zur Rede gestellt: »Herr Albers, Sie essen hier Kaviar, aber bei mir bezahlen Sie nicht Ihre Anzüge!«

Da brummte der beliebte Schauspieler: »Woher wissen Sie, dass ich den Kaviar zahle?«

Als steinreicher Mann starb der irische Dichter George Bernard Shaw, der in seiner Jugend ein entbehrungsreiches Leben als freier Journalist hatte führen müssen. 1928, längst vielfacher Millionär und auf dem Gipfel seines Ruhms, war er als Ehrengast zu einer Wohltätigkeitsveranstaltung geladen. Vor dem Eingang des Gebäudes sah er einen Bettler sitzen, dem die anderen Besucher Münzen in den Hut warfen. Shaw, der es aus seiner Reporterzeit gewöhnt war, in jedes Theater mit einer Kritikerkarte eingelassen zu werden, grüßte höflich, ging aber mit der Bemerkung »Presse!« an dem Bettler vorbei in den Saal.

In die Literatur ging krankhafte Sparsamkeit durch Molières Komödie *Der Geizige* ein: Die Gier nach Gold und Geld wird zur Existenzbedrohung für den Titelhelden Harpagon und seine Familie, der Geiz macht ihn zum Sklaven seines Reichtums.

Peter Altenberg schnorrte, wo immer es sich ergab, wobei sich das Café Central als sein bevorzugtes Betätigungsfeld erweisen sollte. Er saß wieder einmal an seinem Stammtisch, als am Nebentisch ein gut situiert wirkender Herr Platz nahm. Altenberg ersuchte den Fremden um zwei Kronen, um sich das Mittagessen in Form einer Portion Reisfleisch leisten zu können. Der Mann gab ihm das Geld, worauf der Dichter sich zu ihm setzte und das Reisfleisch bestellte. Als er gegessen und die Rechnung beglichen hatte, warf ihm der Spender vor: »Warum verlangen Sie zwei Kronen von mir, Herr Altenberg, wenn Sie doch dem Ober nur 1,20 Kronen bezahlen müssen?«

»Na hören Sie«, erwiderte Altenberg, »haben Sie hier Extrapreise oder ich?«

Altenberg war als Sohn einer wohlhabenden Familie aufgewachsen und vorerst auf die Unterstützung seines Vaters, später dann seines Bruders angewiesen. Er sammelte aber auch in größerem Stil. Einen seiner berühmten »Schnorrbriefe« hatte er an den Kritiker Alfred Kerr gerichtet: »Lieber Herr Doktor! Ich wende mich vertrauensvollst an Sie, da ich keinen Besseren, Verständnisvolleren wüsste, auf der ganzen Welt. Ich lebe in schlimmen bedrängten ökonomischen Verhältnissen und ich werde am 9. März 1909 fünfzig Jahre alt. Können Sie für mich eine Sammlung veranstalten? In Wien hat vor drei Jahren, als mein Bruder, der mich bis dahin erhalten hatte, zu Grund ging in seinem Geschäfte, eine Sammlung keinerlei Resultat erzielt, und ich lebe seitdem von monatlichen Gnadenbeiträgen einiger anonymer Verehrer. Ich denke mir zum Beispiel folgende Annonce in allen deutschen Zeitungen: ›Ich sammle für eine Ehrengabe zum 50. Geburtstage Peter Altenbergs.‹«

Als Altenberg, Besitzer eines amtlichen Hausiererscheins und Verkäufer ägyptischer Zigaretten, zehn Jahre später starb, fand man in seinem Nachlass ein Vermögen von mehr als 100 000 Kronen. Er vermachte es der Kinder-, Schutz- und Rettungsgesellschaft.

Sein Freund Anton Kuh wurde 1938 gefragt, was er in der amerikanischen Emigration arbeiten wolle. Worauf der Bohemien antwortete: »Schnorrer braucht man überall!«

Alle Knauserer dieser Welt stellte wohl der 1970 verstorbene Poldi Waraschitz in den Schatten. Denn obwohl der »Schnorrerkönig« sein Leben lang keinerlei geregelter Arbeit nachgegangen war, pflegte er in den ersten Hotels an der Côte d'Azur abzusteigen und die feinsten Maßanzüge zu tragen. Als eines von sechzehn Kindern einer armen Bauernfamilie im niederösterreichischen Lassee geboren, hatte er es verstanden, sich in die Herzen und Brieftaschen der internationalen Prominenz zu schmeicheln. Zu Poldis Gönnern zählten Liz Taylor, die Begum, Robert Stolz und Brigitte Bardot. Als Waraschitz sich einmal in Cannes beim Schwimmen an der Hand verletzte und vom Arzt nach seinem nächsten Angehörigen gefragt wurde, antwortete er, geradezu wahrheitsgemäß: »Curd Jürgens.« Und der übernahm dann auch prompt die Krankenhauskosten.

Einer der reichsten Schnorrer der Geschichte war der Bankier Salomon Rothschild, von dem erzählt wird, er hätte in einem Pariser Nobelhotel das billigste Zimmer verlangt. Als der Portier entsetzt aufschrie: »Aber Herr Baron, Ihr Sohn nimmt immer das Fürstenappartement!«, entgegnete der alte Rothschild: »Mein Sohn hat ja auch einen reichen Vater!«

Meine Reisen in die Geschichte der Medizin

Der Grund für Beethovens Taubheit

Ein medizinischer Kriminalfall

Der Herr war aus Südfrankreich nach Wien gereist. Er betrat das Institut für Geschichte der Medizin, packte ein paar Knochen aus und erklärte: »Das sind Schädelfragmente Ludwig van Beethovens. Ich möchte sie untersuchen lassen.« Der Mann wurde, wie nicht anders zu erwarten, für verrückt erklärt und des ehrwürdigen Institutsgebäudes verwiesen.

Der seltsame Vorfall ereignete sich im Jahre 1972, und man witzelte hier noch lange über jenen Spinner, der »dem Andenken Beethovens Schaden zufügen wollte«. Es vergingen Jahre, bis die kleine Szene durch Zufall dem Pathologen Hans Bankl – wir sind ihm schon im Mayerling-Kapitel begegnet – und seinem Kollegen Hans Jesserer zu Ohren kam.

Im Gegensatz zu den bisher Informierten, lachten die beiden Professoren keineswegs. Ganz im Gegenteil, sie wurden sofort hellhörig, wussten sie doch, dass bei einer Exhumierung Ludwig van Beethovens, lange nach seinem Tod, eine ganze Reihe von Körperteilen des Musikgenies verschwunden war. Bankl und Jesserer setzten es sich daher zum Ziel, den hochinteressanten Fall weiterzuverfolgen. Denn die Knochen waren von unermesslichem medizinischem Wert, da man seit Generationen mehr über Beethovens Krankheit, im Besonderen über seine Taubheit erfahren wollte. Über die Knochen, das wussten Hans Bankl und Hans Jesserer, könnte man das Rätsel lösen.

Wie aber sollte man an den Herrn mit Beethovens Schädelknochen, der nicht einmal seinen Namen hinterlassen hatte, herankommen? Bankl und Jesserer blieb nichts anderes übrig, als sich in »Sherlock Holmes« und »Dr. Watson« zu verwandeln.

Die Vorgeschichte, die den medizinischen Kriminalfall erst ermöglichte, war ihnen bekannt: Als am 26. März 1827 Beethovens letzte Stunde geschlagen hatte, war man sich seiner wahren Größe nicht bewusst. Es dauerte daher 36 Jahre, bis die *Gesellschaft der Musikfreunde* seine Gebeine exhumieren ließ, »um sie vor dem Umsichgreifen weiterer Verwesung zu sichern und zugleich eine Ruhestätte in würdiger Weise herzustellen«. Die sterblichen Überreste wurden im Rahmen einer Zeremonie dem bisherigen Holzsarg entnommen und in einen Zinnsarg, der den »Verderb des Vorfindigen hintanhalten« sollte, gebettet. – Am selben Tag erhielt übrigens auch der Leichnam Franz Schuberts eine neue Ruhestätte.

Neben bekannten Künstlern und Medizinern war bei der feierlichen Graböffnung am 13. Oktober 1863 der prominente Wiener Arzt Professor Dr. Franz Romeo Seligmann anwesend. Und der nahm, wie viele andere, im Zuge der Umbettung ein paar »Beethoven-Souvenirs« an sich. Während manche Schaulustige Holzteile des alten Sarges, Kleidungsstücke, Originalhaare des Künstlers oder andere Körperteile behielten, interessierte sich der Medizinhistoriker Seligmann naturgemäß in erster Linie für Beethovens Schädel, der der Forschung noch so viele Rätsel aufgab. Der Professor nahm an diesem regnerischen Herbsttag drei Knochenstücke des berühmten Kopfes an sich, deren Durchmesser jeweils rund sieben Zentimeter misst.

Seligmann vererbte die in einer kleinen Blechbüchse mit der Aufschrift »Beethoven« befindlichen Reliquien an seinen Sohn, und danach gingen die Knochenfragmente von einer Generation zur anderen über.

Im Jahre 1972 sollte der historische Kriminalfall also im Wiener Institut für Geschichte der Medizin plötzlich seine Fortsetzung finden. Da die Herren Bankl und Jesserer über Seligmanns seinerzeitige »Entnahme« Bescheid wussten, kombinierten sie, dass der »Spinner« tatsächlich im Besitz jener Knochen sein könnte, die seit mehr als hundert Jahren als verschollen galten.

Der einzige Hinweis über den unbekannten Besucher, der im Institut für Geschichte der Medizin zu erhalten war, kam vom Portier. Der Fremde hätte ihn nach seinem unsanften Hinauswurf gefragt, wie er vom Institutsgebäude auf der Währinger Straße am besten zum Wiener Rathaus käme. Dann verließ er, bepackt mit seinen Knochenstücken, das Institut und ward hier nie wieder gesehen.

Die Auskunft war dürftig, und doch machten sich die beiden Professoren auf den Weg in das im Wiener Rathaus gelegene Archiv der Stadt Wien, um dort nach einer möglichen Eintragung zu suchen, die ihnen einen Hinweis auf den Besitzer der Original-Schädelknochen Ludwig van Beethovens liefern könnte.

Und sie wurden – ein wenig auch zu ihrer eigenen Verblüffung – fündig. Ein Herr namens Thomas Desmines hatte mehrere Jahre zuvor in Beethovens Exhumierungsakt Einblick genommen und in der Eintragungsliste des Archivs seinen Namen und seine Adresse hinterlassen.

Bankl und Jesserer schrieben sofort einen Brief an den in Vence bei Nizza lebenden Auslandsösterreicher, und dieser bestätigte umgehend, der Urgroßneffe Professor Seligmanns und im Besitz der fieberhaft gesuchten Schädelknochen zu sein.

»Sherlock Bankl« und »Dr. Jesserer« sandten nun einen Mitarbeiter zu Desmines, der dem Boten die wertvollen Stücke mit der Zusicherung aushändigte, dass diese für wissenschaftliche Untersuchungen zwei Monate lang in Wien bleiben dürften. In dieser Zeit gelang es den beiden Ärzten, die Echtheit der Körperteile zu bestätigen.

Dabei kam ihnen eine weitere, im Jahre 1888 durchgeführte Exhumierung zu Hilfe: bei dieser zweiten Umbettung Beethovens in das heutige Ehrengrab auf dem Wiener Zentralfriedhof – wurde nämlich protokolliert, dass »unter anderen gerade jene drei Knochen fehlten, die wir jetzt in Händen hielten«, berichtet Professor Bankl. »Die Knochenteile waren demnach einwandfrei als echt zu betrachten.«

Die Knochenteile sind echt: Die zweite Exhumierung Ludwig van Beethovens
ZEITUNGSAUSSCHNITT, 1888

Den beiden Ärzten war in erster Linie daran gelegen, anhand der Knochenfunde das oft sehr widersprüchliche Krankheitsbild des vielfach leidenden Musikers zu deuten. Und sie gelangten zu einem verblüffenden Ergebnis, das die Beethoven-Forschung auf den Kopf stellte: Den Ursprung seiner Taubheit bildete nicht – wie bisher von Medizinern in aller Welt übereinstimmend angenommen – das Knochenleiden *Morbus Paget*. Professor Bankl: »Im Falle des *Morbus Paget* hätten die von uns untersuchten Schädelknochen eine Deformierung aufweisen müssen. Dies war eindeutig nicht der Fall.« Also kamen die beiden Ärzte zu dem Schluss, dass Beethovens Gehörlosigkeit auf eine Innenohr-Otosklerose, die frühzeitige Verknöcherung des Gehörorganes, zurückzuführen war.

Wir wissen übrigens, dass diese Untersuchung durchaus im Sinne Beethovens durchgeführt wurde. Schreibt er doch in seinem berühmten *Heiligenstädter Testament*, dass »sobald ich tod bin und professor schmid* noch lebt, so bittet ihn in meinem Namen, dass er meine Krankheit beschreibe, und dieses hier geschriebene Blatt füget ihr dieser meiner Krankengeschichte bej, damit wenigstens so viel als möglich die welt nach meinem Tode von mir versöhnt werde.«

Professor Seligmann, der die Beethoven-Knochen als »Souvenir« eingesteckt hatte und so erst die später durchgeführten Untersuchungen ermöglichte, hatte sich damit übrigens nicht strafbar gemacht. Körperteile gelten nach Eintritt des Verwesungszustands als »herrenlose Sache«, wodurch die Entnahme legal war.

---

* Johann Adam Schmid war von 1801 bis 1808 Beethovens Arzt und diesem auch freundschaftlich verbunden.

Der liebe Gott unter den Chirurgen

Theodor Billroth

Therese Heller war eine einfache Frau aus dem Volke. Und doch ist ihr Name in die Geschichte der Medizin eingegangen. Denn die 43-jährige, an Krebs erkrankte Wienerin war es, der Theodor Billroth einen Teil des Magens entfernen und damit das Leben retten konnte. Es war die erste Operation dieser Art, und sie revolutionierte die Chirurgie. Theodor Billroth zählt seit dem Tag dieser Operation – man schrieb den 29. Jänner 1881 – zu den berühmtesten Ärzten aller Zeiten.

Hat diese eine Leistung genügt, Billroths Namen in alle Welt zu tragen, so müssten Bücher geschrieben werden, um sein kolossales Gesamtwerk festzuhalten. Die an Frau Heller erstmals angewandte Operationsmethode – nach Entfernung des vom Tumor befallenen Organteiles verband Billroth den Magenrest mit dem Zwölffingerdarm – ging als Billroth I in die Geschichte der Medizin ein.

Der große Mediziner war 1829 als Sohn eines Pastors auf der Insel Rügen zur Welt gekommen, wo er eine schwere Kindheit erlebte: Als er fünf war, starb sein Vater an Tuberkulose, danach raffte dieselbe Krankheit seine vier Brüder hinweg. Als er sein Medizinstudium begann, verlor er auch seine Mutter.

Während in Österreich-Ungarn damals in einigen Fächern die später weltberühmte Zweite Wiener Medizinische Schule heranreifte, waren in der Chirurgie immer noch Paris und London führend. Bis Billroth, 38-jährig, nach Wien kam.

Bereits als junger Arzt hatte er sich die Frage gestellt, warum so viele Patienten nach chirurgischen Eingriffen hohes Fieber bekamen und trotz »gelungener« Operation starben. Billroth war klar geworden, dass die Infektionen »an den Betten, an den Händen der Wärter und Ärzte haften«, und dass man sich davor »nur durch übertriebene Reinlichkeit schützen« könne. Robert Koch, der schließlich die Ursachen der Infektionskrankheiten fand, wurde durch diese Studien Billroths beeinflusst.

Vier Jahre nach Billroth I entwickelte der Chirurg mit Billroth II eine weitere Aufsehen erregende Operationsmethode. Diesmal stellte er nach Entfernung des vom Tumor befallenen Organteiles die Verbindung zwischen verbliebenem Magen und Dünndarm her. Bereits 1874 hatte er als erster Arzt einen krebsbefallenen Kehlkopf entfernt, er verbesserte auch die Operationstechniken an Leber, Milz, Harnblase, an den Eierstöcken und an der Gebärmutter.

Niemand vor ihm wagte sich an so komplizierte Operationen heran, Patienten, die von derartigen Leiden befallen waren, hatten bis dahin keine Überlebenschance. Billroths Operationsmethoden gehören heute noch weltweit zum Standardrepertoire jedes Chirurgen.

Theodor Billroth war kein trockener Wissenschafter, sondern ein überaus geselliger Mann und vor allem auch ein genialer Musiker. Johannes Brahms, einer seiner besten Freunde, widmete ihm sein *Streichquartett in a-Moll*, aber der berühmte Chirurg komponierte auch selbst. Als man ihm in Berlin einen Lehrstuhl für Medizin anbot, lehnte er ab, weil ihm »das künstlerische Leben in Wien viel zu lieb geworden« war.

Die heutige Chirurgie ist mit der in der Zeit vor Billroth nicht vergleichbar. Als er ein junger Arzt war, gab es noch nicht einmal die

Narkose, Patienten litten unter unvorstellbaren Schmerzen. »Ich habe ihn operiert und verbunden, Gott wird ihn heilen«, sagten viele Ärzte. Junge Doktoren mussten ein zölibatäres Leben wie Priester führen, da sie Tag und Nacht für ihre Patienten da zu sein hatten. Billroth hatte die Heiratserlaubnis ausnahmsweise erhalten, weil sein erster Chef in Berlin nicht seinen tüchtigsten Assistenten verlieren wollte.

Ausgebildete Krankenschwestern im heutigen Sinn gab es damals nicht. Als Billroth während des deutsch-französischen Krieges in Lazaretten mit ansehen musste, wie Soldaten nach Amputationen starben, weil sie von ungelernten Pflegerinnen falsch behandelt wurden, schloss er dem – von ihm gegründeten – Wiener Rudolfinerhaus Österreichs erste Schwesternschule an, womit er praktisch einen neuen Berufsstand ins Leben rief. Das Krankenhaus befindet sich in der heutigen Billrothstraße.

Billroth hatte viel Humor, für dessen Verbreitung er selbst sorgte. So erzählte er gerne die Geschichte eines seiner Patienten, der ein schwerer Hypochonder gewesen sei. Der Mann ließ seinen Arzt wegen jeder Kleinigkeit kommen, er war auf alle medizinischen Zeitschriften abonniert und besaß eine einschlägig sortierte Bibliothek.

Wieder einmal wegen nichts und wieder nichts zu ihm gerufen, traf Billroth den Patienten leidend, Puls und Herz fühlend und in seinen Schmökern blätternd, an.

»Geben Sie Acht, mein Lieber«, warnte Billroth, »Sie werden noch an einem Druckfehler sterben.«

Nicht nur wegen seiner überragenden Leistungen als Arzt, sondern auch weil sich Anekdoten wie diese in der ganzen Monarchie herumsprachen, war der Chirurg eine unvergleichlich populäre Erscheinung. Vor seinem Sommerhaus am Wolfgangsee stand sogar eine eigene Haltestelle »Billroth«, in der die Bahn nur für ihn hielt. Als er mit 58 Jahren an einer gefährlichen Lungenentzündung erkrankte, bangte ganz Wien um sein Leben. Wieder genesen, wurde ihm zu Ehren ein Fackelzug veranstaltet, an dem Tausende Menschen teilnahmen. Billroth kommentierte den Aufmarsch mit den Worten: »Es war eine schöne Leich.«

Der Arzt hatte Kontakt zu Kaiser Franz Joseph, der ihn ins Herrenhaus berief, und auch zu dessen Sohn. Der Kronprinz übernahm die Patronanz des – nach ihm benannten – Rudolfinerhauses und unterstützte viele seiner Forschungsprojekte.

Billroth starb am 6. Februar 1894 während einer Kur in Abbazia an Herzversagen. Als zufriedener Mann, denn sein Lebensmotto hatte gelautet: »Wer anderen hilft, verhilft sich selbst zum Glück.«

Die erste Frau Doktor

Gabriele Possanner setzt sich durch

Die junge Frau hatte sich Unmögliches in den Kopf gesetzt. Sie wollte Ärztin werden, wie viele Mitglieder ihrer Familie – oder besser: wie viele männliche Mitglieder ihrer Familie. Denn Frauen gehörten vor gut hundert Jahren noch an den Herd, durften Fabrikarbeiterinnen oder Dienstmädchen werden, »höhere Töchter« vielleicht Gesellschaftsdamen oder Lehrerinnen.

Während heutzutage mehr als ein Drittel aller österreichischen Ärzte Frauen sind, gab es damals hierzulande keinen einzigen weiblichen Arzt. Erst im Jahre 1897 durfte die erste Frau an der Universität Wien zum Doktor der Medizin promoviert werden. Gabriele Possanner von Ehrenthal war damit auch die erste Frau überhaupt, die in Österreich einen akademischen Titel führen durfte. Und sie nahm dafür einen unglaublichen Kampf auf sich.

Das »schwache Geschlecht« hatte ab der Mitte des 19. Jahrhunderts an den meisten europäischen Universitäten Einzug gehalten. Österreich und Preußen hingegen waren die letzten Staaten, in denen Frauen keine Studienerlaubnis erhielten.

Possanner entstammte einer im 17. Jahrhundert geadelten Kärntner Familie. Sowohl ihr Großvater als auch einer ihrer Onkel arbeiteten als Ärzte, während es ihr Vater als Jurist zum Sektionschef im Finanzministerium brachte. Als eines von sieben Kindern in großbürgerlicher Atmosphäre, vorerst in Pest, später in der k. u. k. Haupt- und Residenzstadt aufgewachsen, maturierte sie 1887, bereits 27 Jahre alt, als zweite Absolventin in der Geschichte des Akademischen Gymnasiums in Wien. Denn auch die Erlangung der Reifeprüfung war für Mädchen in jenen Tagen mit großen Schwierigkeiten verbunden. Und in ihrem Abschlusszeugnis fehlte der Passus »Erteilung der Reife zum Besuch einer Universität«, wie er für männliche Maturanten vorgesehen war.

Also musste sie ihr Studium im Ausland absolvieren. Sie inskribierte an der Universität Zürich, wo sie 1893 mit einer Dissertation über eine besondere Form der Netzhautentzündung zum Dr. med. promovierte und einige Semester als Assistentin an der Universitäts-Augenklinik tätig war. Nach Wien zurückgekehrt, suchte sie im Ministerium für Kultus und Unterricht um Nostrifizierung* an. Ihr Antrag wurde aber »mit Rücksicht auf bestehende Vorschriften gar nicht in Verhandlung genommen«. Und das, obwohl in Österreich großer Bedarf an weiblichen Ärzten – vor allem an Schulärzten für Mädchen – geherrscht hätte.

Gabriele Possanner hatte einen eisernen Willen. Und den unbändigen Wunsch, in ihrer Heimat arbeiten zu können. So sandte sie innerhalb von zweieinhalb Jahren eine Unzahl weiterer Gesuche an Universitäten, Kliniken, Ministerien, an den Verwaltungsgerichtshof, das Abgeordnetenhaus. Und obwohl die spätere Nobelpreisträgerin Bertha von Suttner und die Hotelbesitzerin Anna Sacher als prominente Mitglieder des *Vereins zur erweiterten Frauenbildung* ihren Kampf unterstützten, wurden ihre Eingaben entweder

a) abgelehnt oder

b) nicht beantwortet, bzw.

c) auf gut Österreichisch, »schubladiert«.

---

* Anerkennung der ausländischen Diplome

Denn: Würden Mädchen studieren, hatte Wiens Akademischer Senat schon 1873 gewarnt, »müssten Docenten vieles, was sich für das Ohr der Männer eignet, erst jenem der Frauen, namentlich züchtiger Jungfrauen, anpassen«. Und Unterrichtsminister Paul Gautsch von Frankenthurn hielt »die Concurrenz der Frauen für eine volkswirtschaftliche Gefahr«.

Am 8. Juli 1895 wandte sich Gabriele Possanner Baronin von Ehrenthal in ihrer Not an den Kaiser, den sie um »gnadenweise« Ausübung der ärztlichen Praxis ersuchte, zumal »zahlreiche Mädchen und Frauen sich scheuen, beim Beginne einer Krankheit sich einem männlichen Arzte anzuvertrauen, infolgedessen solche Leiden oft unheilbar werden«. Ihrem Gesuch lag ein »Appell« ihres 73-jährigen Vaters an den Kaiser bei: »Nun soll sie im Alter von 35 Jahren vor die Alternative gestellt sein; entweder Familie und Vaterland zu verlassen oder ihren Beruf aufzugeben. Ihre so schwer errungene Befähigung für ihren Beruf soll brach liegen bleiben, ihr langjähriges, so ausdauerndes und ehrenhaftes Streben nach einem der edelsten Ziele, welches im menschlichen Leben überhaupt erreichbar ist, soll vereitelt werden, die schweren Geldopfer an das Ausland, welche ich, da uns das Inland verschlossen blieb, bringen musste, müssten fruchtlos hinausgeworfen bleiben – kurz das Alles soll knapp vor dem Gelingen scheitern – an Motiven, welche die Wissenschaft sowie die sämtlichen Cultur-Staaten der Welt als werthlosen Ballast schon längst über Bord geworfen haben!«

Die dramatischen Worte des Vaters verfehlten ihre Wirkung nicht, und jetzt endlich kam die Sache in Bewegung. Kaiser Franz Joseph beauftragte den Innenminister, den Fall zu prüfen, worauf dieser eine Verordnung erließ, mit der »die Nostrifizierung ausländischer Doktordiplome auch für weibliche Ärzte geregelt« wurde.

Erst die Intervention Kaiser Franz Josephs verhalf ihr nach jahrelangem Warten zum heiß ersehnten Doktordiplom: Gabriele Possanner von Ehrenthal war Österreichs erste Ärztin.

Possanner trat an der Universität Wien innerhalb von neun Monaten zu 21 Prüfungen an, die sie alle mit gutem Erfolg bestand. Am 2. April 1897 feierte sie im Großen Festsaal der Alma Mater ihre (zweite) Promotion zum Doktor der gesamten Heilkunde, wobei der Rektor der Universität die inzwischen 37-jährige Ärztin in seiner Ansprache als »muthige Vorkämpferin um die Erweiterung der Frauenrechte« würdigte. Ihr Bild fand sich in mehreren Zeitungen, »da an der Wiener Universität zum ersten Male eine Dame zum Doctor promovierte«.

Gabriele Possanner blieb unverheiratet und ließ sich in Wien IX., Günthergasse 2/1. Stock, als praktische Ärztin nieder, wo sie »täglich von 15 bis 16 Uhr« ordinierte. Einige Jahre auch in Wiener Spitälern tätig, behandelte sie nach dem Ersten Weltkrieg von der Caritas betreute Kinder. 1928 wurde ihr von Bundespräsident Michael Hainisch – wieder als erster Frau in Österreich – der Titel Medizinalrat verliehen. Sie starb im März 1940 im Alter von achtzig Jahren.

Ihr Kampf hat sich gelohnt. An Österreichs Universitäten schlossen im Jahre 2000 fast so viele Frauen (7087) wie Männer (7707) ein Studium ab. An den medizinischen Fakultäten promovierten sogar mehr Frauen (648) als Männer (522).

Nur bei den Lehrern herrschen heute noch Zustände wie beim alten Kaiser: unter den 230 ordentlichen Professoren, die an Österreichs Universitäten Medizin unterrichten, sind 214 männlichen Geschlechts.

Und 16 (in Worten: sechzehn) sind weiblichen Geschlechts.

Er ist immer auf der Flucht

Ein Besuch beim Sohn von Karl Farkas

Ein Mann in reifen Jahren, grauhaarig und schlank, ein gutes, mildes Gesicht. Er sagt kein Wort, lächelt stumm vor sich hin, nimmt wenig Anteil an seiner Umwelt. Robert Farkas ist heute 74 Jahre alt. Der Mann, dessen Vater man »das Lachen des Jahrhunderts« nannte, ist geistig behindert. Ich hatte im Oktober 1993 Gelegenheit, den einzigen Sohn von Karl Farkas zu besuchen.

Das Pflegeheim Beer in Neulengbach, westlich von Wien gelegen, ist in einer großen Gründerzeitvilla untergebracht. Im Garten begegnen mir ausschließlich behinderte – geistig behinderte – Menschen. Manchen sieht man die Krankheit sofort an, anderen gar nicht. Zur letzteren Gruppe zählt Robert Farkas.

Bobby, wie ihn die Eltern nannten, sitzt auf einer Parkbank, trägt Anzug und Krawatte. Sein Sachwalter ist damit einverstanden, dass der Sohn von Karl Farkas der Öffentlichkeit vorgestellt wird, weil man sehen soll, dass er vorbildlich betreut wird, dass er hier in guten Händen ist.

Anny Farkas war erst nach dem Tod ihres Mannes bereit, in einem Zeitungsinterview über das Schicksal ihres Sohnes zu sprechen. »Mein Mann hat in seinem Leben eine Unzahl von Interviews gegeben, aber über unseren Sohn wurde nie geredet, geschweige denn geschrieben. Nun, da mein Mann tot ist, breche ich dieses Schweigen. Wir konsultierten die berühmtesten Ärzte und Heilpädagogen. Äußerlich merkte man Bobby nichts an. Doch als er fünf Jahre alt war, ging eine Veränderung in ihm vor. Er sonderte sich von den anderen Kindern auf dem Spielplatz ab. Wir waren verzweifelt, wir wollten uns sogar umbringen. Aber dann sagten wir uns, es muss weitergehen, denn Bobby braucht uns – mehr als irgendein Kind seine Eltern braucht. Außerdem schöpften wir ein bisschen Hoffnung: Vielleicht würde in der Pubertät wieder alles in Ordnung kommen.«

Obwohl ich Karl Farkas sehr gut kannte – ich durfte ein Jahr lang am Kabarett Simpl für ihn arbeiten – erwähnte er auch mir gegenüber die Existenz seines Sohnes mit keinem einzigen Wort: Ich bin sicher, dass er das Problem einfach wegzuschieben, zu verdrängen versucht hat.

Robert Farkas wurde 1928 in Wien geboren und erkrankte im Alter von zweieinhalb Jahren an einer Gehirnhautentzündung, die damals nicht heilbar war. Zwar hatte Alexander Fleming gerade in Bobbys Geburtsjahr das auch für diesen Fall Heilungschancen versprechende Penicillin entdeckt, doch die erste erfolgreiche Behandlung durch dieses Jahrhundertmedikament glückte erst dreizehn Jahre danach. Zu spät für Bobby.

Die Tragödie ereignete sich in jenen Jahren, da Karl Farkas seinen großen beruflichen Aufstieg nahm. Er und Fritz Grünbaum waren die absoluten Lieblinge des Publikums. Nicht nur in ihren brillanten Doppelconférencen im Kabarett Simpl, sondern auch auf vielen anderen Bühnen, vor allem in den prächtigen Ausstattungsrevuen der zwanziger und dreißiger Jahre. Die Familie Farkas lebte in einer eleganten Wohnung, man beschäftigte Personal, hatte ein Sommerhaus an der Rax, ein Automobil, und der große Kabarettist wurde mit jedem seiner Auftritte populärer. Niemand ahnte etwas von der Krankheit des Sohnes, denn Bobby wurde von allem ferngehalten. Sicherlich wäre das Bekanntwerden der Tragödie für den Komiker

Farkas beruflich ruinös gewesen – wer wollte schon über einen Mann lachen, dem das persönliche Schicksal so übel mitgespielt hatte.

Nach dem ersten Schock, als Bobbys geistige Behinderung diagnostiziert wurde, kommt im März 1938 der zweite: das Kind ist halbjüdisch und stellt – so die Diktion der Nationalsozialisten – »unwertes Leben« dar. Was dazu führt, dass die Familie für mehrere Jahre auseinander gerissen wird.

Denn während Karl Farkas die Flucht vor den Nazis antritt und über die Tschechoslowakei, Frankreich, Spanien und Portugal in die USA gelangt, können Frau und Kind nicht mit ihm, da behinderten Menschen die Einreise in die Vereinigten Staaten verwehrt wird.

Anny, die ihrem Mann bis nach Frankreich folgte, muss mit ihrem Sohn in Europa bleiben. Anhand der vorhandenen Korrespondenz des Ehepaares lässt sich das Ausmaß der Tragöde nachvollziehen. So schreibt Farkas am 21. Juni 1941 aus New York an seine zu diesem Zeitpunkt in La Baule, einem kleinen Küstenort in der Bretagne, lebende Frau: »Meine liebe, goldige Anny, ich hoffe, Du hast einen meiner unzähligen Briefe erhalten, in denen ich Dir schrieb, Liebste, dass ich jeden Tag, jede Stunde an Dich und Bobby denke, dass ich Euch im September hier haben werde ...« Tatsächlich lässt er keine Möglichkeit aus, um Einreisegenehmigungen für Frau und Kind zu erhalten. Er rast von einer Behörde zur anderen. Aber alle Versuche erweisen sich als aussichtslos. Es hätte wohl die Möglichkeit gegeben, seine Frau in die USA zu holen, doch ohne ihr Kind unternimmt Anny Farkas keinen Schritt. Sie könnte es niemals, unter keinen Umständen, wie sie ihrem Karl mitteilt, übers Herz bringen, Bobby in einer Anstalt irgendwo in Europa zurückzulassen.

Als Amerika im Dezember 1941, nach dem japanischen Überfall auf Pearl Harbor, in den Krieg eintritt, ist jegliche Kommunikation zwischen den Eheleuten unterbunden, sie erfahren jetzt nicht einmal, ob der andere noch am Leben ist.

»Bobby hat sich sehr verändert«, berichtet Anny in ihrem ersten Brief nach Kriegsende über den mittlerweile 17 Jahre alt gewordenen Sohn, »er ist größer geworden, größer als Du. Er ist ein Kind, lieblich und gut gewachsen. Er ist sehr aktiv, aber das ist für ihn und seine Umgebung nicht günstig. Manchmal lacht er grundlos. Er spricht, aber nur Dummheiten. Und immer dieselbe Sache … Lasse mich wissen, wann Du kommen kannst, uns zu sehen. Ich warte seit sechs Jahren, aber ich kann nicht mehr. Adieu, mein Lieber, ich liebe Dich immer, zärtlich und küsse Dich. Deine Anny.«

Doch Karl kann nicht gleich nach Europa zurückkehren. Er schreibt am 23. August 1945 aus New York: »Meine liebe, kleine, süße Bewunderte! Nichts hätte mich glücklicher machen können als Dein Brief. Der erste Brief seit fast fünf Jahren! Gleichzeitig hatte ich Kummer beim Lesen des Zustandes unseres Bobby. Meine Liebe, ich bitte Dich, vertraue und verzweifle nicht. Ich bewundere Dich und ich will Dich nur in meine Arme nehmen und Dich alle Sorgen und Schmerzen unserer Trennung vergessen machen. Ich hoffe, dass ich Dich sehr bald sehen kann. Ich werde Dir das Glück bis zum Ende unserer Tage bringen.«

Farkas, der sich inzwischen in Amerika als Schauspieler und Drehbuchautor einen Namen gemacht hat, schreibt in seinem nächsten Brief von der lange gehegten Hoffnung, »dass sich einmal ein Wunder ereignen und Bobby werden würde wie die anderen. Und jetzt sehe ich, dass alles verloren ist. Mein Herz ist bedrückt …«

Auch eine Unterbringung des Sohnes in einer Wiener Anstalt wird erwogen, aber sofort wieder fallen gelassen. Anny schreibt: »Ich habe erfahren, dass die Kinder in den Anstalten schlecht behandelt werden. Sie haben Hunger und es gibt dort nichts zu essen. Glaubst Du, dass ich zusehen könnte, wie der Kleine leidet? Ich beschäftige mich gegenwärtig nur mit dieser Sache. Aber man kann nichts anfangen, weil wir von der ganzen Welt vollkommen isoliert sind. Die Situation in Europa ist zum Verzweifeln. Du wirst traurig sein, wenn Du den Zustand sehen wirst. Seit sieben Jahren bin ich allein und irre von einem Land zum anderen, verlassen wie ein Vogel in seinem Nest. Mein krankes Kind kann mich nicht entbehren. Meine Kräfte sind am Ende ... Bobby hat immer Hunger, er isst wie ein Bär. Er trägt Deine Strümpfe, aber sie sind durch und durch zerrissen. Daran siehst Du, wie groß er ist. Er trägt auch Deine Anzüge von früher. Aber er geht niemals aus ...«

»Du hast völlig Recht, wenn du mir schreibst, dass es verrückt ist, dieses freie, reiche Land, New York und Hollywood zu verlassen, wo ich genügend Geld verdienen kann«, antwortet Karl. »Ich gehöre zum Broadway wie seinerzeit zur Linken Wienzeile (gemeint ist das Theater an der Wien, Anm.). Ich bin mit Stars wie Al Jolson sehr befreundet und habe viel Arbeit, sehr gute Zigarren und gutes Essen. Aber mein Herz zieht mich zu Dir und Bobby. Das ist der einzige Grund. Ich weiß, es ist verrückt, New York mit Wien zu vertauschen, aber Bobby könnte nicht hierher kommen, was sollen wir tun, meine Liebe, wir können ihn nicht verlassen. Es wäre wunderbar, zusammen in einem Bungalow in Hollywood zu leben, wo das Klima immer frühlingshaft ist und man mich sehr gern hat. Aber ich möchte jetzt nicht in Träume verfallen. Glaube mir, dass es nicht leicht ist für mich, Amerika zu verlassen, ich weiß, dass ich in meinem Leben nie wieder solche Möglichkeiten haben werde wie hier ...«

1946 kehrt Farkas – von den Wienern wie ein König umjubelt – heim, um bald darauf wieder die Leitung des Simpl zu übernehmen.

Hatte es das Ehepaar vorerst abgelehnt, Robert in die Obhut einer geschlossenen Anstalt zu geben, so muss dies einige Jahre später doch geschehen. Bobby wird »Am Steinhof« aufgenommen und dort regelmäßig von seiner Mutter betreut und besucht. Karl Farkas ist ein seltener Gast in der Anstalt, »er hätte es nicht ertragen, tagsüber Bobby zu sehen und am Abend aufzutreten, Humor zu verbreiten«, vertraute mir seine Witwe viele Jahre später an.

In jenen Jahren lernte das Ehepaar Farkas einen Wiener Juristen namens Walter Niedermaier kennen, mit dem es sich nach und nach anfreundete und den es im Lauf der Jahre immer mehr behandelte, als wäre er das eigene Kind. Farkas sah in ihm eine Art »Ersatz« für den kaum noch ansprechbaren Robert. »Tatsächlich gleiche ich Bobby in Alter, Größe und Statur«, sagte mir Dr. Niedermaier, »ich war für Anny und Karl wie ein Sohn.« Während das Ehepaar Farkas ansonsten so gut wie keinerlei gesellschaftlichen Kontakt pflegte, traf es den »Ersatzsohn« regelmäßig, sprach gegenüber Dritten immer nur per »unser Neffe« von ihm und setzte ihn später auch als Erben sämtlicher Urheberrechte nach Karl Farkas ein.

Als 1979, acht Jahre nach Farkas, auch dessen Frau stirbt, wird Bobby ein Fall fürs Pflegschaftsgericht, das den Wiener Rechtsanwalt Otto Kern als seinen Kurator bestellte. Da das Vermögen nach Karl Farkas groß genug ist, um Robert in einem privaten Heim unterzubringen, hat er sich entschlossen, ihn vom Steinhof in die Pflegeanstalt Beer zu transferieren. Und die hier mögliche Einzelbehandlung zeigte Erfolge.

»Bobby war früher aggressiv«, berichtete Diplompfleger Alfred Mihalovics vom Pflegeheim Beer, »jetzt ist er gutartig und milde.« Der Sohn von Karl Farkas kennt nur ein Wort, er sagt »Lade«, weil er Schokolade liebt. Der Verleger Ulrich Schulenburg – er betreut die Urheberrechte nach Karl Farkas – bemerkte, dass sich Bobby wohler fühlt, dass es ihm besser geht als früher. Er grüßt zurück, wenn man ihn grüßt, ist weniger ängstlich, und er lächelt.

Während er am Steinhof oft im Netzbett liegen musste, kann sich der »im Zustand frühkindlicher Gehirnschädigung« befindliche Patient heute frei bewegen, »ohne dass die Verabreichung beruhigender Medikamente nötig wäre«, sagt die leitende Ärztin Dr. Ingrid Bruha. Auf gut Deutsch: Robert wird nicht »niedergespritzt«, es geht ihm besser, weil man in einer kleinen Anstalt individueller auf ihn eingehen kann.

Es sei schwer abzuschätzen, wie er empfindet, meint sein Betreuer Mihalovics, »Bobby ist total introvertiert, er will keinen Kontakt zu den anderen Patienten, kommuniziert nur mit dem Pflegepersonal. Er lebt in seiner Scheinwelt, und das Einzige, was er wirklich genießen kann, ist sein Essen. Das liebt er, darauf freut er sich jedes Mal.«

»Karl Farkas hat alles, was er verdiente, gespart, um seinen Sohn versorgen zu können«, sagt Ulrich Schulenburg, »er wäre glücklich zu wissen, dass das sichergestellt ist, solange Bobby am Leben ist.«

Der Mann, der Millionen Menschen zum Lachen brachte, war – nicht zuletzt infolge dieses Schicksalsschlages – privat ein ernster Mensch. Wenn er uns mit seinen blitzgescheiten Conférencen unterhielt, konnten wir für ein, zwei Stunden die Sorgen des Alltags vergessen. Seine Pointen waren eine Therapie für uns. Und wohl auch für ihn selbst.

Robert Farkas schaut uns nach, als wir uns verabschieden. Er läuft durch den Garten, wie er es oft tut: »Er ist immer auf der Flucht«, sagt sein Pfleger, »er lebt in ständiger Angst.« Niemand weiß, wovor.

Die schönen, tiefblauen Augen hat er von seinem Vater. Doch er weiß bis heute nicht, wer sein Vater gewesen ist.

Meine Reisen in die Welt des Theaters

Vom Sklaven zum Theaterstar

oder Warum das Publikum schuld ist

In einem meiner Bücher, das ich *Schuld ist nur das Publikum* nannte, beschrieb ich die Geschichte des Schauspielstandes und seines geradezu unglaublichen Aufstiegs vom Sklaven in der Antike bis zum gefeierten Liebling in der heutigen Zeit.

Wie üblich, musste ich dem Verlag etwa ein Jahr vor Ablieferung des Manuskripts den Titel des Buches nennen. Das ist leichter gesagt als getan, denn einen Buchtitel zu finden, ist fast so schwer wie ein Buch zu schreiben. Nach schlaflosen Nächten kam mir endlich *Schuld ist nur das Publikum* in den Sinn. Ich teilte den Titel meinem Verleger mit, dem er auf Anhieb gefiel, worauf ich mich auf die Arbeit an dem Buch stürzte.

Ich sammelte alles über Josef Kainz und Werner Krauß, über Adele Sandrock und Paula Wessely, über Raoul Aslan und Leopold Rudolf, über Josef Meinrad und Oskar Werner. Nach Monaten freudvollen Schreibens lag das fast fertige Manuskript vor mir: darin enthalten die Geschichte (und auch die dazugehörenden Geschichten) des Theaters, der Einfluss der Regisseure, die Intrigen hinter den Kulissen und die Porträts der großen Mimen …

… nur etwas fehlte noch. Die Erklärung des Titels: Warum, um Himmels willen, sollte das Publikum an allem schuld sein?

Ich überlegte, las mein Manuskript von vorn nach hinten und von hinten nach vorn, begann auch schon einmal in der Mitte – aber dem Publikum war beim besten Willen keinerlei Schuld anzulasten.

Nicht einmal das Zipfelchen einer Schuld.

An eine Änderung des Titels war nicht mehr zu denken, er schien bereits in allen Verlagsprospekten auf, war in Werbeaussendungen an Buchhandlungen verschickt worden – mit einem Wort: *Schuld ist nur das Publikum* war unumstößlich.

Ich begann zu verzweifeln, ackerte abermals sämtliche Literatur zum Thema Theater durch, derer ich habhaft werden konnte, und gelangte immer mehr zu der Ansicht, dass das Publikum vollkommen schuldlos ist.

Aber das durfte es nicht sein, denn der Titel stand fest.

Bis ich – endlich! – in einem Theaterbüchlein die Erklärung fand: Bayerns König Ludwig II. ließ für sich so genannte »Separatvorstellungen« aufführen. Sein Hoftheater in Meiningen musste an diesen Abenden leer sein, der Monarch saß mutterseelenallein in seiner Loge, und die Schauspieler agierten nur für ihn und sonst niemanden. Sie sprachen ihren Text, wie an den anderen Abenden auch. Dieselben Akteure, dieselben Worte, dieselben Kostüme und Kulissen, alles war wie immer. Und doch: die Mitwirkenden hinterließen uns, dass ihre Stimmen kläglich dahin schmolzen, die Gebärden ausdruckslos im Nichts zerflatterten. Ihren Aktionen fehlte Leben, sie sprachen ihren Text, aber sie fühlten ihn nicht. Und daher geht's eben nicht ohne Publikum, man kann ohne Publikum nicht spielen.

Schuld ist nur das Publikum.

Danke, lieber König Ludwig, ich hätte nicht gewusst, wie ich ohne Sie den Titel dieses Buches erklären hätte sollen.

Fasziniert hat der Berufsstand des Mimen immer schon. Ob zu den Urzeiten des Menschen, da Tanz und Grimasse Ausdruck der Fruchtbarkeit waren, ob im klassischen Altertum oder gar erst in unseren Tagen, da die Schauspieler zu Idolen wurden. Ihr sozialer Aufstieg ist unvergleichlich: Im alten Rom noch Sklaven, im Mittelalter »mit dem Teufel im Bunde«, versteckte man auch vor hundert Jahren noch »die Wäsch«, wenn die Komödianten kamen.

Wer aber war der erste Schauspieler auf Erden?

Die Ur-Schauspieler lebten vor gut 50 000 Jahren, am Ende der Altsteinzeit. Sie standen auf keiner Bühne, ihr Spiel inmitten der Stammesbrüder diente vielmehr ganz profanen Zwecken: Im Tanz vermittelten sie der jeweils jüngeren Generation zwei lebenswichtige Erfahrungen: wie man sich Nahrung beschafft und wie man sich – fortpflanzt! Wie die späteren *Romeo-und-Julia*-Darsteller spielten sie ihrem Publikum die Liebe vor, wenn auch mehr auf das Körperliche als auf das Seelische konzentriert.

Wahre Schauspielkunst konnte sich freilich erst mit dem Entstehen der Schriftzeichen entfalten. Waren die frühen Mimen ausschließlich auf ihr Improvisationstalent angewiesen, so schuf die sich im griechischen Altertum neu etablierende Berufsgruppe der Schriftsteller die literarischen Voraussetzungen, dass sich aus vormals kultischen Handlungen Kunstwerke entwickelten. Dichter wie Sophokles und Aristophanes verhalfen mit ihren Tragödien und Komödien dem Theater zu seinen ersten Höhepunkten.

Der wohl bekannteste Name unter den altgriechischen Schauspielern ist Thespis, der um 530 v. Chr. die erste Tragödie aufführte. In seinen Anfängen angeblich mit einem Wagen (»Thespiskarren«) für eine Art Wanderbühne unterwegs, erhielt er später in Athen ein festes, vom Staat bezahltes Engagement, bei dem er an jedem Abend in mehreren Rollen auftrat. Allerdings musste Thespis seine Verse eher brüllen als sprechen, da das gigantische Rund des oben offenen Dionysostheaters bis zu 17 000 Zuschauer fasste.

Um einen Schritt weiter gingen die Akteure in Rom, die sich bereits zu kleinen Spielgruppen vereinigten. Die Römer waren die ersten, die ohne Masken auftraten – und sie waren es auch, die den Starkult einführten. Manche dieser »Stars« hielten sich eigene Sklaven, zu deren Aufgabe es gehörte, zufällig vorbeikommende Passanten durch Zuruf darüber aufzuklären, wer ihnen sogleich begegnen würde.

Doch im Gegensatz zu ihren Kollegen in Athen, wo Schauspieler angesehene, vom Kriegsdienst befreite und auch sonst privilegierte Mitbürger waren, gehörte das Heer der römischen Mimen, so sie nicht als Stars eine Sonderstellung hatten, dem niedrigsten sozialen Status an. Der Großteil war unfrei – es gab nicht wenige römische Edelmänner, die gut von den Einkünften leben konnten, die ihnen ihre Schauspieler-Sklaven abliefern mussten.

Im römischen Theater gibt es die Rollen der Liebhaber, der Narren und der untreuen Ehefrauen – wobei Frauen in Rom erstmals auch von Frauen verkörpert wurden. Die größte »Karriere« machte die durch ihre ebenso witzigen wie schamlosen Auftritte bekannt gewordene Akteurin Theodora, die um 520 n. Chr. Gattin des Kaisers Justinian wurde und von da an wegen ihrer Rachsucht überaus gefürchtet war.

Durch das Vordringen römischer Legionen nach Norden lernten die Germanen das Mimentum kennen. Römische Gaukler gelangten in Begleitung der Truppen über den Rhein und fanden in deutschen Landen ein dankbares Publikum. Es waren vor allem freigelassene und entlaufene Gladiatoren, die in der Fremde ihr Glück suchten und sich mit den germanischen Volkssängern vermischten.

Das muntere Völkchen der Possenreißer zog musizierend, mimend und tanzend durch die deutschen Lande, fristete ein karges Leben und wurde von der Kirchenkanzel herab zu »Genossen des Teufels« erklärt. Das Konzil zu Aachen befahl im Jahre 816 den Geistlichen, »Festlichkeiten, zum Beispiel Hochzeitsfeiern an fürstlichem Hofe, sofort zu verlassen, sobald Gaukler und Spielleute auftreten«.

Schauspieler, in einem Atemzug mit Tieren genannt, waren im Mittelalter rechtlos, gehörten keinem Stande an, galten als unehrliche Leute. Welch großer Schritt von hier zu den Stars unserer Zeit, die sich dem sie anhimmelnden Publikum in ihren Villen, im Rolls-Royce und im Privatjet präsentieren.

Die Lieder, Fastnachtsspiele, Tragödien und Komödien des Nürnberger Schuhmachers und Meistersingers Hans Sachs (1494 bis 1576) bilden den Übergang zur Neuzeit. Sie wurden von verschiedenen Truppen in geräumigen Privathäusern, Klöstern und Gasthaussälen, meist ohne Dekoration, aufgeführt. Wirklich professionell wurde das Theaterspielen in Italien, wo in dieser Zeit die Commedia dell'arte entstand. Die in der Renaissance wieder entdeckten Inhalte der Antike wurden mit aktuellen Themen aufgefrischt und von maskierten Stegreifspielern dargestellt. »Signori comici sono arrivati!«, rief ein Mitglied der Theatergesellschaft aus und schlug auf die Trommel, um für die abendliche Vorstellung im Palazzo der Stadt, in der Osteria oder einer zur Bühne umfunktionierten Jahrmarktbude zu werben. Ihm folgten mit ohrenbetäubendem Lärm die schönsten Künstlerinnen und andere Mitglieder der Truppe, die Figuren wie den Capitano, den sizilianischen Dottore, den venezianischen Kaufmann Pantalone, die Diener Arlecchino und Truffaldino oder das verführerische Dienstmädchen Colombina spielten.

Professionelles Theaterspielen: Figuren der Commedia dell'arte im 15. Jahrhundert

Zum ersten Mal nach tausend Jahren erlangten die Komödianten sowohl in der Bevölkerung als auch bei Hof wieder eine gewisse Form der Anerkennung. Tourneen führten sie durch Europa, sie spielten in London, Paris, Dresden, Prag, Wien.

Die Entfaltungsmöglichkeiten des Schauspielers waren letztlich immer abhängig von den Dichtern ihrer Zeit. Goldoni in Italien, Lope de Vega in Spanien, Shakespeare in England, Molière in Frankreich, Goethe in Deutschland und Grillparzer in Österreich schufen Meisterwerke, die den Schauspielern die Grundlagen ihrer Kunst lieferten.

Shakespeare, 1564 in Stratford-on-Avon als Sohn eines Handschuhmachers geboren, war Dichter und Schauspieler. Er selbst wies seine Kollegen Taylor und Lowin, die als Erste seinen *Hamlet* und seinen *Heinrich VIII.* verkörperten, in ihre Rollen ein. Die Leseproben fanden im Wirtshaus statt, die Aufführungen in dem von seiner Truppe gegründeten Globe Theatre in London. Shakespeares realistische Figuren eroberten die Bühnen in aller Welt.

Anfangs freilich ohne jeden literarischen Anspruch. Die Kunde von Shakespeares Dramen sprach sich zwar unter den Theaterleuten anderer Länder schnell herum, doch seine Texte sollten England noch lange nicht verlassen. So wurden die Inhalte von *Romeo und Julia* oder *Was ihr wollt* in freiem Spiel und ohne Nennung des Autors »nachempfunden«.

Es muss schrecklich gewesen sein!

Als *Othello* dann im 18. Jahrhundert in der ersten deutschen Übersetzung des Originals aufgeführt wurde, fielen die Hamburgerinnen reihenweise in Ohnmacht, und *König Lears* Flüche, die auf seine Töchter niederprasselten, verursachten Fehlgeburten. Man musste sich mit der neuen Form der dramatischen Kunst erst vertraut machen.

Goethe, der in Weimar eine Dilettantenbühne leitete, ließ seinen neuen Helfer Johann Peter Eckermann in 91 Paragrafen *Regeln für Schauspieler* niederschreiben, in denen er auf die Beherrschung der Sprache und der Bewegung (§ 1) ebensolchen Wert legte wie auf »gesteigerte Rezitation« (§ 20) und Körperhaltung: »Brust herausgekehrt, die obere Hälfte der Arme bis an die Ellbogen etwas an den Leib geschlossen« (§ 37). Um schließlich zusammenzufassen: »Alle diese Vorschriften mache man sich zu eigen und übe sie stets aus, dass sie zur Gewohnheit werden. Das Steife muss verschwinden und die Regel nur die geheime Grundlinie des lebendigen Handelns werden.« Schauspieler, die gegen Goethes Regeln verstießen, wurden mit Stubenarrest bestraft.

Naturgemäß ist die Schauspielkunst in jeder Generation neuen Strömungen unterworfen. Zählte es zu Goethes Zeiten zu den edelsten Pflichten des Mimen, sich »durch Verleugnen des eigenen Ichs« der Kunst des Dichters zu unterwerfen, so glaubte Max Reinhardt an das pure Gegenteil: »Das Heil kann nur vom Schauspieler kommen«, sagte er, »denn ihm und keinem anderen gehört das Theater.«

Dass die Stimmen von Albert Bassermann oder Alexander Moissi, auf Platte konserviert, in ihrem übertriebenen Pathos heute kaum verständlich sind, ist nicht deren »Schuld«, sondern liegt an den Strömungen ihrer und unserer Zeit. Auch Josef Kainz wäre, lebte er heute, selbstverständlich modern, knapp, sachlich, schlicht, er würde »unsere Sprache sprechen«.

»Die Probe hat angefangen«, soll ein Inspizient des alten Burgtheaters einmal gesagt haben, »und schon wird unnatürlich geredet.« Heute wird an Schauspielschulen gelehrt: »Man deklamiert nicht, man rezitiert nicht – man spricht!«

Wien hatte sein erstes »Comödi-Haus« bereits 1651 in der Himmelpfortgasse, weitere »Ballhäuser« am Franziskanerplatz und in der Teinfaltstraße folgten. Sie alle waren sehr unsicher gebaut, so dass sich die Stadt Wien 1708 entschloss, am Kärntnertor einen richtigen Theaterbau für Komödianten zu errichten. Josef Anton Stranitzky war sein erster Schauspieler und Prinzipal, dessen berühmte Maxime lautete: »Die Bühne ist so heilig wie der Altar, die Probe wie die Sakristei.«

Weniger »heilig« waren die lasziven Stegreifburlesken, die er aufführte. War Stranitzkys Hanswurst noch eine bäuerliche Volkstype, so wurde diese unter seinem Schüler und Nachfolger Gottfried Prehauser zutiefst wienerisch. In den achtziger Jahren des 18. Jahrhunderts wurden das Theater in der Leopoldstadt, das Theater an der Wien und das Theater in der Josefstadt gegründet, an denen die Wiener Lokalposse entstehen konnte. Raimund und Nestroy waren deren wichtigste Schöpfer und Interpreten. Im Mittelpunkt ihrer Stücke stand, typisch wienerisch, der Komiker.

In der Hierarchie des Theaters gibt es den Ersten und den Zweiten Helden, die Intriganten und jugendlichen Liebhaber, den Bösewicht, den Bonvivant, die Offiziere und Aristokraten, die Mütter, Salondamen und Töchter, die Soubrette und die Naive, die allesamt mit unterschiedlichem Status agieren. Vielfach unterschätzt wird aber der Komiker – manchmal gar despektierlich als Vertreter des »Charleytantismus« bezeichnet. Dabei gehört gerade sein Geschäft, das Publikum zum Lachen zu bringen, zum schwierigsten überhaupt. »Hanswurst« Prehauser warf sich, als das Publikum am Kärntnertor einmal auf seine Scherze nicht reagierte, auf die Knie und flehte es inständig an: »Ich bitte Sie, um Himmels willen, lachen Sie über mich!« Von einem anderen Komiker, der nicht ankam, sind die Worte überliefert: »Herrschaften, lacht's bitte. Es hat doch alles so viel gekostet!«

Im Jahre 1776 erhielt Wien ein Bühnenhaus, das bald zum bedeutendsten im deutschen Sprachraum werden sollte: das von Kaiser Josef II. gegründete Hof-Burgtheater. Der »kleine Mann« freilich kam dort nie hin, er sah nichts anderes als Schmierenkomödianten – Schauspieler, die von einem Dorf zum anderen zogen, in Schuppen und Wirtshäusern auftraten, ehe sie sich, so Talent vorhanden, in die viel angesehenere »Provinz« oder gar in ein städtisches Theater hochspielten. Die soziale Stellung des »fahrenden Volkes« (das eigentlich ein »gehendes« war) beleuchtet ein Erlebnis Emanuel Schikaneders, der in seinen jungen Jahren zu einer Wanderbühne gehörte:

In der Nähe von Krain bat der spätere Librettist der *Zauberflöte* nach stundenlangem Fußmarsch, schwitzend und zum Umfallen erschöpft, auf dem Feld arbeitende Bauern um einen Krug Wasser, den man ihm und seinen Kollegen auch reichte. Als kurz danach heftig einsetzender Hagelschlag das Getreide vernichtete, glaubten die Bauern, das Gewitter sei die Strafe Gottes dafür, dass sie »den Komödianten« geholfen hatten. Sie liefen ihnen hinterher, griffen sie mit ihren Sensen und Heugabeln an, wobei mehrere Mitglieder der Truppe verletzt wurden.

Immer noch standen die Schauspieler so tief unten im gesellschaftlichen Leben, dass man sich vor einem Kontakt mit ihnen fürchten musste!

Der berühmteste aller Schmierenkomödianten hat nie gelebt – und doch gab es ihn tausendfach: »Wissen Sie denn überhaupt, was 'ne Schmiere ist?«, fragt der sächsische Theaterprinzipal Emanuel Striese in dem Schwank *Der Raub der Sabinerinnen*. »Ja, ich gebe zu, wir ziehen von eenem Ort zum anderen und meine Schauspieler kriegen fast keene Gage, aber dafür leisten sie mehr als manche Hofschauspieler! Mein erster Heldendarsteller, der früher Schneider war, der macht Ihnen aus 'nem Bettlerkleid 'ne römische Toga, dass Sie keen' Unterschied merken. Meine Frau kocht für das ganze Ensemble. Magenschmerzen kuriert unser Beleuchter, der früher Apotheker war ... Und wie anhänglich mir die Leute sind. Meine jugendliche Naive, die bereits 18 Jahre bei mir engagiert ist, die legt Ihnen noch heute 'n Gretchen hin, dass der Faust ihr 'n Kind machen muss – ob er will oder nicht. Und der Gute ist auch keen

Jüngling mehr, das können Sie mir glauben. Sehen Sie, das wird an eener Schmiere geleistet!«

Immerhin haben Josef Kainz, Werner Krauß, Emil Jannings und Hans Moser auf dieser untersten Stufe des Theaterbetriebs begonnen.

Was Max Reinhardt für die deutschsprachige Bühne, ist Stanislawski für Russlands Theaterkunst. Der Schauspieler Konstantin Stanislawski (1863 bis 1938) gründete das Moskauer Künstlertheater, dessen Ensemble er als autoritärer Regisseur führte. Er inszenierte Tschechow, Gorki und Turgenjew, wobei es ihm darum ging, dass seine Schauspieler so wirklichkeitsgetreu wie nur irgend möglich »in der Rolle leben«.

Eine Episode macht seine Arbeitsweise deutlich: eine Schauspielschülerin soll Erwartung, Ungeduld, Spannung zeigen. Sie beginnt heftig zu spielen, läuft aufgeregt herum, mimt Verzweiflung, gibt sich große Mühe – und es wird nichts.

Stanislawski schüttelt den Kopf: »Moment mal, ich gebe Ihnen eine andere Aufgabe.« Er nimmt sein Notizbuch aus der Tasche, blättert, sucht. Die junge Schauspielerin steht – wartend – daneben.

»Großartig«, sagt Stanislawski, »jetzt waren Sie gut.«

»Aber ich habe doch gar nichts gemacht.«

»Eben darum. Jetzt haben Sie wirklich gewartet. Halten Sie diesen Ausdruck bitte fest.«

Film und Fernsehen gaben dem Schauspieler des 20. Jahrhunderts ein neues Betätigungsfeld. Dabei war es vorerst verpönt, »für den Kintopp« zu arbeiten. Werner Krauß genierte sich für seinen ersten Film dermaßen, dass er sich einen Bart anklebte, »damit mich der Reinhardt nicht erkennt, wenn er ins Kino geht«.

Viele Namen, für alle Zeiten mit der Geschichte des Theaters und des Schauspielerberufs verbunden, wären noch zu nennen. Lessing, Ibsen, Strindberg, Wedekind und Bert Brecht; die Duse, Gründgens und die Giehse; Piscator und Leopold Lindtberg; Thomas Bernhard, Wolfgang Bauer, Peter Turrini ... – Dichter, Regisseure, Schauspieler, Kostüm- und Bühnenbildner, Dramaturgen, Kritiker – sie alle machen das Theater aus.

Und das Publikum. Das, wie wir ja wissen, an allem schuld ist.

Meine Reisen an den Hof des Kaisers

»Hilfe, Mörder! Ein Attentat!«

Wie Kaiser Franz Joseph einen Mordanschlag überlebte

Eigentlich wollte Kaiser Franz Joseph an diesem Abend einen Hofball besuchen. Denn seine Mutter Sophie hatte ihre Schwester, die bayrische Herzogin Ludovika, und deren Tochter Helene nach Wien eingeladen. Was der 23-jährige Franz Joseph nicht wissen konnte, war der Umstand, dass er an diesem 18. Februar 1853 mit der Prinzessin verkuppelt werden sollte.

In den Mittagsstunden des kalten Wintertages unternimmt der Monarch in Begleitung seines Flügeladjutanten Oberst Maximilian O'Donell einen Spaziergang, der ihn von der Hofburg zur Bastei am Kärntner Tor führt.

Etwa auf der Höhe der heutigen Staatsoper bleibt Franz Joseph kurz stehen, um eine Truppe beim Exerzieren zu beobachten. In diesem Augenblick stürzt sich ein junger Mann auf den Kaiser. Es ist der 21-jährige Schneidergeselle János Libényi, und er hält ein Messer in der Hand. Der gebürtige Ungar sticht zu, worauf Franz Joseph blutüberströmt an der Mauerbrüstung zusammenbricht.

Somit wäre die Ära Franz Joseph um ein Haar nicht die längste, sondern eine der kürzesten in der Geschichte der Habsburgermonarchie geworden. Doch das Schicksal hat es noch einmal gut gemeint mit dem Kaiser, denn während Libényi auf ihn zuläuft, erfasst eine Passantin – deren Name nie eruiert werden konnte – die Situation und schreit laut auf.

Durch die Schreie der Frau irritiert, dreht sich Franz Joseph ruckartig um – und wehrt dadurch das zweischneidige Messer des Attentäters ab. Die Waffe durchtrennt Uniformkragen, Hemd und Krawatte, dringt aber nur wenige Zentimeter in den Nacken ein. Die schnelle Bewegung hat das Leben des Kaisers gerettet.

Doch Libényi will ein zweites Mal zustechen. Adjutant O'Donell, ein Offizier irischer Abstammung, brüllt »Hilfe, Mörder! Ein Attentat!« und versucht gleichzeitig, den Schneider zu überwältigen. Noch ist der Ausgang des Zweikampfs ungewiss, da eilt der zufällig des Wegs kommende Josef Ettenreich zu Hilfe. Der 53-jährige Fleischhauer wirft den Attentäter zu Boden, entreißt ihm das Stilett. Jetzt strömen auch andere Passanten zum Tatort und schlagen auf den Schneider ein. Die meisten von ihnen haben gar nicht erkannt, dass das Opfer des Mordanschlags ihr Kaiser ist – sie halten ihn für einen jungen Offizier. Franz Joseph soll ihnen zugerufen haben: »Schlagen Sie ihn doch nicht, lassen Sie ihn am Leben!«

Während der Attentäter von Polizisten festgenommen wird, geleitet Graf O'Donell den verletzten Kaiser zum nahen Palais des Erzherzogs Albrecht. Hier, in den Räumen der heutigen Albertina, wird Franz Joseph ärztlich versorgt; eine erste Untersuchung ergibt, dass der Hinterhauptknochen des Kaisers verletzt wurde, viel gefährlicher aber ist die Tatsache, dass die Klinge des Messers, das der Täter wenige Tage zuvor auf dem Tandelmarkt erworben hatte, unsauber war. Die Wunde begann zu eitern – damals eine nicht ungefährliche Komplikation. Ein Jahr lang litt der Kaiser an den Folgen des Anschlags; man befürchtete sogar, er würde sein Augenlicht verlieren.

Da der Monarch längere Zeit rekonvaleszent blieb, reisten Herzogin Ludovika und Prinzessin Helene wieder ab, ohne dass sich das junge Paar getroffen hätte. Die beiden lernten einander erst im darauf folgenden Sommer in Bad Ischl kennen – wo Franz Joseph sich aber in Helenes jüngere Schwester Elisabeth verliebte.

Als bei Hof der erste Schock überwunden war, registrierte man eine Begleiterscheinung des Attentats, mit der niemand gerechnet hatte. Der in seinen Jugendjahren farblos wirkende Franz Joseph war vorerst alles andere als populär gewesen. Nach der Vollstreckung zahlreicher Todesurteile als Gegenschlag zur ungarischen Revolution hatte man ihn den »blut-jungen Kaiser« genannt. Erst nach dem Mordanschlag gewann er – unterstützt von einer gewaltigen Mitleidswelle – zusehends die Sympathien seiner Völker.

Die Niederschlagung der ungarischen Revolution war es auch gewesen, die János Libényi zu der Tat verleitet hatte. Während er zustach, rief er auf Ungarisch die Worte »Éljen Kossuth« – es lebe Ludwig Kossuth, jener Revolutionär, der 1849 die ungarische Republik ausgerufen hatte und nun vom Exil aus die Loslösung Ungarns von Österreich propagierte.

Als drei Jahre nach dem Attentat in Anwesenheit von achtzig Bischöfen der Grundstein zu der vom Architekten Heinrich Ferstel geplanten neugotischen Votivkirche gelegt wird, ist Franz Joseph bereits mit seiner »Sisi« verheiratet. Sein Bruder Erzherzog Maximilian, der spätere Kaiser von Mexiko, hat nach dem missglückten Mordversuch den Bau der Gedächtniskirche angeregt, »zum Zeichen der Dankbarkeit für die Rettung unseres Kaisers aus drohender Lebenslage«.

Die beiden Lebensretter O'Donell und Ettenreich wurden hoch dekoriert, der Fleischhauer als Josef Ritter von Ettenreich sogar in den erblichen Adelsstand erhoben, ihm zu Ehren wurde eine Gasse in der Vorstadt Favoriten benannt. Und die Votivkirche wurde nach

23-jähriger Bauzeit anlässlich der Silberhochzeit des Kaiserpaares an der neu gestalteten Ringstraße eingeweiht.

Beim Wettbewerb zum Bau des Gotteshauses waren 75 Projekte eingelangt, wobei der erst 25-jährige Ferstel die Ausschreibung gewann. Danach baute er auch die neue Universität, das alte Börsengebäude mit dem Café Central, das Palais Erzherzog Ludwig Viktor am Schwarzenbergplatz und das Museum für Angewandte Kunst. Der Bau der Votivkirche schuf die Voraussetzung für seinen Weg zum berühmten Ringstraßenarchitekten.

Kein Wiener Platz hatte im Lauf seiner Geschichte so viele Namen wie jener, auf dem die Votivkirche steht. Er hieß ursprünglich Maximilianplatz, nach dem Ende der Monarchie Freiheitsplatz, 1934 Dollfußplatz, vier Jahre später Hermann-Göring-Platz, in den ersten Tagen der Zweiten Republik wieder Freiheitsplatz, und seit 1946 heißt er Rooseveltplatz.

Aber genannt haben ihn die Wiener weder so noch so. Sondern immer Votivplatz.

»Erwarten Sie mich im Bett«

Intime Tagebücher

»Er überhäufte mich mit Aufmerksamkeit und Zärtlichkeiten und küsste mich zum Ersticken. Ich schwamm in einem Meer von Glückseligkeit.«

Der da bis »zum Ersticken« küsste, war Kaiser Franz Joseph. Und das intime Tagebuch, dem die leidenschaftlichen Worte entnommen sind, stammt nicht von seiner »Sisi« und auch nicht von der Hofschauspielerin Katharina Schratt. Siebzig Jahre nach seinem Tod ist eine weitere Beziehung des Kaisers bekannt geworden. Dokumentiert durch die Aufzeichnungen der Anna Nahowski, die vierzehn Jahre lang Franz Josephs Vertraute war. Der ungleichen Verbindung Kaiser-Wiener Mädel entstammen sogar zwei Kinder.

Schlagen wir eine Tagebuchseite Annas auf, geschrieben im Frühling 1875, als der damals 45-jährige Kaiser schon seit mehr als zwanzig Jahren verheiratet war. Elisabeth, seine Ehefrau, ist fast immer auf Reisen. Die Schratt sollte er erst Jahre später kennen lernen. Täglich unternimmt Seine Majestät in den frühen Morgenstunden einen Spaziergang durch den Schönbrunner Schlosspark. Eines Tages begegnet er dort einem bildhübschen Mädchen. Obwohl erst fünfzehn Jahre alt, ist Anna auf Wunsch ihrer Mutter bereits mit dem Seidenfabrikanten Johann Heuduk verheiratet. Sie selbst bezeichnet diesen im Tagebuch als »Lump und Kartenspieler«, der sich um sein junges Weib nicht kümmert. Annas Kindheit war mehr als deprimierend, hatte der Tod doch ihren Vater Franz Nowak, einen Korbwarenerzeuger, und sechs ihrer Geschwister hinweggerafft.

Am frühen Morgen des 8. Mai 1875 erlebt sie im Schlosspark von Schönbrunn die erste ihrer schicksalhaften Begegnungen mit dem um dreißig Jahre älteren Kaiser: »Um 6 Uhr früh«, schreibt sie ins Tagebuch, »waren wir im Park und begegneten einem Offizier, der bei meinem Anblick verwundert auf mich starrte und sich nicht satt sehen konnte und unzählige Male nach mir sich drehte. Mein Dienstmädchen sagte mir, dies sei der Kaiser. Wirklich?, frug ich und alles Blut drängte sich zum Herzen. Der Kaiser, auf den ich einen großen Eindruck gemacht haben muss, versuchte mich von allen möglichen Seiten zu begegnen.«

Den 24. Juni desselben Jahres bezeichnet Anna in ihrem Tagebuch als »den glücklichsten Tag meines Lebens«, denn an diesem Morgen sprach sie der Monarch erstmals an. Er trug Generalsuniform, salutierte und sagte: »Sie gehen aber fleißig spazieren.« Anna, die auf einer Steinbank saß, stand auf, »während Röthe mein Gesicht überflog. Ja, Majestät, es ist so schön, sagte ich in meiner Verwirrung.«

Eintragung zwei Tage danach: »Ein trüber Tag, es regnet. Ich trat um 4 Uhr (früh, Anm.) meine Wanderung nach Schönbrunn an. Der Kaiser kommt mir im heftigen Regen beim Badhaus entgegen. Er war erfreut, dass ich trotz des Regens gekommen bin. Wir sprachen über vieles. Plötzlich hielt Er mir seine Hand entgegen, ich wusste nicht, was Er wollte, sollte ich ihm meine Hand geben oder nicht. Gleich darauf umschlang er meine Taille, schnell machte ich mich los und reichte Ihm meine Hand, welche Er herzlich drückte und mit Bewunderung sagte: ›Welch schöne Hand!‹ Ich wollte sie Ihm entziehen, doch Er hielt mich fest … Er beugte sich herab und küsste die Hand. Ich stand verwirrt und wusste nicht, wie mir geschah.«

Dann sagte der Kaiser: »Schönes Mädchen, Frau, oder Kind, was Sie sind, geben Sie mir einen Kuss.« Majestät gehen also forsch 'ran. Anna wagt nicht, ihm in die Augen zu schauen, doch »Er wiederholte die Bitte immer dringender, beugte sich herab, hob meinen Kopf empor, und ich habe Ihn wahrhaftig geküsst«.

So kitschig und stellenweise unglaublich der Inhalt auch klingen mag, an der Echtheit der Aufzeichnungen gibt es keine Zweifel. Die beiden dicken, handgeschriebenen Tagebücher lagerten jahrzehntelang in einem Safe der Österreichischen Nationalbibliothek. Zahlreiche persönliche und detailreiche Schilderungen lassen erkennen, dass Anna den Monarchen tatsächlich sehr gut gekannt hat.

Ein Jahr nach der ersten Begegnung notiert Anna: »Der Kaiser übergibt mir in einem Couvert eine größere Geldsumme, um unsere Verhältnisse zu ordnen. Mein Mann unternahm größere Reisen.«

Auch im September 1878 weilt Johann Heuduk längere Zeit außerhalb Wiens. Da fragt sie der Kaiser, ob er sie in ihrer in Mariahilf gelegenen Wohnung besuchen dürfe. Sein Begehr ist eindeutig: »Wenn ich komme, werden Sie das lästige Mieder nicht haben ... Wissen Sie was, fuhr er fort, wenn Sie mich lieb haben, erwarten Sie mich im Bett.«

Wenige Tage danach war's dann auch soweit. Des Kaisers Besuche erfolgten von nun an regelmäßig. Annas Ehe wurde immer unerträglicher, schließlich ließ sie sich von ihrem Mann – dem sie bereits eine Tochter geschenkt hatte – scheiden, um aber bald darauf den Beamten der k. u. k. Südbahngesellschaft Franz Nahowski zu heiraten. Der Kaiser war mit der neuerlichen Ehe einverstanden, und auch Nahowski muss vom weiterhin andauernden Verhältnis seiner

Frau zum Allerhöchsten Herrn gewusst haben. »Was mich mein Mann gequält hat, spottet jeder Beschreibung. Mit seiner Eifersucht marterte er mich furchtbar.«

Mai 1880. Franz Nahowski wird »auf Befehl von ganz oben« dienstlich nach Galizien geschickt, Anna bleibt in Wien: »Die Besuche des Kaisers werden sehr häufig. Er hat sich bei mir eingewöhnt und ich gehe jetzt seltener hinüber, da der Kaiser lieber zu mir kommt. Nahowski wird nach Nebresina versetzt. Ich fühle, dass jemand die Hand dabei im Spiel hat.«

Franz Joseph spricht offen über seine Zuneigung. »Er ist täglich verliebter. Auch ich bin Ihm gut, und wenn Er bei mir ist, vergesse ich fast auf Nahowski.«

Doch schließlich wird dem Kaiser die oftmalige lange Anreise zur Geliebten zu kompliziert. Im Herbst 1883 übergibt er ihr ein Kuvert mit dem Inhalt von 50 000 Gulden.* Kurze Zeit später kauft Anna Nahowski die Villa Maxingstraße 46, vis-à-vis von Schönbrunn. Preis für Kauf und Renovierung: 30 000 Gulden. Franz Joseph ist jetzt ihr Nachbar. Er besucht sie meist vor fünf Uhr früh. Zum Frühstück werden Kaffee mit Milch und ein Kipferl serviert.

Am 29. Juli 1885 bringt Anna ein Mädchen namens Helene zur Welt. Es sollte später den Komponisten Alban Berg heiraten. Von Helene wird angenommen, sie sei das Kind des Kaisers. Ebenso wie der vier Jahre danach geborene Knabe Franz Joseph. Zwar ist der Nachweis dafür in den Tagebüchern nicht zu finden, dafür aber diese Eintragung, die drei Wochen nach Helenes Geburt erfolgte und einmal mehr von der geradezu unglaublichen Sparsamkeit Franz Josephs zeugt:

---

* Die Summe entspricht lt. Statistik Austria im Jahre 2002 rund 327 000 Euro.

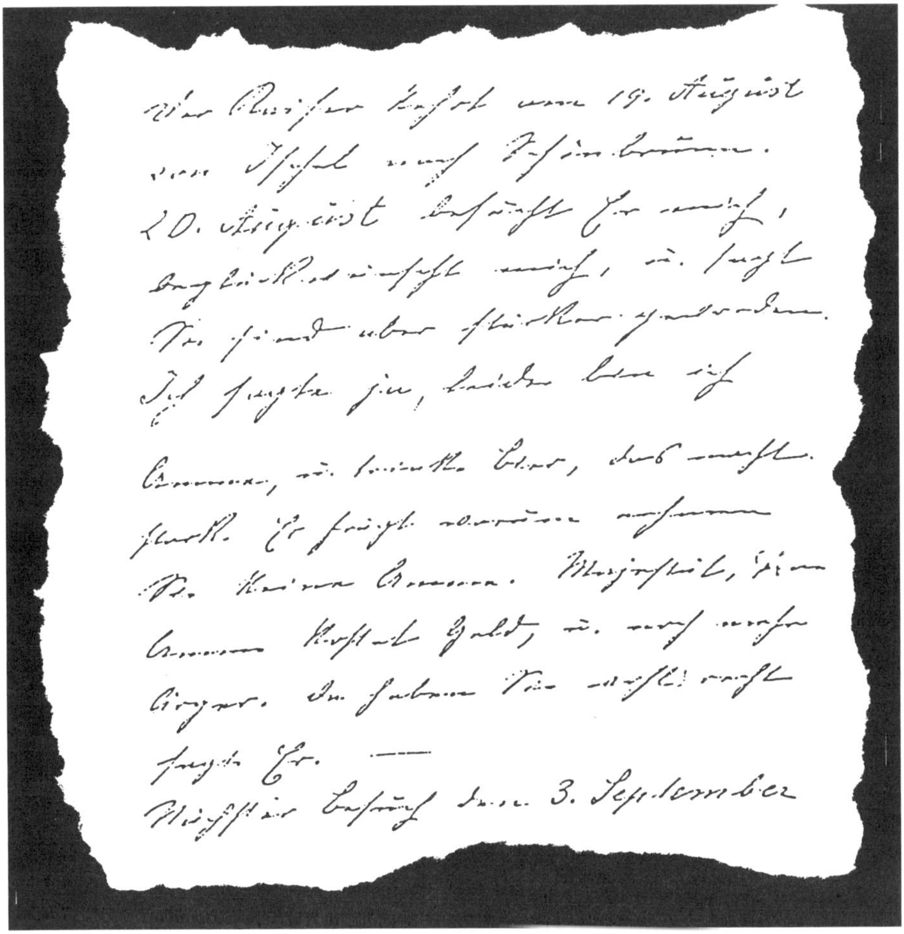

»Der Kaiser kehrt am 19. August von Ischel nach Schönbrunn. 20. August besucht Er mich, beglückwünscht mich, u. sagt Sie sind aber stärker geworden. Ich sagte ja, leider bin ich Amme, u. trinke Bier. Er frägt warum nehmen Sie keine Amme. Majestät, eine Amme kostet Geld, u. noch mehr Ärger. Da haben Sie wohl recht sagte Er. Nächster Besuch den 3. September.«

Ende 1886 kommt es zur Krise zwischen Anna und Franz Joseph. Ganz Wien spricht davon, dass der Kaiser sich in Katharina Schratt verliebt hätte (der er eine andere Villa, nur wenige Meter von der der Nahowski entfernt, schenken sollte). Anna Nahowski ist verzweifelt, spioniert ihm nach, überrascht die beiden im Schönbrunner Park, sie stellt ihn zur Rede, doch Franz Joseph leugnet. Sein immer seltener werdendes Erscheinen begründet der mittlerweile 56 Jahre alt gewordene Monarch damit, »langsam älter« zu werden.

Manchmal erfolgten des Kaisers sporadische Besuche jedoch auch gegen Annas Willen. »Mit einer raschen Bewegung hat er mich erfasst und hielt mich fest. Jeder Versuch, mich freizumachen, war umsonst. Er zog mich mit Gewalt nach meinem Bett, mein zorniges Gesicht mit Küssen bedeckend.«

Bald danach das traurige Ende. 1889 – kurz nach der Tragödie von Mayerling – bittet Friedrich Freiherr von Mayr, der Generaldirektor des Kaiserlichen Familienfonds, die Nahowski in sein Büro in der Hofburg. Nicht der Kaiser teilt ihr mit, dass es »aus« sei, sondern dieser Beamte. Anna ist verbittert, will den langjährigen Geliebten sprechen, wird aber nicht vorgelassen. Sie begegnet ihm nie wieder. Im Auftrag des Kaisers wird sie mit einer großzügigen Summe neuerlich abgefunden. Die Nahowski bestätigt am 14. März 1889 schriftlich den Erhalt des Geldes, »ferner schwöre ich, dass ich über die Begegnung mit Seiner Majestät jederzeit schweigen werde«.

Sie stirbt 1931 im Alter von 71 Jahren in Wien. Ihrer Tochter Helene übergab sie zuvor die Tagebücher, die diese später der in der Nationalbibliothek befindlichen *Alban-Berg-Stiftung* anvertraute.

Ich sollte im August 1986 den einzigen Enkel der Nahowski treffen. Professor Hans Lebert* empfing mich in seiner Gründerzeitvilla in Baden bei Wien und stellte von Anfang an klar, dass es für ihn an der Echtheit der Tagebücher keinen Zweifel gibt. »Jeder von uns in der Familie hat über deren Existenz Bescheid gewusst.«

* Hans Lebert, Erzähler, Lyriker, Opernsänger, 1919 bis 1993.

Was war so faszinierend an seiner Großmutter, dass sie der Kaiser von Österreich begehrte und 14 Jahre lang ihr Geliebter blieb?

»Sie ist eigentlich eine sehr einfache Frau gewesen«, erinnerte sich ihr Enkel, der zwölf Jahre alt war, als sie starb. »Besonders vornehm war sie nicht, meine Großmutter hat breiten Wiener Dialekt gesprochen. Aber in ihrer Jugend, als sie den Kaiser kennen lernte, ist sie sehr schön gewesen. Ein dralles Mädchen, wie das damals modern gewesen ist.«

Als der Kaiser längst tot war, hat sie immer noch um ihn getrauert »und damit ihrem Mann Franz Nahowski das Leben zur Hölle gemacht. Ich erinnere mich, dass in Großmutters Schlafzimmer bis zu ihrem Tod ein gerahmtes Bild Franz Josephs mit Trauerflor hing. Sie hat es einfach nicht verkraftet, nicht mehr die Mätresse des Kaisers zu sein, sondern eben nur eine einfache Bürgersfrau«.

Anna Nahowski brachte insgesamt vier Kinder zur Welt. Johann Heuduk, ihr erster Mann, war mit Bestimmtheit der Vater ihrer ältesten Tochter Carola. Doch als die Kinder ihrer zweiten Ehe geboren wurden, war sie – wie die Tagebücher jetzt offen legen – längst mit dem Kaiser liiert. Tochter Helene und Sohn Franz Joseph, »Franzl« gerufen, gelten als die Kinder des Monarchen.

Helene, Jahrgang 1885, hatte Gesang studiert und war in späteren Jahren mit Alban Berg, dem weltberühmten Komponisten der Opern *Wozzek* und *Lulu*, verheiratet. Sie war eine überaus interessante und schillernde Persönlichkeit, wurde von Alban Berg abgöttisch geliebt und als seine Muse bezeichnet. Der Wiener Schriftsteller und Alban-Berg-Biograph Erich Alban Berg – ein Neffe des Komponisten – kannte Helene Berg sehr gut. Am 18. Februar 1973 führte er mit seiner Tante ein Gespräch, das er auf Tonband festhielt. Hier ein Auszug, der dokumentiert, dass auch sie davon überzeugt war, mit dem Kaiser verwandt zu sein: »Dem Franzl (Helenes Bruder Franz Joseph, Anm.) hat er eine Uhr geschickt, der Kaiser, da war in Email das Jugendbild vom Kaiser drauf, das lange, schmale Gesicht, wie es auch der Franzl g'habt hat … «

Man sprach zu Hause offen von einer Familienähnlichkeit, wobei auch die Wahl des Vornamens nicht uninteressant ist.

Helene Berg weiter in dem Tonbandprotokoll: »Später, da waren wir schon erwachsen … da sind wir die Maxingstraße hinaufgegangen nach Haus, die Mama in der Mitte, und da ist der Kaiser mit dem Tschako an uns vorbeigefahren – und den hat's gerissen. Da ist er die ganze Zeit bis zur Gloriettegasse, wo er eingebogen ist, verkehrt gesessen und hat uns nachgeschaut.«

Nicht nur innerhalb der Familie, auch im Freundeskreis sprach man von der Möglichkeit eines kaiserlichen Herrn Papa. Der Dirigent Bruno Walter deutet das in seinen Memoiren ebenso an wie Alma Mahler-Werfel. Und Peter Altenberg, der Helene verehrte, schreibt: »Und wäre sie keine Tochter des Kaisers, wäre sie dennoch eine Kaiserstochter.«

Weniger glücklich als Helenes ausgefülltes Leben verlief das ihres Bruders Franz Joseph. Der 1889 geborene, ebenfalls als möglicher Sohn des Kaisers bezeichnete Knabe wurde von Kindheit an von einem schweren Nervenleiden geplagt. Franz Joseph Nahowski wird zwar als talentierter Maler und Modelleur beschrieben, musste aber viele Jahre in geschlossenen Anstalten zubringen. Am 18. August 1930, dem hundertsten Geburtstag Kaiser Franz Josephs, trennte er sich in der Kapuzinergruft mit einem Rasiermesser den kleinen Finger seiner linken Hand ab und deponierte ihn »als Sühne«, wie er sagte, am Sarkophag des Kaisers. Er wurde daraufhin in die Nervenklinik »Am Steinhof« eingeliefert. 1942 starb er in den Armen seiner Schwester Helene, die ihn gemeinsam mit Alban Berg rührend umsorgt hatte.

»Fragte man meine Tante Helene dezidiert, ob der Kaiser ihr Vater war«, erinnerte sich Hans Lebert, »hat sie nur tiefsinnig gelächelt. Eine Antwort war nicht aus ihr herauszubekommen.« Fest steht, dass Annas Ehemann Franz Nahowski in dem Jahr vor Helenes Geburt auf Befehl »von ganz oben«, wie es in den Tagebüchern heißt, als Beamter der k. u. k. Südbahngesellschaft im fernen Galizien seinen Dienst versah.

Ja, und dann war da noch Hans Leberts Mutter Anna, die um zwei Jahre ältere Schwester Helenes. Sie gilt als Annas Tochter aus zweiter Ehe. Tagebucheintragung kurz nach der Geburt: »Das Kind gedeiht prächtig und hat dasselbe Gesicht wie der Nahowski.« Trotzdem gab es auch in diesem Fall Gerüchte einer kaiserlichen Abstammung, die Professor Lebert so kommentierte: »Mir persönlich wäre es jedenfalls lieber, kein Enkel des Kaisers zu sein.«

Auf Tonband vermerkte Helene Berg noch, dass sie die Tagebücher ihrer Mutter »absichtlich nicht verbrannt« hat. Seinerzeit hatte sie die Schriftstücke Franz Werfel gezeigt, der sich aber gegen eine Veröffentlichung aussprach. 1976 verstarb Helene Berg im Alter von 91 Jahren. In ihrem Testament verfügte sie, dass die Aufzeichnungen ihrer Mutter drei Jahre nach ihrem Tod, also 1979, der Öffentlichkeit übergeben werden dürften. 1986 gab die Nationalbibliothek die Tagebücher dann tatsächlich frei.

Die Geheimehe

Kaiser Franz Joseph und die Schratt

Als im Herbst 1982 meine Biografie über die Schauspielerin Katharina Schratt erschienen war, gab es einen ziemlichen Wirbel in Österreich. Kaiser Franz Joseph I. und seine langjährige Seelenfreundin, stand da zu lesen, seien eine Geheimehe eingegangen. Das durfte nicht sein, auch wenn die Monarchie längst nicht mehr existierte, Kriege und Revolutionen die Welt verändert hatten, das war zu viel.

Also meldete sich sofort die damals in der Schweiz lebende Ex-Kaiserin Zita zu Wort und behauptete, dass »Kaiser Franz Joseph natürlich nicht mit Katharina Schratt verheiratet« gewesen sei.

Als »die letzte Kronzeugin der Monarchie« freilich ein halbes Jahr später verkündete, Kronprinz Rudolf sei in Mayerling von dunklen Mächten ermordet worden, begannen die Geschichtsforscher Zitas Aussagen in Frage zu stellen: »Wenn die Enthüllungen der Kaiserin so weitergehen, wie sie jetzt sind, wird das nur eine Seifenblase sein«, meinte etwa die Historikerin Brigitte Hamann. »Das ist schade, denn von einer Zeugin der Geschichte könnte man ein wahrhaftiges Zeugnis erwarten. Wir wären glücklich, wenn wir durch Zita an neue Quellen kämen, aber das, was die ehemalige Kaiserin berichtet, ist keine Quelle, das ist Tratscherei.«

Aus ihrer »Mordtheorie« von Mayerling ergab sich, dass man Zitas Behauptung, Franz Joseph sei »natürlich nicht mit Katharina Schratt verheiratet« gewesen, ebenso anzweifeln kann. Es ist auch nicht anzunehmen, dass die spätere Kaiserin je von dieser Eheschließung informiert worden wäre.

Der Historiker Adam Wandruszka – wohl der profundeste Kenner des Hauses Habsburg – war jedenfalls aufgrund der von mir vorgelegten Indizien und Zeugenaussagen »überzeugt, dass der Kaiser und die Schauspielerin eine Geheimehe eingegangen sind«.

Versetzen wir uns in die letzten Jahre der Monarchie. Ein alter Herr, von den Lasten eines sorgenreichen Lebens gezeichnet, und eine um 23 Jahre jüngere Frau betreten das Erzbischöfliche Palais auf dem Wiener Stephansplatz. Ein Priester geleitet sie in die Andreaskapelle, wo die beiden getraut werden. Sie gehen eine Ehe ein, die »vor Gott« geschlossen, vor der Öffentlichkeit aber geheim gehalten wird. Dieses Paar konnte und durfte keine »normale« Hochzeit feiern. Denn er war der Kaiser von Österreich und sie die Tochter eines Schnittwarenhändlers aus Baden bei Wien, von Beruf Schauspielerin. Beide waren verwitwet. So unterschiedlich ihre Herkunft, ihr gesellschaftlicher Rang auch gewesen sind, zum Zeitpunkt dieser Eheschließung verband sie doch eine rund drei Jahrzehnte andauernde Romanze, wie sie in der Geschichte der österreichisch-ungarischen Monarchie einmalig ist.

»Gewissensehe« nennt die katholische Kirche die geheim zu haltende Legalisierung einer Verbindung. Damals wie heute werden solche Gewissensehen äußerst selten eingegangen, denn normalerweise will man seinen Partner vor Zeugen und vor der Öffentlichkeit heiraten.

Diese Hochzeit musste aber geheim bleiben, da ein Kaiser und eine Schauspielerin nicht heiraten durften. Wie aber kam es, dass das Geheimnis ihrer Trauung Jahrzehnte nach der Zeremonie gelüftet wurde?

Um dies zu ergründen, werfen wir einen Blick in das Jahr 1934. Der Kaiser war seit 18 Jahren tot, Katharina Schratt lebte, mehr als achtzig Jahre alt, zurückgezogen in Wien. Die noch junge und doch schon wieder im Sterben befindliche Erste Republik hatte gerade einen Bürgerkrieg, der Hunderte Tote und Verwunderte forderte, überstanden.

Vier Monate nach den »Februarkämpfen« des Jahres 1934 wollte ein junges Paar heiraten. Dieses musste seine Eheschließung ebenfalls geheim halten, auch wenn in diesem Fall ganz andere Gründe ausschlaggebend waren als Jahrzehnte davor für den Kaiser und die Schauspielerin: Der Wiener Medizinstudent Otto Wagner – er wurde später Primarius des St.-Josef-Spitals in Wien – entstammte einer konservativen, altösterreichischen Familie. Weder seine Eltern noch die seiner Braut Edeltraut Dobrucka – sie war die Tochter polnischer Aristokraten – durften von dieser Hochzeit erfahren, zumal Otto Wagner sein Studium noch nicht abgeschlossen hatte. Trauzeuge war der später namhafte Wiener Sozialreformer und Universitätsprofessor August Maria Knoll, zuvor auch Privatsekretär des österreichischen Bundeskanzlers Ignaz Seipel.

Die Eheschließung zwischen Otto Wagner und Edeltraut Dobrucka fand am 30. Juni 1934, ebenfalls in der Andreaskapelle des Wiener Erzbischöflichen Palais, statt. Bevor der Pfarrer die Trauung vornahm, hatte er in der der Kapelle angrenzenden Sakristei jenes Trauungsbuch auf den Tisch gelegt, in das Gewissensehen eingetragen werden. Dann verließ der Priester für wenige Minuten den Raum. Die drei Anwesenden sahen sich das aus dem Geheimarchiv des Erzbischöflichen Palais geholte Buch an und wurden Zeugen einer wahrhaft sensationellen Eintragung. Hier stand schwarz auf weiß, worüber in Österreich zwar seit Jahrzehnten gemunkelt wurde, was aber niemand wahrhaben wollte, geschweige denn, beweisen konnte: Kaiser Franz Joseph und Katharina Schratt hatten geheiratet.

Die Eintragung – mit den eigenhändigen Unterschriften – lautete auf die Namen »Franz Joseph von Habsburg-Lothringen« und »Katharina Kiss de Ittebe, geb. Schratt«.

Im Katholischen Kirchenrecht, Abschnitt Eherecht, ist unter dem Kapitel »Gewissensehe« zu lesen:

»Die Gewissensehe *(matrimonium conscientiae)* ist die Ehe, die wohl in der ordentlichen Form, aber ohne Verkündung geschlossen und geheim gehalten wird. Sie kann nur vom Ordinarius (in diesem Fall der Erzbischof von Wien, Anm.) gestattet werden. Der Eintrag dieser Ehe hat in einem besonderen, im Geheimarchiv der bischöflichen Kurie aufbewahrten Buch stattzufinden, nicht im Pfarr-, Ehe- und Taufbuch.«

Dieses im Geheimarchiv der bischöflichen Kurie aufbewahrte Buch lag also am 30. Juni des Jahres 1934 aufgeschlagen vor Otto Wagner und Edeltraut Dobrucka sowie ihrem Trauzeugen August Maria Knoll. Sie konnten die Eintragung – jeder für sich und unabhängig voneinander, wie sie später bekundeten – klar und deutlich lesen.

Die drei Zeugen dieser Eintragung sind tot. Doch sie berichteten zu ihren Lebzeiten mehreren, ihnen nahe stehenden Personen gegenüber von ihrer Entdeckung. August Maria Knoll erzählte davon seinen Söhnen Reinhold, Norbert und Wolfgang und seinem Schüler, dem bekannten Wiener Politologen und Universitätsprofessor Dr. Norbert Leser.

Dieser, von mir befragt, erklärt:

»Für mich gibt es an der Glaubwürdigkeit der Angaben meines

Lehrers August Maria Knoll keine Zweifel, es sind ihm aus dieser Behauptung niemals irgendwelche Vorteile erwachsen, er hat in der Öffentlichkeit auch nie Verwendung davon gemacht. Ich bin sicher, dass Kaiser Franz Joseph und Frau Schratt tatsächlich verheiratet waren.«

Reinhold Knoll, Historiker und Assistent an der Universität Wien, ist von dieser Eheschließung nicht weniger überzeugt:

»Auch meinen Brüdern und mir hat unser Vater mehrmals von seiner Wahrnehmung im Trauungsbuch der Andreaskapelle erzählt. Es gab für ihn keinen Zweifel, dass Kaiser Franz Joseph und Katharina Schratt verheiratet waren.«

Der Ehe Otto und Edeltraut Wagner (die 1936 öffentlich besiegelt wurde) entsprangen drei Kinder: Otto Wagner jun. war Oberarzt der 1. Chirurgischen Universitätsklinik in Wien. Edeltraud Lothaller ist Zahnärztin und Barbara Binder-Krieglstein ist Gymnasialprofessorin. Meine Recherchen führten mich auch zu ihnen. Sie bestätigten:

»Ihre Information ist richtig. Unsere Eltern haben am Tag ihrer Eheschließung die Eintragung im Trauungsbuch gesehen. Sowohl unser Vater als auch unsere Mutter haben mehrmals davon erzählt und empfanden es als begrüßenswerten Zug des Kaisers, Frau Schratt geheiratet zu haben.«

Sämtliche der hier genannten Zeugenaussagen liegen in Form eidesstattlicher Erklärungen vor.

Die für eine Geheimehe sprechenden Belege gehen aber weiter. Professor Leser fand heraus, dass die Schratt 1938, nach dem Einmarsch der Nationalsozialisten, bei Wiens damaligem Weihbischof Franz Kamprath vorsprach, um die Herausgabe des bewussten Trauungsbuches zu erwirken. Auf meine Anfrage erklärte Monsignore

Nedbal*, dass ihm diese Aussage von Prälat Taubert, dem Sekretär Bischof Kampraths, bestätigt worden war.

Bischof Kamprath konnte der Schratt das Trauungsbuch freilich nicht mehr aushändigen, da es zu diesem Zeitpunkt nicht mehr existierte. Als die Nationalsozialisten nämlich am 12. März in Österreich einmarschiert waren, wurden zahlreiche Dokumente des Geheimarchivs vernichtet, weil man im Erzbischöflichen Palais Angst vor indiskreten Veröffentlichungen durch die Gestapo hatte.

Monsignore Nedbal kam jedenfalls zu folgendem Schluss:

»Im Erzbischöflichen Ordinariat Wien wird durch Aussagen von Gewährsleuten vermutet, dass diese Hochzeit tatsächlich stattgefunden hat. Sollte das Trauungsbuch wider Erwarten eines Tages auftauchen, wäre es denkbar, dass der Kardinal die Geheimhaltung dieser Gewissensehe aufgrund einer kirchenrechtlichen Bestimmung aufhebt.«

Auch in Klaus Mörsdorfs *Lehrbuch des Kirchenrechts* findet sich ein unmissverständlicher Hinweis auf diese Heirat. Über die Gewissensehe ist in dem Standardwerk der katholischen Kirche nachzulesen: »Der wichtigste Anwendungsfall ist die Missheirat königlicher oder fürstlicher Personen (zum Beispiel das Verhältnis eines verwitweten Monarchen mit einer Schauspielerin).«

Deutlicher kann auf eine Eheschließung des römisch-katholischen, verwitweten Monarchen Franz Joseph mit der Schauspielerin Katharina Schratt wohl kaum hingewiesen werden. Es gab und gibt keinen zweiten Fall eines Monarchen, auf den diese Zeilen anzuwenden wären.

* Dr. Johannes Nedbal, langjähriger Ehereferent des Wiener Erzbischofs

Dr. Michael Habsburg-Lothringen, ein Urenkel Kaiser Franz Josephs, ist selbst Historiker und gibt zu der Eheschließung folgende Stellungnahme ab:

»Mir ist die These über eine Gewissensehe zwischen Kaiser Franz Joseph I. und Katharina Schratt bekannt und ich will sie auch gar nicht unbedingt ableugnen. Es könnte der Einstellung und dem Charakter des Kaisers durchaus entsprechen, dass er nach der jahrelangen Verbindung diese auch legalisieren wollte. Es ist ja bekannt, dass mein Urgroßvater ein sehr gewissenhafter und korrekter Mann war. Ich kann nicht für die gesamte Familie Habsburg sprechen, aber ich persönlich würde diese Heirat keinesfalls als ›Familienkatastrophe‹ bezeichnen. Man könnte eine Gewissensehe nach all den Schicksalsschlägen, die Franz Joseph erlitten hat, mit einem ihm nahe stehenden Menschen wie Frau Schratt ohne weiteres verstehen und akzeptieren.«

Auch wenn das Trauungsbuch für Gewissensehen vermutlich nie wieder auftauchen wird, kann dennoch seriös festgestellt werden, dass die Berichte und eidesstattlichen Erklärungen der – durchwegs honorigen – Zeugen äußerst glaubwürdig sind. Dazu kommt, dass auch weitere Schriftstücke und historische Unterlagen eine Ehe Kaiser-Schauspielerin bestätigen:

So hat Kaiserin Elisabeth, die diese Beziehung überhaupt in die Wege geleitet hatte, mehrmals – zuletzt in Bad Kissingen, kurz vor ihrem Tod – davon gesprochen, dass ihr Mann, falls sie vor ihm sterben würde, Frau Schratt in zweiter Ehe heiraten sollte. Klar lässt sich das aus den Tagebüchern ihrer Tochter Erzherzogin Marie Valerie ersehen. Bereits am 28. Mai 1890, also acht Jahre vor der Ermordung ihrer Mutter, trug Marie Valerie ein, dass sie von Elisabeth aufgefordert wurde, »falls sie stürbe ... Papa zuzureden, Schratt zu heiraten«.

Und kurz nach Elisabeths Tod vermerkte Marie Valerie – datiert mit dem 11. Juli 1899: »Lossagen wird er sich nie und nimmer von ihr (Frau Schratt, Anm.), und heiraten kann er sie ja leider nicht, denn sie ist ja ganz rechtmäßig verheiratet.«

Dieses »Ehe-Hindernis« war zehn Jahre später nicht mehr existent, als nämlich Nikolaus von Kiss, der Ehemann der Schratt, am 21. Mai 1909 einem Herzschlag erlag. Die mutmaßliche Hochzeit zwischen Kaiser und Schauspielerin könnte also – nach Verstreichen des üblichen Trauerjahres – zwischen den Jahren 1910 und 1916, dem Todesjahr Franz Josephs, stattgefunden haben.

Schließlich sei noch vermerkt, dass ein solcher Schritt in der damaligen Zeit sowohl kirchlich als auch von den staatlichen Instanzen her zu einer völlig korrekten Ehe führte: Während die Republik Österreich heute nur eine vor dem Standesamt geschlossene Ehe akzeptiert, reichte bis 1939 das kirchliche Sakrament aus. Fand die Trauung also tatsächlich statt, war Katharina Schratt (beziehungsweise: Katharina von Habsburg-Lothringen) die rechtmäßige Frau des Kaisers von Österreich und Königs von Ungarn. Sie war jedoch keinesfalls »Kaiserin«, da es ja niemals eine Krönung gegeben hat.

In Fernsehsendungen und Zeitungsserien wurde nach Erscheinen meiner Schratt-Biografie noch lange und ernsthaft darüber diskutiert, ob die Schauspielerin und der Kaiser tatsächlich verheiratet gewesen sind oder nicht. Bis mir der Burgschauspieler und Katharina-Schratt-Neffe Peter Schratt in einem *Club 2* die erlösende Frage stellte: »Ist das nicht eigentlich völlig egal?«

Und ich ihm irgendwie Recht geben musste.

Die nackte Kaiserin

oder Franz Joseph wird erpresst

Einmal mehr müssen wir erfahren, dass ihm nichts erspart geblieben ist, dem alten Kaiser. Weil aber Österreichs Mühlen manchmal ein bisserl langsam mahlen, hat es sage und schreibe 130 Jahre gedauert, bis der »Kriminalfall Sisi« bekannt werden konnte. Wurde doch bislang geheim gehalten, dass Kaiser Franz Joseph im Jahre 1872 mit einem gefälschten Nacktfoto seiner Gemahlin erpresst wurde. Jetzt erst wird die Existenz des Polizeiaktes aufgedeckt.

Als der Kaiser am 22. Dezember 1872 in der Wiener Hofburg seine Post öffnete, traute er wohl seinen Augen nicht. Denn in einem der Kuverts befand sich ein Bildnis seiner Frau.

Das Pikante daran: »Sisi« war splitternackt!

Neben dem Foto lag ein Brief, mit dem ein Unbekannter den Monarchen schlicht und einfach zu erpressen versuchte. »An Seine Majestät, den Kaiser von Österreich, Wien«, stand auf dem Kuvert. Dem das folgende Schreiben* beigegeben war: »Sire! Ich habe die Ehre, Ihnen eine Photographie Ihrer Frau zu schicken, die zu einer Kollektion gehört, die überall verkauft werden soll. Ich glaube, dass es für Eure Majestät außerordentlich unerfreulich wäre, wenn diese Porträts verkauft würden, und ich habe vom Photographen die Zusage erlangt, dass er die Negative zerbrechen und die Photographien verbrennen würde, wenn binnen 14 Tagen, das heißt bis zum 6. Jän-

* Originalbrief in französischer Sprache, hier in deutscher Übersetzung.

ner, zu Handen von Herrn Cattelli, postlagernd Amsterdam, 3000 Francs übersandt werden. Wenn die Summe nicht geschickt oder der geringste Versuch unternommen wird, um den Autor oder den Photographen auszuforschen, wird sofort eine Anzahl dieser Photos auch in den Straßen von Wien in Umlauf gebracht und verkauft werden.«

Das dem Brief beigelegte Foto zeigt eine nackte Frau, die auf einer Lyra spielt. Die Gesichtszüge waren eindeutig als die der Kaiserin Elisabeth erkennbar. Doch der üppige Körper konnte keinesfalls mit »Sisis« zierlicher Figur übereinstimmen.

Kaiser Franz Joseph war zweifellos geschockt, hatte es doch einen Erpressungsversuch dieser Art noch nie zuvor gegeben. Also leitete seine Kanzlei das Bild samt Drohbrief an die k. k. Polizeidirektion Wien weiter, in der man den Oberinspektor Albert Stehling »mit der diskreten Klärung des Falles« betraute.

Die Diskretion ging immerhin so weit, dass bis zum Bekanntwerden der Affäre weit mehr als ein Jahrhundert vergehen sollte.

Denn als der auf dem Wiener Minoritenplatz abgelegte Akt mit der Nummer »32/1872« am Beginn der neunziger Jahre des 20. Jahrhunderts durch Zufall entdeckt wurde, ließ ihn die damalige Staatsarchiv-Chefin in einen Panzerschrank sperren und mit den Worten »Nicht zur Veröffentlichung geeignet« beschriften. Erst als die Frau Hofrat in Pension ging, wurde das Protokoll einer Erpressung durch die Generaldirektion des Staatsarchivs zur Einsicht freigegeben.

Die Autorinnen einer zum 100. Todestag der Kaiserin Elisabeth erschienenen Biografie erwähnten zwar die heikle Causa, vermieden es jedoch in nobler Zurückhaltung, den Originalbrief und das inkriminierte »Sisi«-Foto zu veröffentlichen. Worauf ich mich in das Wiener Haus-, Hof- und Staatsarchiv begab, um die Hintergründe

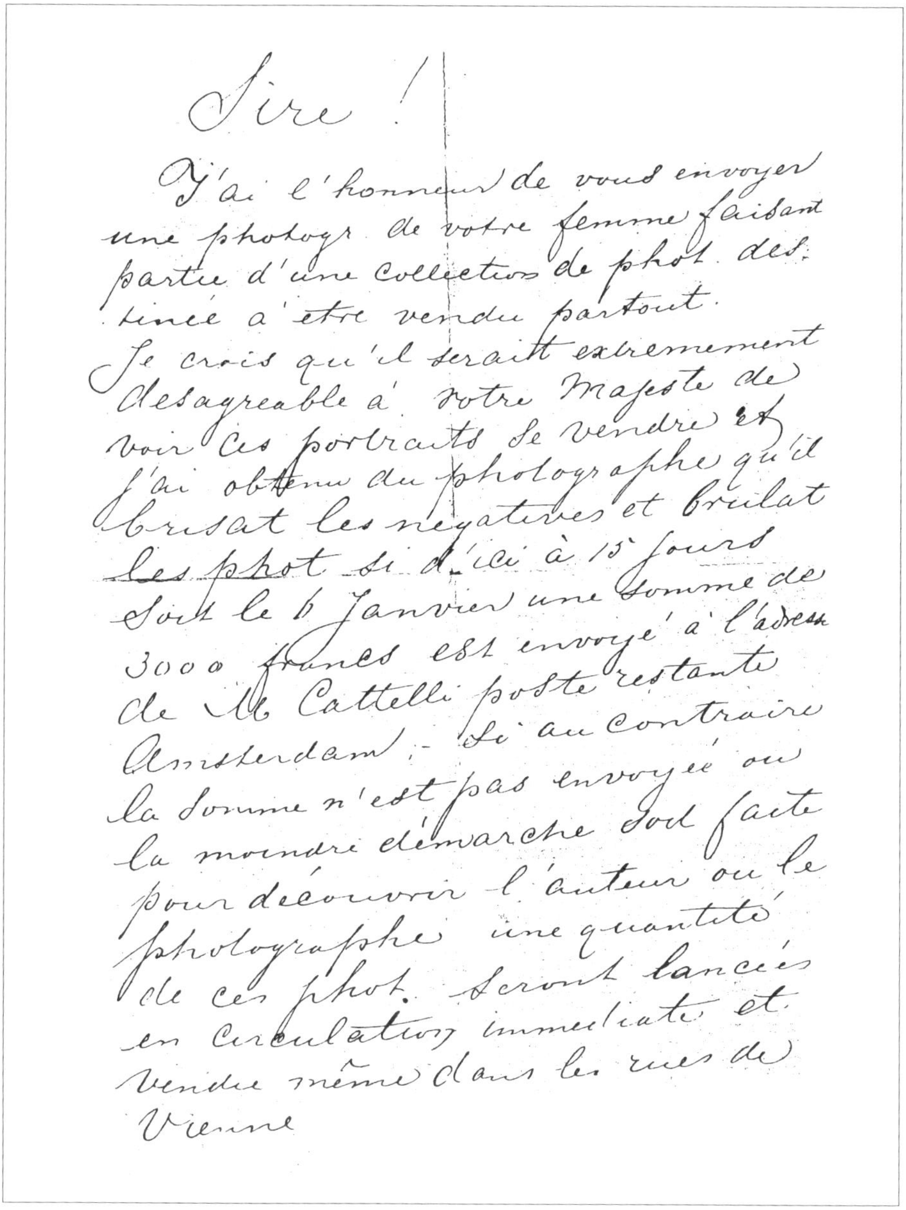

Sire!

J'ai l'honneur de vous envoyer
une photogr. de votre femme faisant
partie d'une collection de phot. des-
tinée à être vendue partout.
Je crois qu'il serait extrêmement
désagréable à votre Majesté de
voir ces portraits se vendre et
j'ai obtenu du photographe qu'il
brisat les négatives et brûlat
les phot si d'ici à 15 jours
soit le 6 Janvier une somme de
3000 francs est envoyé à l'adresse
de M Cattelli poste restante
Amsterdam: si au contraire
la somme n'est pas envoyée ou
la moindre démarche soit faite
pour découvrir l'auteur ou le
photographe une quantité
de ces phot. seront lancées
en circulation immédiate et
vendue même dans les rues de
Vienne

»Sire! Ich habe die Ehre, Ihnen eine Photographie Ihrer Frau zu schicken …« Erpresserbrief an Kaiser Franz Joseph. Wien, im Dezember 1872.

HAUS-, HOF- UND STAATSARCHIV, WIEN.

zu erfahren und die Dokumente des seltsamen Kriminalfalles abdrucken zu können.

Dem Polizeiakt ist zu entnehmen, dass der Erpresserbrief am 19. Dezember 1872 in Amsterdam aufgegeben wurde. Weshalb der mit der Klärung beauftragte Oberinspektor Stehling sofort nach Holland reiste, wo ihm innerhalb weniger Tage eine kriminalistische Meisterleistung gelang. Fand er doch mit Hilfe seiner niederländischen Kollegen heraus, dass das Originalfoto der Lyra spielenden Dame »aus einem Karton nackter Frauenzimmer« des Amsterdamer Fotoateliers van Rooswinkel & Co. stammte. Als Käufer der Bilder konnte der hoch verschuldete holländische Spielzeughändler Josef J. Kievits eruiert werden.

Ein Vergleich des an den Kaiser gerichteten Drohbriefes mit einer Rechnung, die Herr Kievits in seiner Firma handschriftlich ausgestellt hatte, ergab den eindeutigen Beweis seiner Täterschaft, konnte Oberinspektor Stehling Anfang Jänner 1873 nach Wien telegrafieren.

Es gelang ihm sogar, die Identität der entblößten Dame, auf deren Körper der Kopf der Kaiserin gesetzt worden war, zu lüften. Wie der Kriminalbeamte Stehling am 7. Jänner dem Wiener Polizeidirektor Hofrat von Lemonier mitteilte, handelte es sich bei der vollschlanken Frau um eine ehemalige Amsterdamer Prostituierte namens van der Ley.

Drohbrief und Rechnung befinden sich heute ebenso in dem Polizeiakt im Haus-, Hof- und Staatsarchiv wie die beiden Fotografien: Sowohl das Originalbild der Frau van der Ley, als auch die Fotomontage mit dem Kopf der Kaisern sind erhalten geblieben. Der Erpresser hatte ein acht Jahre altes Porträt Elisabeths auf den Körper der Prostituierten gesetzt und offensichtlich angenommen, mit dieser plumpen Fälschung den Kaiser von Österreich zu einer Zahlung nötigen zu können.

Wobei sich seine so höflich formulierten Forderungen – verglichen mit den Erpresserbriefen späterer Generationen – in relativ bescheidenen Grenzen hielten. Die im Jahre 1872 verlangten 3000 französischen Francs hatten einen Gegenwert von 1200 österreichischen Gulden*.

Dem Kriminal-Oberinspektor Albert Stehling wurde nach seiner Rückkehr aus Amsterdam von der Wiener k. k. Polizeidirektion »für umsichtiges Verhalten und seine mit Anstrengung verbundene Mühewaltung die schriftliche Anerkennung ausgesprochen«.

Und der Erpresser ist mit einem blauen Auge davongekommen. Um in der Monarchie jegliches Aufsehen zu vermeiden – und da gegen Josef J. Kievits in den Niederlanden ohnehin ein Verfahren wegen fahrlässiger Krida lief –, ließen ihn die österreichischen Behörden zwar wissen, dass er als Täter überführt sei. Doch auf eine gerichtliche Verfolgung wurde verzichtet.

* Die Summe entspricht lt. Statistik Austria im Jahre 2002 rund 10 000 Euro.

Meine Reisen in andere Zeiten

»Meine Schwester Mercedes«

Ein Mädchenname wird berühmt

Herr Jellinek wusste ganz genau, wie das Auto beschaffen sein sollte, mit dem er die lange Strecke von Wien nach Nizza bewältigen wollte. Er wusste, wie stark der Motor zu sein und wie die Karosserie auszusehen hätte. Nur eines wusste er noch nicht: wie er den Wagen nennen sollte. Da fiel ihm der Name seiner kleinen Tochter ein. Und die hieß Mercedes.

Das alles liegt mehr als hundert Jahre zurück, und die Voraussetzungen waren nicht gerade rosig, noch irgendjemanden antreffen zu können, der Mercedes oder gar deren Vater persönlich gekannt hätte – das ist nach einer so langen Zeit wohl auszuschließen!

Solche Wunder gibt es nicht. Oder nur in Ausnahmefällen. Und um einen solchen handelte es sich hier.

Ich sah im Wiener Telefonbuch unter Jellinek nach. »Jellinek-Mercedes, Andrée«, stand da, im Band 1/A-L auf Seite 848. Ich rief an, eine Dame hob ab, ich stellte mich vor und fragte: »Sind Sie mit Mercedes Jellinek verwandt?«

»Ja, das war meine Schwester!«

Ich musste kurz Atem holen. »Ihre Schwester?«

Die Dame am Telefon muss erahnt haben, dass mir das eigenartig erschien. Eine Schwester jener Mercedes Jellinek, nach der vor mehr als hundert Jahren ein Auto benannt wurde, sollte sich leibhaftig am Telefon melden? Jetzt, im Jahre 2000?

»Mercedes war 17 Jahre älter als ich«, erklärte die Dame am anderen Ende der Leitung.

»Würden Sie mir etwas von Ihrer Schwester erzählen?«

»Natürlich, wann wollen Sie kommen?«

Meine Reise in die Vergangenheit wurde eine Reise zu einem anderen Stern, zum berühmtesten Stern wohl auf Erden. Am nächsten Tag schon stand mir eine 94 Jahre alte Dame gegenüber, wie man sie sich als Großmama wünschen würde. Weißhaarig und sehr gepflegt, charmant und überaus kultiviert. Andrée-Maja Jellinek-Mercedes, wie sie mit vollem Namen heißt, erzählte mir die märchenhafte Geschichte ihrer Schwester Mercedes, die seit über siebzig Jahren tot ist, deren Name aber auf sämtlichen Straßen der Welt weiterlebt.

»Mercedes stammte aus der ersten Ehe meines Vaters. Sie war eine große, fesche Person, und wir haben uns glänzend verstanden.« Die rüstige alte Dame hat ein exzellentes Gedächtnis und kann wunderbar erzählen. »Mercedes war komödiantisch und wäre am liebsten Schauspielerin geworden, doch für solche Phantastereien war in der damaligen Zeit kein Platz ...«

Die Jellineks lebten im Sommer in der 42 Zimmer großen Villa Mercedes in Baden bei Wien. Mercedes hieß überhaupt alles und jeder in dieser Familie. »Meine Schwester war die erste mit dem Namen, dann kam die Villa in Baden, eine Villa Mercedes an der Riviera und eine Mercedes-Yacht, die in Nizza vor Anker lag. Und schließlich das Auto. Später ließ mein Vater bei der k. k. niederösterreichischen Statthalterei ›Jellinek-Mercedes‹ für uns alle als amtlichen Doppelnamen registrieren.« Ihre Schwester hieß von da an übrigens Mercedes Jellinek-Mercedes.

Wie aber kam das Auto zu seinem Namen?

»Mein Vater Emil Jellinek war sehr wohlhabend. Wir wuchsen mit zwanzig Dienstboten auf, und jedes von uns Kindern – wir waren zwei Mädchen und fünf Buben – hatte eine Gouvernante. Wir besaßen ein Palais auf der Ringstraße, die Villa in Baden und zwei Hotels in Paris. Da mein Vater auch österreichischer Generalkonsul in Nizza und Teilhaber des berühmten Hotel Negresco war, verbrachten wir den Großteil des Jahres an der Côte d'Azur. Er erregte dort großes Aufsehen, weil er einer der Ersten war, der einen eigenen Wagen fuhr. Damals gab es noch keine Geschäftsniederlassungen, in denen man Automobile kaufen konnte. Wenn also Freunde oder Bekannte einen Wagen haben wollten, sagten sie das meinem Vater, der ihn dann, wenn er selbst einen kaufte, bei der jeweiligen Fabrik gleich mit bestellte.«

Emil Jellinek liebte als Sport- und Herrenfahrer vor allem die großen Daimler-Automobile, »und er sandte immer wieder Verbesserungsvorschläge an Herrn Daimler nach Cannstatt, weil ihm dies und das nicht passte«, erzählte mir seine Tochter. Da die Einwände ihres Vaters vernünftig waren und auch immer mehr Millionäre bei Jellinek ihre Autos bestellten – »auch der Baron Rothschild war darunter« – nahm man seine Änderungswünsche ernst und berücksichtigte sie bei der neuesten Wagenproduktion.

»Monsieur Mercedes«, wie Emil Jellinek später dann oft genannt wurde, war nicht nur ein blendender Geschäftsmann, sondern auch ein richtiges Original, über das zahllose Anekdoten in Umlauf sind. »Es sprachen immer wieder berühmte Persönlichkeiten vor, die ein Auto bei ihm kaufen wollten«, erinnerte sich Tochter Andrée. »Eines Tages hatte er eine wichtige geschäftliche Besprechung, während der er keinesfalls gestört werden durfte. Sein böhmischer Kammerdiener versuchte ununterbrochen, zu ihm vorzudringen, um ihm etwas ganz Wichtiges mitzuteilen. Vater warf ihn mehrmals hinaus, bis der Diener endlich melden konnte, was er seit Stunden sagen wollte: ›Bittschen, Herr Generalkonsul, draußen sitzt einer, der was von sich sagt, er heißt Kenig von Schweden.‹«

Es war tatsächlich kein Geringerer als der aus Stockholm angereiste Monarch, den Herr Jellinek so lange hatte warten lassen.

Nach Gottlieb Daimlers Tod im Jahre 1900 zog Emil Jellinek in den Aufsichtsrat des Unternehmens ein. »Und er verlangte gleich, dass die Daimler-Wagen einen neuen Namen bekämen. Einen Namen, den man in aller Welt aussprechen könne. Daimler, meinte er, wäre nicht so günstig.«

Jellinek gründete die Daimler-Tochterfirma *Société Mercédès* und ließ im Herbst 1900 den ersten Wagen bauen, der den Namen seiner elfjährigen Tochter trug. Seit damals heißen alle Daimler-Wagen Mercedes.

»Er war ein wirklich außergewöhnlicher Mann«, erinnerte sich Andrée Jelinek-Mercedes mit Stolz an ihren Vater. »Sehr humorvoll war er und sehr elegant, aber von der Technik des Automobils hatte er keine Ahnung. Dafür sprühte er vor Ideen. Es gehörte zu seinen Schrullen, die zahllosen Vorschläge zur Verbesserung des Automobils auf den blütenweißen Manschetten seiner Hemden zu notieren. Er wechselte daher dreimal täglich seine Hemden, danach wurden die Notizen von seinem Sekretär auf Papier übertragen und an den Mercedes-Konstrukteur Wilhelm Maybach nach Deutschland geschickt. Der hat Vaters Ideen dann umgesetzt.«

So gab Emil Jellinek »per Manschette« den Auftrag, dass die Motoren des Mercedes stärker zu sein hätten als die der bisherigen

Daimler-Wagen, und dass sie vor dem Passagierraum unterzubringen wären. »Er meinte, dieses Prinzip sei besser, weil ja auch die Pferde ihre Fuhrwerke von vorne ziehen und nicht von hinten schieben.« Womit Jellinek Automobilgeschichte schrieb und heute noch zu den großen Pionieren seiner Zeit zählt.

Seine Tochter Mercedes, der das Auto seinen Namen verdankt, war 1889 in Wien zur Welt gekommen. Als sie zwanzig war, heiratete sie den Baron Carl Schlosser, dem sie zwei Kinder schenkte. Doch die Ehe hielt nicht lange, und ihr zweiter Mann wurde der Bildhauer Rudolf Weigl. »Für Autos hat sich Mercedes nie interessiert«, sagte Andrée Jellinek, »und es hat ihr auch gar nichts bedeutet, dass ein Auto nach ihr benannt ist. Sie hat nie einen Wagen besessen, geschweige denn einen Mercedes.« Und dann fügte die Schwester noch lachend an: »Ich übrigens auch nicht.«

Das Verhältnis zwischen den Häusern Jellinek und Daimler war lange Zeit getrübt, nachdem Emil Jellinek das Unternehmen im Jahre 1909 verlassen hatte. »Leider«, bedauert seine Tochter, »sonst wäre ich nämlich an jedem Mercedes beteiligt, der in der Welt herumfährt.«

Während der Name ihrer Schwester, die 1929 mit nur 39 Jahren an Knochenkrebs starb, durch das gleichnamige Automobil in aller Welt ein Begriff ist, blieb der von Andrée-Maja Jellinek-Mercedes unbekannt. Dabei hätte auch sie um ein Haar berühmt werden können. »Emil Jellinek hat in Wr. Neustadt die *Oesterreichische Daimler Motoren Gesellschaft* gegründet, in der Ferdinand Porsche 1907 in seinem Auftrag einen neuen Wagen konstruierte, den mein Vater nach meinem zweiten Vornamen Maja nannte. Ich war damals erst ein Jahr alt, sollte aber, wie meine Schwester Mercedes, auch schon ein eigenes Auto bekommen. Doch der Maja-Wagen war zu schwer, weshalb die Produktion nach wenigen Exemplaren wieder eingestellt wurde.«

Der sagenhafte Reichtum der »Familie Mercedes« begann 1918 mit dem Tod Emil Jellineks zu versiegen. »Zuerst wurden wir in Frankreich enteignet, da wir im Ersten Weltkrieg als feindliche Österreicher galten. Den Rest nahmen uns die Nazis weg, weil mein Vater Jude war und mein Mann aus politischen Gründen mit dem ersten Transport nach Dachau kam.«

Andrée Jellinek-Mercedes, deren Vater die Grundlagen zu einem der erfolgreichsten Autos der Welt schuf, lebt in bescheidenen Verhältnissen. »Ich bin nicht reich, wie die Leute meist glauben, aber ich beklage mich nicht, meine Familie sorgt für mich.« Ihre Tochter Danielle ist mit dem früheren Staatssekretär Dr. Ludwig Steiner verheiratet.

Auch wenn das Vermögen längst weg ist – ihren Humor hat die »kleine Schwester« der Mercedes behalten. »Jedes Auto, das mein Vater besaß – egal, ob es ein Daimler, ein Rolls-Royce oder ein Mercedes war – musste rot lackiert sein. Dem bin ich treu geblieben. Ich fahr in Wien mit der Straßenbahn. Die ist auch rot.«

Ihren unerschütterlichen Humor bewies Andrée Jellinek-Mercedes einmal mehr, als sie als Ehrengast zu einem Oldtimer-Treffen in Salzburg geladen war, an dem die schönsten Autos aus den zwanziger und dreißiger Jahren teilnahmen. »Aber der älteste Mercedes«, lachte sie, »der bin doch ich!«

Duell

Der Zweikampf und die Ehre

Duell. Schon das Wort lässt erschauern. Es stammt aus der Zeit, als Meinungsverschiedenheiten noch mit Waffengewalt ausgetragen wurden. Im Jahre 1913 stand Stefan Graf Tisza, Ministerpräsident der ungarischen Reichshälfte der k. u. k. Monarchie, dem Parlamentsabgeordneten Graf Karolyi im Säbelduell gegenüber, weil er sich durch eine Wortmeldung des Oppositionsführers in seiner persönlichen Ehre getroffen fühlte. Ihm blieb in jenen Tagen keine andere Wahl, als ihn »zu fordern«.

Kamen die beiden Politiker noch mit Verletzungen davon, so erging es Ferdinand Lassalle, Chef der deutschen Sozialdemokraten, weitaus schlimmer. Er verstarb 1864 beim Pistolenduell, zu dem der Arbeiterführer infolge einer Liebesaffäre mit einer Aristokratin aufgefordert worden war. Der spätere deutsche Reichskanzler Otto Fürst Bismarck duellierte sich als junger Mann wiederholt mit Gegnern seiner politischen Ansichten, und der Dichter Heinrich Heine wurde im Zweikampf um eine Frau verletzt. Auch von den Schriftstellern Hermann Bahr und Felix Salten ist bekannt, dass sie ihre Ehre mit der Waffe verteidigten.

Bis zum Ende der Monarchie war die Gesellschaft in zwei Gruppen geteilt: Aristokraten, Akademiker, Studenten und Offiziere galten als »satisfaktionsfähig«. Hingegen besaßen Handwerker, Gastwirte oder einfache Soldaten keineswegs das »Privileg«, sich mit ihren Gegnern schlagen zu »dürfen«. Welche Bedeutung der

Zweikampf zur Jahrhundertwende hatte, zeigt eine Untersuchung aus dem Jahre 1895, der zufolge sich zwischen 1880 und 1893 rund 2500 Österreicher im Zuge eines »Ehrenhandels« gegenüberstanden. Fast ein Drittel der Duellfälle endete tödlich!

Die Beweggründe, die dazu führten, sich im Morgengrauen gegenseitig niederzuschießen, muten aus heutiger Sicht unglaublich an:

Im November 1884 schossen zwei Ärzte nach einer Auseinandersetzung aufeinander, »weil der eine von beiden einen medizinischen Fachausdruck falsch geschrieben hatte«. Ein Duellant wurde schwer verletzt.

Ein Student und Reserveoffizier forderte 1893 den Advokaten Dr. Kalman in Wien zum Pistolenduell, da dieser als Herausgeber einer Zeitung »eine abfällige Kritik über eine Sängerin abdrucken ließ«. Kalman verstarb an den Folgen der Duellverletzung.

In Innsbruck erlaubte sich der Sanitäts-Oberleutnant Franz Teuchler, den Diener des Regimentsarztes Dr. Wagner zu maßregeln. Der Arzt protestierte, es kam zum Streit, der mit einem Pistolenduell und dem Ableben des Dr. Wagner endete.

Obwohl das Duell nach dem Strafgesetz streng geahndet wurde – bei Tötung des Gegners drohte schwerer Kerker bis zu zwanzig Jahren –, blieb gerade Offizieren keine andere Wahl, da man sie im Falle einer Duell-Verweigerung mit Schimpf und Schande aus Armee und Gesellschaft verstieß. Zur Umgehung der strafrechtlichen Folgen versuchte man die Zweikämpfe geheim zu halten – was bei verwundeten Duellanten meist gelang, da man sie durch Vertrauensärzte versorgen ließ. Duelle mit tödlichem Ausgang konnten freilich nicht vertuscht werden.

Arthur Schnitzler, der in etlichen seiner Stücke auf das Duell einging, war als 27-jähriger Arzt und Reserveoffizier erstmals selbst hautnah mit der Problematik konfrontiert worden, als er sich weigerte, einen Kollegen von der Wiener Poliklinik »nach einem Streit über ein Tanzkränzchen« (!) zur Rechenschaft zu ziehen. Einige Jahre später schrieb Schnitzler das Schauspiel *Freiwild*, in dem er »die törichten Offiziers- und Ritterlichkeitsbegriffe« anprangerte.

Im Jahre 1900 sorgte die »Duellaffäre« des k. u. k. Offiziers Marchese Anton Tacoli für enormes Aufsehen, als dieser es aus religiösen Gründen ablehnte, von einem Kameraden, der ihn beleidigt hatte, mit Waffengewalt Genugtuung zu verlangen. Tacoli und sein Freund, Graf Ledochowski, der ihn verteidigte, wurden aus der Armee entlassen. Als Arthur Schnitzler aufgrund dieses Falles seine Novelle *Leutnant Gustl* veröffentlichte, verlor schließlich auch er seine Offizierscharge. Nicht so sehr des Inhalts wegen, sondern weil er nicht bereit war, einen Journalisten, der ihn und sein Stück beleidigt hatte, zum Duell zu fordern.

Nach lange anhaltenden Kirchenprotesten gegen das Unwesen des Zweikampfs erfolgte bei Ausbruch des Ersten Weltkriegs endlich ein allgemeines Duellverbot, zumal die Armee auf keinen Mann im Feld verzichten wollte. Da das Verbot wiederholt durchbrochen wurde, sah sich Kaiser Karl am 4. November 1917 veranlasst, einen neuerlichen Befehl zu geben, mit dem der bewaffnete Zweikampf bei schwerster Bestrafung untersagt wurde. 1936 sorgte dann noch der aus dem nationalsozialistischen Lager stammende General Alfred Krauss für Schlagzeilen, als er Kurt Schuschnigg öffentlich zum Duell forderte. Doch die Zeit des Zweikampfs war vorbei, Österreichs Bundeskanzler hat auf das anachronistische »Angebot« nicht einmal geantwortet.

Heutzutage duellieren sich Politiker höchstens im Fernsehen. Bis jetzt hat das jeder überlebt. Physisch jedenfalls.

»Ein gemütlicher Spezi«

Aus dem Leben des k. k. Scharfrichters Josef Lang

Wien ist selbst unterm Galgen anders. Während die Angehörigen des finsteren Henkergewerbes im Normalfall alles daran setzen, nur ja nicht erkannt zu werden, war Österreichs letzter Scharfrichter ein geradezu populärer Mann. An seiner Wohnungstür prangte ein Messingschild mit der Aufschrift »Josef Lang, k. k. Scharfrichter«, und weil er schon so stolz auf seinen Beruf war, hat er auch seine Erinnerungen veröffentlicht, aus denen wir bei genauerer Durchsicht Details seines blutigen Gewerbes erfahren können.

Josef Lang war ein, äußerlich jedenfalls, gemütlicher Wiener, der seit den achtziger Jahren des 19. Jahrhunderts im damals noch dörflichen Vorort Simmering ein Kaffeehaus betrieb. Zu seinen Stammgästen zählte der damalige Scharfrichter Karl Selinger, der den kräftigen Kaffeesieder eines Tages fragte, ob er ihm nicht bei den Hinrichtungen im k. k. Landesgericht als Gehilfe zur Seite stehen wollte. Lang überlegte nicht lange und sagte zu. Vorerst hielt er seine neue Profession geheim und erzählte seiner Frau, wann immer er frühmorgens den Dienst am Henker antrat, er fahre aufs Land, um für seine Kundschaft Wein einzukaufen.

Der in Wien »Onkel Karl« genannte Scharfrichter Selinger war mit Langs Hilfstätigkeit sehr zufrieden, da dieser sich als zuverlässig erwies, während frühere, weniger robuste Gehilfen den Exekutionen unentschuldigt ferngeblieben waren oder während der »Arbeit« das

Bewusstsein verloren hatten. Lang aber behielt bei sämtlichen Hinrichtungen die Nerven.

Als Scharfrichter Karl Selinger im Jahre 1899 starb, fand sich vorerst kein Nachfolger. Zwar gab es 18 Bewerber für den begehrten Staatsposten mit Pensionsberechtigung, doch erwies sich nach genauerer Prüfung durch die Behörde der bisherige Gehilfe des Prager Scharfrichters Wohlschläger als einzig ernst zu nehmender Kandidat. Er wurde aber vom Präsidium des k. k. Landesgerichts abgelehnt, da er an der kurz zuvor durchgeführten, stümperhaften Hinrichtung der Kindesmörderin Juliane Hummel beteiligt gewesen war, die eine dreiviertel Stunde unter schrecklichen Schmerzen litt, ehe sie sterben konnte. Laut Gesetz musste der Tod am Galgen innerhalb einer Minute eintreten.

Man wusste zwar, dass Selingers Assistent Josef Lang hieß, doch seine Daten lagen – wir befinden uns in Wien – bei Gericht nicht auf. Als man herausgefunden hatte, dass in *Lehmanns Wiener Adressbuch* unter »Lang, Josef« rund 200 Pesonen verzeichnet waren, wurde ein Polizeirat beauftragt, des richtigen habhaft zu werden. »Lang«, sagte er, als er ihn nach einer ausgedehnten Suchaktion endlich gefunden hatte, »wir brauchen einen tüchtigen Menschen, der das Herz auf dem rechten Fleck hat.«

Und Josef Lang, so wird berichtet, hatte.

Er musste jetzt, wie von der hohen Gerichtsbarkeit verlangt, sein Kaffeehaus verkaufen und legte am Morgen des 27. Februar 1900 den Diensteid ab. Zu Mittag ging er nach Hause und erzählte seiner völlig fassungslosen Frau die berufliche Veränderung vom Gastronomen zum Henker.

Eine Woche später waltete er zum ersten Mal seines schaurigen Amtes. Lang war für die Hinrichtungen in der gesamten Monarchie zuständig, mit Ausnahme einiger Kronländer, die über eigene Scharfrichter verfügten.

Als in Krain die Vollstreckung seines ersten verurteilten Mörders innerhalb von 45 Sekunden gelungen war, klopfte der aus Wien mitgereiste Gerichtsarzt Professor Haberda dem neuen Scharfrichter anerkennend auf die Schulter und rief ihm »Bravo Lang!« zu.

Sein erster »Wiener Fall« betraf dann die Hinrichtung des zum Tod verurteilten Stefan Wanyek, der im Jänner 1901 eine Frau und zwei Männer erschossen hatte, nachdem er von ihnen bei einem Einbruchsdiebstahl ertappt worden war.

Die Nacht vor ihrer Exekution verbrachten alle zum Tod Verurteilten in der »Armensünderzelle« des Wiener Landesgerichts, in der am letzten Abend die so genannte »Henkersmahlzeit« serviert wurde. Die Delinquenten durften rauchen und Alkohol zu sich nehmen – nicht genehmigt wurde aber der oft geäußerte letzte Wunsch, in der Zelle eine Prostituierte zu empfangen.

Am nächsten Morgen wurde der Verurteilte punkt sieben Uhr von vier Wachebeamten, dem Kerkermeister und einem Priester in den Galgenhof des Landesgerichts geführt, wo ihn der Scharfrichter bereits erwartete. Josef Lang trug »im Dienst« stets einen schwarzen Salonanzug, Zylinder oder Melone und schwarze Glacéhandschuhe.

Nun verlas der Richter das Urteil, das mit den Worten endete: »Scharfrichter, walten Sie Ihres Amtes!«

Während der Delinquent von den beiden Gehilfen auf den Galgen gehoben wurde, stand Lang auf einer Treppe hinter dem Richtpflock, legte dem Todeskandidaten eine Schnur um den Hals, die am oberen Ende des Galgens befestigt wurde, und befahl seinen Helfern, den Verurteilten an den Füßen zu ziehen.

»Bravo, Lang!«, rief der Gerichtsarzt, als der k. k. Scharfrichter im Jahre 1900 innerhalb von 45 Sekunden sein erstes Opfer hingerichtet hatte. Josef Lang war in den letzten Jahren der Monarchie ein populärer Mann.

Ein jäher, plötzlicher Ruck – und dem Gesetz war Genüge getan.

In den ersten Jahren seiner Tätigkeit hatte Lang relativ wenig zu tun, da Kaiser Franz Joseph sehr viele Gnadengesuche unterschrieb. Doch während des Ersten Weltkriegs kamen zu den Straftätern etliche wegen Spionage und Hochverrats verurteilte Täter hinzu. Unter anderem richtete Österreich-Ungarns letzter Scharfrichter 1916 in Trient den Reichsratsabgeordneten Dr. Cesare Battisti, der für den Anschluss Italiens an die Entente eingetreten war.

Nach Abschaffung der Todesstrafe im Jahre 1921 ging Josef Lang in Pension. Er starb 1925 im siebzigsten Lebensjahr.

»Josef Langs einziges Streben war darauf gerichtet, in seinem Berufe vollkommen zu sein, um der vom Gesetz anbefohlenen Grausamkeit der Todesstrafe mit einem Minimum von Qual für den Verurteilten Geltung zu verschaffen«, meinte Dr. Oskar Schalk, der die Erinnerungen des letzten k. k. Scharfrichters im Jahre 1920 zu Papier brachte.

Da der Scharfrichter auch Hauptmann der Freiwilligen Feuerwehr in Simmering war, errechnete sein Biograf, dass er »vielleicht ebenso vielen Leuten das Leben gerettet hat, als er es in Ausübung seines verrufenen Amtes nehmen musste«.

Schalk schildert Josef Lang als »gemütlichen und trinkfesten Wiener Spezi, den seine Freunde nicht missen wollen. Wenn er kommt und singt und pascht und seine Hallodri treibt, geht ein frischer Zug durch die Gesellschaft und der fesche Alte versteht es gar wohl, im Trinken und im Erfinden heiterkeitserweckender Späße seinen Mann zu stellen«.

Am Morgen nach derlei lustigen Stammtischrunden ging der fesche Scharfrichter dann ins »Landl«, um seine »Kundschaft« ins Jenseits zu befördern.

Meine Reisen in eine wundersame Welt

Ein Kreuz auf dem Kalenderblatt

Was Nostradamus wirklich prophezeite

Er hat ja vor mehr als vierhundert Jahren schon so gut wie alles gewusst: 1939 Ausbruch des Zweiten Weltkriegs, 1944 Hitler-Attentat, 1963 Kennedy-Mord, 1986 Tschernobyl, 1989 Zusammenbruch des kommunistischen Herrschaftssystems.

Die Daten sind beeindruckend und werden regelmäßig zitiert. Wo aber, bitte sehr, hat Nostradamus das alles niedergeschrieben?

Was hat »der größte Seher aller Zeiten« wirklich gesehen? Und was wurde von späteren »Nostradamus-Forschern« hinzuinterpretiert?

Manfred Dimde aus Dortmund gilt als die Nummer eins unter den Nostradamus-Experten im deutschen Sprachraum, und er hat nicht weniger als sieben Nostradamus-Bücher verfasst. Er ist es auch, der dessen Visionen aufschlüsselte, deutete, für unsere Zeit erklärlich machte.

»Also, Herr Dimde«, frage ich, »mit welchen Worten hat Nostradamus – um ein signifikantes Beispiel zu nennen – die Ermordung des amerikanischen Präsidenten John F. Kennedy am 22. November 1963 in Dallas/Texas vorhergesagt?«

»KENNEDY, JOHN F.« Langsam und bedächtig tippt Herr Dimde, sich der Größe des Augenblicks bewusst, einen Buchstaben nach dem anderen in seinen Nostradamus-Computer. Die Spannung nähert sich dem Siedepunkt, als der Drucker des Experten die Worte ausspuckt:

»Drei werden die Scharfschützen sein.«

Kleine Gesprächspause. Ich warte auf Einzelheiten. Sie kommen nicht.

»Das ist alles?«, forsche ich, etwas enttäuscht, weiter. »Name, Jahr, irgendeine Ortsangabe?«

»Nostradamus nannte natürlich keine Namen«, betont Herr Dimde, wissend, dass es ohnehin unmöglich ist, einen blutigen Laien in dermaßen komplizierte Sachverhalte einzuführen. »Und die Daten«, meint er noch, »müssten auf kompliziertem Weg entschlüsselt werden. Das würde zu weit führen.«

Klar.

Auch für 1904 hat der Fachmann eine Prophezeiung dechiffriert. In diesem Jahr würde laut Nostradamus »das Loch im Fell der Zeit gefunden«.

»Aha. Was, bitte sehr, bedeutet das?«

»Gemeint ist Einsteins Relativitätstheorie.«

»Wieso? Können Sie mir das erklären?«

»Nein, das ist sehr kompliziert, dafür gibt es wieder andere Experten.« Die aber fand ich nicht.

Michel de Notredame, so der wahre Name des Sehers, wurde am 14. Dezember 1503 als Sohn eines Notars in St. Remy in Südfrankreich geboren. Nach dem Medizinstudium eröffnete er eine Arztpraxis in Marseille, wo er sich große Verdienste im Kampf gegen die Pest erwarb. Er brachte es zum Leibarzt König Karls IX., war zweimal verheiratet und hatte acht Kinder.

1555 veröffentlichte »Nostradamus«, wie er sich nun nannte, seine ersten Prophezeiungen. Er sagte den Tod des französischen Königs Heinrich II. voraus, der dann 1559 tatsächlich an den Folgen einer Turnierverwundung starb. Dessen Witwe und Nachfolgerin Katharina von Medici ernannte Nostradamus nun zu ihrem Hof-Astrologen. Womit er über Nacht reich und berühmt war.

Vertiefen wir uns aber noch ein wenig in einige der zweitausend »Verse«, in denen Nostradamus die Zukunft erkannte. Was sagte er beispielsweise – Herrn Dimdes Interpretation zufolge – für 1969 voraus? Also: »Der Mensch wird setzen seinen Fuß auf eine fremde Erde.«

Verblüffend, 1969 war das Jahr der ersten Landung auf dem Mond.

Können Sie mir die Originalstelle bei Nostradamus zeigen?

Herr Dimde hat sie grade nicht bei der Hand, leitet dafür aber aus dem Satz »Das große Theater wird in Schutt und Asche fallen« die Katastrophe von Tschernobyl ab.

Den iranischen Revolutionsführer Khomeini soll Nostradamus so angekündigt haben: »Im Glauben wird eintreten ein König des weißen Turbans und wird regieren weniger hoch entwickelt.«

Wo? Schwer zu sagen.

Dafür weiß der Nostradamus-Jünger aber, dass Nostradamus sagte, man würde 1987 »über den sterbenden Wald sprechen«. Interessant auch eine Prognose, die Herr Dimde in das Jahr 1990 transferiert: da würde »ein Kapitän in Germanien Hilfe vortäuschen«. Klar, dass Monsieur N. damit nur die deutsche Wiedervereinigung gemeint haben konnte. Freilich gibt es aber auch in dieser Weissagung eine kleine Ungereimtheit, hatten doch die Nationalsozialisten denselben Nostradamus-Vers für das Jahr 1933 reklamiert. Deren Version in der Übersetzung lautete: »Ein Führer des Deutschen Reiches wird der Welt Hilfe bringen.«

»Wie, Herr Dimde, erklären Sie sich derlei Diskrepanzen?«

»Ja, also, die Zuordnung der Jahreszahlen und die Übersetzungen aus dem Altfranzösischen sind problematisch. Das verstehen nicht einmal die Franzosen.«

In den Versen, die Herr Dimde – recht eigenmächtig – mit 1991 identifiziert, ist von einer »Zeit der höllischen Öllämpchen« die Rede. Es war das Jahr des Golfkriegs.

Einige Prophezeiungen des »größten Sehers aller Zeiten« sind tatsächlich verblüffend, viele wurden später hinzuinterpretiert: der französische Arzt und Forscher Nostradamus (1503 bis 1566).

»Wie hat Nostradamus vor vierhundert Jahren 1994 gesehen?«

»Hier steht, der Glaube ist beleidigt worden, bittere Kriege stehen bevor.« Womit, laut Herrn Dimde, nur »das Blutbad von Hebron« gemeint sein konnte.

Als ich den Experten im Jahre 1994 bat, aufgrund der Nostradamus-Berechnungen in die unmittelbare Zukunft zu blicken, weissagte er für 1995 »einen neuen Papst« (der nicht kam) und für 1996 »einen neuen Nahostkrieg« (der uns, in diesem Jahr jedenfalls, ebenfalls erspart blieb). Zur Jahrtausendwende bescherte uns Nostradamus »eine Waffe, die die Menschheit in Angst und Schrecken versetzt«. Was immer das bedeuten mochte.

Zweifellos sind Herrn Dimdes Erfolge, mit Hilfe von Nostradamus in die bereits vergangene Zukunft zu blicken, größer als wenn er in die tatsächlich vor sich liegende Zukunft blickt.

Außer Zweifel steht aber auch, dass etliche Visionen, die sich bei Nostradamus finden, verblüffen, und dass er selbst ein kluger, vielleicht sogar genialer Mann war. Und ein großer Arzt, dessen Naturheilmethoden weltweit heute noch angewendet werden.

Er starb am 2. Juli 1566 mit 63 Jahren an Wassersucht. Nostradamus soll Tag und Stunde seines Ablebens prophezeit haben.

Soll.

»Woher, Herr Dimde, weiß man das?«

»Er hatte auf das Kalenderblatt dieses Tages ein Kreuz gezeichnet.«

»Haben Sie das Kalenderblatt gesehen?«

»Nein, das ist eine alte Überlieferung.«

Da Nostradamus' Voraussagen bis ins vierte Jahrtausend reichen, können wir mit seiner und Herrn Dimdes Hilfe auch dorthin blicken. 2010 beginnt ein dritter Weltkrieg, 2064 fällt Rom in die Hände des Islam und 2100 werden die Menschen bis zu zweihundert Jahre alt.

»Im Jahre 3797«, sagt Nostradamus allerdings, »wird alles Leben auf unserem Planeten dann völlig erlöschen.«

Letzteres wird unsereins kaum widerlegen können.

Das wiederum wage ich zu prophezeien.

»Hanussen lebt«…

… behauptet seine Tochter

Frau Erika Fuchs, geb. Steinschneider, kam 1920 als einzige Tochter Erik Jan Hanussens, des wohl berühmtesten Sehers unserer Tage, zur Welt, und sie lebt seit langem schon in Meran. Ich traf sie im Oktober 1988 in ihrer Geburtsstadt Wien, wohin sie als Ehrengast zur Premiere eines Hanussen-Films mit Klaus Maria Brandauer kam. Zunächst schien sich ein ganz normales Interview anzubahnen. Brandauer sei ihrem Vater »menschlich so nahe gekommen«, meinte sie, und soweit konnte ich ihr noch problemlos folgen.

Doch dann sagte sie plötzlich: »Auch meinem Vater hat der Film sehr gut gefallen.«

»Gnädige Frau«, wende ich besorgt ein, »Ihr Vater wurde am 24. März 1933 in einem Wald am Stadtrand von Berlin durch drei SA-Männer erschossen.«

»Das stimmt«, sagt sie, »aber ich stehe mit ihm in ständiger Verbindung. Wir sprechen fast täglich miteinander.«

Als Journalist hat man fürs Übersinnliche nicht allzu viel übrig, man ist Realist. Doch da wir schon einmal auf dem Weg in ihr Hotel sind, lasse ich sie weitererzählen. Sie habe, so sagt Frau Fuchs, die mich in ihrem Äußeren frappant an Einzi Stolz erinnert, die medialen Fähigkeiten vom Herrn Papa geerbt.

Im Hotel wartet ein junger Mann, den sie mir als Herrn Oberhuber vorstellt. »Finden Sie nicht, dass er meinem Vater sehr ähnlich sieht?« Er sei Hanussens Reinkarnation, bringt sie unser Treffen endlich auf den Punkt. Walter Oberhuber, von Beruf »Hypnotherapeut« und wie Frau Fuchs in Südtirol wohnhaft, habe sich ihr gegenüber erstmals am 20. Dezember 1987, abends um 18 Uhr, als Hanussens Wiedergeburt zu erkennen gegeben. »Mein Vater lebt. Er lebt in Herrn Oberhuber weiter.«

Nun, es ist meine Sache nicht, die mir vorgelegten »Beweise« und »Eidesstattlichen Erklärungen« dieser These zu überprüfen, doch ließ sich Frau Fuchs in ihrem Hotelzimmer am Graben in der Wiener Innenstadt nicht davon abhalten, sich durch Herrn Oberhubers Hilfe in Trance zu begeben und so mit ihrem Vater in übersinnlichen Kontakt zu treten.

»Ich bin gekommen«, lässt mir Erik Jan Hanussen, 55 Jahre nach seinem Ableben durch seine Tochter ausrichten, »um zu Ihnen zu sprechen. Ich möchte mich für den großartigen Film bedanken, es ist mein Film, der mir ein Denkmal setzt und mir durch Klaus Maria Brandauer neues Leben schenkt …«

Usw. usw.

Verlassen wir die schaurige Welt des Übersinnlichen und kehren wir zurück in die noch schaurigere Welt der Tatsachen, mit denen Hanussen zeitlebens auf Kriegsfuß stand. Er war 1889 als Hermann Steinschneider in Wien zur Welt gekommen und noch für den Kaiser in den Krieg gezogen. Als junger Zugsführer prophezeite er einem Vorgesetzten, dass dieser Vaterfreuden entgegensehen könne. Und richtig, schon am nächsten Tag kam eine Depesche, großer Jubel, die Frau des Vorgesetzten war schwanger. Bald stellte sich freilich heraus, dass Zugsführer Steinschneider zuvor die Post abgefangen und durchgesehen hatte.

Nach dem Zusammenbruch der Monarchie nannte er sich Hanussen, um seine seherischen Dienste eines Tages der Direktion der

Österreichischen Nationalbank anzubieten. Die ihn auch dringend benötigte, da aus dem Keller des staatlichen Zahlungsinstituts ein prall gefüllter Geldkoffer gestohlen worden war. Zwar gelang es Hanussen, die Bank auf die Spur der Verbrecher zu führen, doch hatte das mit Telepathie weniger zu tun als mit Bauernschläue: der Hellseher hatte durch seine Kontakte zur Unterwelt herausgefunden, wo das Geld lagerte.

Sein Aufstieg jedenfalls war nun nicht mehr aufzuhalten, er trat in allen großen Vergnügungslokalen und Varietés auf. Wobei sich nur noch die Frage stellt: als Hellseher oder als Betrüger?

»Man kann nicht immer und auf Befehl in die Zukunft schauen«, erklärt die Tochter, »aber Neider gibt es überall. Daher hat er hin und wieder gewisse Tricks anwenden müssen, um sein Publikum nicht zu enttäuschen …«

Aha, verstehe.

Immerhin wurde Hanussen 1928, als er bereits ein weltberühmter Mann war, in Leitmeritz wegen Betrugsverdachts verhaftet. Und in einem Aufsehen erregenden Prozess mangels an Beweisen freigesprochen. Dennoch durfte er jetzt erst dem traurigen Höhepunkt seiner Karriere entgegensehen.

»Wie konnte sich Ihr Vater«, frage ich Erika Fuchs, »wie konnte sich Hanussen, der jüdischer Herkunft war, als Berater in Hitlers Dienste stellen?«

Die Tochter, um keine Antwort verlegen: »Er wollte seinen Einfluss auf Hitler dafür verwenden, um die Juden zu retten. Das hat er mit seinem Leben bezahlt.«

Fest steht, dass Hanussen erschossen wurde, nachdem er den Brand des Berliner Reichstags prophezeit hatte.

Da drängt sich mir zum Abschluss noch eine Frage auf: Wenn der

Herr Papa schon Hellseher war, wieso konnte er dann seine eigene Hinrichtung nicht vorhersehen?

»Er hat genau gewusst, dass er umgebracht wird, doch er war Idealist und sagte, was ist ein einziges Menschenleben gegen so viele.«

Nun, ich glaube Frau Fuchs-Hanussen durchaus, dass sie die medialen Fähigkeiten ihres Vaters geerbt hat. Die Fähigkeiten, mit den Medien umzugehen.

Die Welt steht auf kein Fall mehr lang

oder Der Komet kommt!

Irgendwie ist das Couplet aus der so österreichischen Zauberposse *Lumpazivagabundus*, demzufolge »die Welt auf kein Fall mehr lang« steht, gültig geblieben. Nicht nur zu Nestroys Zeiten rechnete man damit, dass demnächst »der Komet« kommt und am bevorstehenden Weltuntergang schuld sei. Während der liebenswerte Schustergeselle Knieriem aber seine Todesfurcht in einem veritablen Rausch ersäuft, kommt es auch heute noch vor, dass verunsicherte Menschen aus Angst vor einem Kometen in Panik verfallen. Einer der spektakulärsten Fälle war der Massenselbstmord von 39 Mitgliedern einer Sekte in den USA, die den im Frühjahr 1997 sichtbar gewesenen Kometen Hale-Bopp dermaßen fürchteten, dass sie gemeinsam in den Tod gingen.

Die durchaus ernste Frage, ob die Welt ihrem Untergang entgegensieht, stellt sich die Menschheit seit Jahrtausenden, wobei »der Komet« dabei immer eine besondere Rolle spielte. Kein Wunder, gibt es doch – man glaubt es kaum – sage und schreibe 100 Milliarden Kometen! Die meisten schwirren an der Grenze unseres Sonnensystems, in einer Entfernung von fünftausend Milliarden Kilometern herum, einige wenige verirren sich aber in beunruhigend nahe Gefilde unserer Erde. Die sind's dann auch, die die Menschen in Angst und Schrecken versetzen.

Der englische Astronom Edmond Halley erkannte 1682, dass ein von ihm gesichteter Himmelskörper derselbe war, den Johannes

Kepler 76 Jahre zuvor schon beobachtet hatte. Seither weiß man, dass Kometen – wie auch der Planet Erde – die Sonne umkreisen, und dass sie meist wiederkehren. Als man den dann nach Edmond Halley benannten Halleyschen Kometen im Mai 1910 neuerlich erwartete, prophezeiten nicht nur Wahrsager, sondern sogar der Direktor der Pariser Sternwarte den »Untergang der Welt«. In Österreich brach die hierorts beliebte *Verkauft's-mei-G'wand-i-fahr-in-Himmel*-Stimmung aus, und Spekulanten boten Veranstaltungen an, »bei denen Sie bis zum Weltuntergang Ihr gesamtes Vermögen verprassen können«. Andere verkauften blausäurehältige »Kometenpillen«, die vor dem Tod schützen sollten. Als Wien dann am 11. Mai 1910 – zufällig und ohne Zusammenhang mit dem Kometen – von einem kleinen Erdbeben erschüttert wurde, verließen viele Bewohner fluchtartig die Stadt. Um am Abend, als die Welt überraschenderweise immer noch »stand«, wieder heimzukehren. Das Überleben wurde beim Heurigen gefeiert.

Schon im Altertum mussten Schweifsterne als Fingerzeig Gottes, als Teufelswerk oder als Boten künftiger Kriege und Naturkatastrophen herhalten, und der griechische Philosoph Aristoteles schrieb ihrem Auftauchen heiße Winde, Trockenheit, Missernten und Hungersnöte zu. Selbst als der Komet Halley 1986 zum vorerst letzten Mal auftauchte, machte man ihn für Tschernobyl und für AIDS verantwortlich.

Dabei vermitteln Kometen auch ganz wichtige positive Assoziationen, verkündet doch der Weihnachtsstern die Geburt des Heilands und die Macht des Christentums.

Mit einer Geschwindigkeit von rund 200 000 Stundenkilometern jagen die Kometen seit viereinhalb Milliarden Jahren durchs All, womit sie ebenso alt sind wie unsere Erde und das gesamte Sonnensystem.

Äußerlich ähneln sie schmutzigen Schneebällen, ihr Kern besteht aus Metallen, Stein und Staubpartikeln sowie aus gefrorenen Gasen.

Auch als Nestroy das *Kometenlied* schrieb, herrschte gerade Angst vor einem drohenden Weltuntergang. Hatte doch der k. k. Hauptmann Wilhelm Biela einen Kometen entdeckt, der 1832 in der Monarchie für große Aufregung sorgte. Astronomen vermuten heute, dass Nestroy die Idee hatte, die Panik um den Bielaschen Kometen literarisch auszuwerten. Ehe der Hobbyastronom Knieriem zum *Kometenlied* anhebt, philosophiert er zum Gaudium des Publikums mittels der eigenen Phantasie entsprungener Ausdrücke auf offener Bühne:

»Ich hab' die Sach' schon lang heraus. Das Astralfeuer des Sonnenzirkels ist in der goldenen Zahl des Urions von dem Sternbild des Planetensystems in das Universum der Parallaxe, mittelst des Fixstern-Quadranten, in die Ellipse der Ekliptik geraten; folglich muss durch die Diagonale der Approximation der perpendikulären Zirkel der nächste Komet die Welt zusammenstoßen. Diese Berechnung ist so klar wie Schuhwix. Freilich hat nicht jeder die Wissenschaft so im kleinen Finger als wie ich; aber auch der minder Gebildete kann alle Tag' Sachen genug bemerken, welche deutlich beweisen, dass die Welt nicht lang mehr steht. Kurzum, oben und unten sieht man, es geht rein auf'n Untergang los.« Worauf Adolph Müllers Musik einsetzt und der Schuster das wohl populärste Nestroy-Couplet singt:

Es ist kein Ordnung mehr jetzt in die Stern,
d'Kometen müssten sonst verboten wer'n.

Ein Komet reist ohne Unterlass,
Am Firmament und hat kan Pass.
Und jetzt richt so a Vagabund,
Uns die Welt bei Butz und Stingel z'Grund ...
Da wird einem halt angst und bang.
Die Welt steht auf kein Fall mehr lang ...

Im Gegensatz zu Nestroys satirischer Sicht ging die Erde rund sieben Jahrzehnte danach tatsächlich nur knapp an einer Katastrophe vorbei. Denn am 30. Juni 1908 explodierte über der sibirischen Taiga der vierzigtausend Tonnen schwere Asteroid Tunguska. Wäre er stattdessen auf eine Großstadt gestürzt, hätte es Millionen Tote gegeben – seine Zerstörungskraft war tausendmal größer als die der Atombombe von Hiroshima.

Karl Kraus bot die oft hochgespielte Kometenangst Anlass für ganz andere Überlegungen: »Wenn die Erde erst ahnte, wie sich der Komet vor der Berührung mit ihr fürchtet!«

Tatsächlich folgenschwer waren die durch Kometen hervorgerufenen Katastrophen in den Urzeiten der Weltgeschichte. Fotografien, die aus Apollo-Raumschiffen aufgenommen wurden, zeigen, dass im süddeutschen Raum vor 15 Millionen Jahren zwei riesige Himmelskörper aus Nickel und Eisen einschlugen und im Umkreis von fünfhundert Kilometern alles Leben auslöschten. Nach wie vor sind die Ablagerungen in dieser Region ungewöhnlich reich an Nickel. Ein noch größerer Komet dürfte vor 65 Millionen Jahren die Dinosaurier ausgerottet haben.

»Alle hundert Millionen Jahre muss mit dem Zusammenstoß eines Kometen dieser Größenordnung mit der Erde gerechnet werden«, meint Professor Hans Michael Maitzen von der Wiener Universitätssternwarte. Da der letzte vergleichbare Vorfall 65 Millionen Jahre zurückliegt, lassen uns die großen Kometen – statistisch gesehen – in den nächsten 35 Millionen Jahren in Ruh'. »In der Frühzeit der Erde waren derartige Zusammenstöße viel häufiger«, sagt der Forscher, »sie sind ein Teil der Entstehungsgeschichte der Planeten.«

Fragt man die zuständigen Wissenschafter nach Prognosen für unser weiteres Zusammenleben mit den Kometen, dann warten sie mit einer guten und einer schlechten Nachricht auf. Die gute zuerst: »Dass durch eine Kollision tatsächlich ›die Welt untergeht‹, kann man so gut wie ausschließen, da es einen Kometen in einer für den Fortbestand der Erde gefährlichen Größe nicht gibt.«

Die schlechte allerdings: »Das Aussterben der Menschheit sowie der Pflanzen und Tierwelt ist durch den Zusammenprall der Erde mit einem Kometen dennoch möglich.«

Freilich sei für den Fall, dass uns wirklich einmal ein außerirdisches Geschoß von bedrohlicher Dimension nahe kommt, vorgesorgt: Mitarbeiter der US-Raumfahrtbehörde NASA beobachten die Himmelskörper und nehmen jeden Kometen lange vor seinem Eindringen in die Erdatmosphäre wahr. In gefährlichen Situationen würden Raketen zu den Himmelskörpern gesandt, die diese durch das Entzünden von Sprengsätzen aus der Bahn bringen, damit sie andere, von der Erde wegführende Richtungen einschlagen.

Garantien, dass das im Ernstfall wirklich funktioniert, gibt's natürlich keine.

Der von uns »nur« zweihundert Millionen Kilometer entfernt gewesene Schweifstern Hale-Bopp war mit einem Durchmesser von vierzig Kilometern größer als der einst so gefürchtete Halley und damit der größte sichtbar gewesene Komet des Jahrhunderts. Im Juni

1997 kehrte Hale-Bopp in die Tiefen des äußeren Sonnensystems zurück, und er wird die Bewohner der Erde erst wieder in 2400 Jahren beglücken.

Es sei denn, der Schuster Knieriem hat Recht und die Welt »steht« gar nicht mehr so lang …

Meine Reisen zu den Enkeln der Tante Jolesch

»Gute Ernte, schlechte Saad«

Ein Nachtrag

Wie das so ist mit Manuskriptabgabeschlüssen, es fällt einem – sobald sie vorbei sind – immer noch etwas ein, das für das eben fertig gestellte Buch geeignet gewesen wäre. Und wenn es dann erschienen ist, das Buch, melden sich Leser, Freunde und Kollegen, die auch noch diese und jene Geschichte gewusst hätten.

Im Normalfall ist's für solche Nachträge zu spät, diesmal nehme ich die Gelegenheit mit Freuden wahr, hier wiederzugeben, was ich in meinem Buch *Die Enkel der Tante Jolesch* nicht unterbringen konnte.

Während ich darin Friedrich Torberg, den geistigen Vater der Original-Tante Jolesch, mit mehreren Geschichten, die seinen Witz und seinen Scharfsinn aufzeigen, zu Wort kommen ließ, blieb eine Würdigung der nicht minder originellen Persönlichkeit seiner Frau aus. Zu Unrecht, denn Marietta Torberg stand ihrem Mann an Geist und Esprit um nichts nach, wofür nicht zuletzt jener Ausspruch als Beleg dienen mag, der darauf basiert, dass die Südtiroler Stadt Bozen im Italienischen Bolzano heißt.

Marietta Torberg war in den fünfziger Jahren mehrmals zu Gast in dem von Otto Molden gegründeten *Forum Alpbach*, wo man stets einer illustren Gästeschar begegnen konnte. Einmal nahm sie dort in einer Runde die Nachmittagsjause ein, der neben ihrem Mann auch Bruno Kreisky, der berühmte Psychiater Hans Hoff und ein Student namens Bolzano angehörten. Marietta war eine große Verfechterin des österreichischen Idioms in der deutschen Sprache, weshalb sie – als Herr Bolzano beim Ober »Sahne« für seinen Kaffee bestellt hatte – dezidiert erklärte:

»Bolzano, wenn S' noch einmal auf piefkinesisch Sahne sagen statt Obers, dann nenn ich Sie ab heute Bozen!«

Marietta Torberg ist – auch wenn sie darin nur eine passive Rolle spielt – in einer weiteren Geschichte von Bedeutung. Wir müssen hier freilich, um zur Pointe zu gelangen, ein Geheimnis lüften, das eigentlich nie eines gewesen ist: Bruno Kreisky war nicht nur der Schauspielerin Senta Wengraf sehr zugetan (die das nach seinem Tod öffentlich bekundete), sondern – in einer anderen Phase seines Lebens – auch der Schriftstellersgattin Marietta Torberg. Alles war natürlich streng geheim, obwohl jeder davon wusste.

Es gehörte zu den Gewohnheiten des Regierungschefs, zweimal in der Woche, jeweils am späteren Nachmittag, den für seine Sicherheit verantwortlichen Beamten der Staatspolizei – der ihn gleichzeitig auch chauffierte – mit der beiläufigen Ankündigung zu überraschen: »Herr Bauer, heut brauch ich noch a bissl frische Luft, ich glaub ich möcht am Abend wieder spazieren gehen. Wissen S' was, führen S' mich so um 21 Uhr zum Botanischen Garten, da werd ich a bissl herumgehen, ich kann ja dann später allein mit dem Wagen nach Haus fahren.«

Der Eingang zu Wiens Botanischem Garten liegt in der Jacquingasse, zufälligerweise vis-à-vis jenes Hauses, das die von ihrem Mann getrennt lebende Marietta Torberg damals bewohnte. Herr Bauer nickte vielsagend, nachdem er Kreiskys diesbezüglichen Auftrag erhalten hatte, und verständigte danach seine Kollegen vom zuständigen Polizeikommissariat Wien-Landstraße. Diese veranlassten augenblicklich, dass vor dem Eingang des Botanischen Gartens zwei

Parkplätze freigehalten würden – »zwei«, wie Herr Bauer betonte, »damit der Bundeskanzler aus der Parklücke wieder herauskommt, wenn er spätabends selbst nach Hause fährt«.

Kreisky wurde zur vereinbarten Stunde in die Jacquingasse gefahren, wo dann wie durch ein Wunder, eine Parklücke in der Größenordnung zweier Automobile frei war. Herr Bauer ließ den Kanzler aussteigen und fuhr mit der Straßenbahn nach Hause.

Und Kreisky »spazierte durch den Botanischen Garten«.

Ein Umstand, der seinem Sicherheitsbeamten immer wieder ein Lächeln abverlangte, prangte doch auf dem Tor des Botanischen Gartens ein Schild mit dem Hinweis:

»Wird bei Einbruch der Dunkelheit geschlossen.«

Das war dem Herrn Bundeskanzler nie aufgefallen.

Ich verdanke diese Geschichte meinem Freund Peter Weiser, der mir noch zwei weitere, den einstigen »Sonnenkönig« betreffend, anvertraute. Kreisky umgab sich – so ungewöhnlich dies für einen Sozialdemokraten seiner Generation gewesen sein mag – gerne mit Aristokraten und auch diese fühlten sich, trotz einer tiefen ideologischen Kluft, oft zu ihm hingezogen. Eines Tages erschien auf dem Ballhausplatz ein im Jahre 1956 aus Ungarn geflüchteter Baron namens Kövess von Kövessháza, um beim Bundeskanzler in einer persönlichen Angelegenheit zu intervenieren. Kreisky fand Verständnis für das Begehr des längst eingebürgerten Flüchtlings und sicherte ihm zu, sich für die Sache verwenden zu wollen. Als alles besprochen war, geleitete der Kanzler den Besucher zu der großen Flügeltür seines Arbeitszimmers und verabschiedete ihn artig mit den Worten: »Lieber Baron Kövess, Sie können davon ausgehen, dass die Angelegenheit in Ihrem Sinn erledigt wird!«

Kövess von Kövessháza sah Kreisky erstaunt an und sagte: »Verzeihen Sie, Herr Bundeskanzler, Sie sind doch auch Vorsitzender der Sozialistischen Partei, die im Jahre 1918 den Adel abgeschafft hat. Wieso sagen Sie Baron zu mir?«

Da ließ Kreisky sein Auge durch die Weiten des Metternichschen Salons schweifen und antwortete: »Mein lieber Baron, hier sind wir doch unter uns!«

Das freilich war nur das Vorspiel zur eigentlichen Aristokratengeschichte, die hier zu vermelden ist. Trat doch eines Tages Kreiskys Sekretär Lukas (Graf) Beroldingen ins Kanzlerzimmer, um seinem Chef mitzuteilen: »Herr Bundeskanzler, heut Nachmittag ist der Kari Schwarzenberg zu einem Besuch bei dir angemeldet. Ich möchte dich, weil du ihn immer als ›Prinz Schwarzenberg‹ ansprichst, darauf aufmerksam machen, dass sein Onkel Heinrich, der Chef des Hauses Schwarzenberg, vorgestern verstorben ist. Damit hat Kari seine Stellung als Oberhaupt der Familie übernommen, er trägt also jetzt den Titel ›Fürst‹.«

Kreisky hörte sich den Hinweis in aller Ruhe an und brummte: »In Österreich wurde der Adel am 12. November 1918 abgeschafft. Für mich bleibt er Prinz!«

Ein anderer Schwarzenberg – Fürst Josef – glänzte bereits in den *Enkeln der Tante Jolesch* durch einen Satz, der dazu angetan war, seine außerordentliche Originalität zu dokumentieren. Hatte er doch, als er nach dem Krieg – damals hieß der Schwarzenbergplatz noch Stalinplatz – von einem Fremden nach seiner Wohnadresse gefragt wurde, geantwortet: »Ich wohne auf dem nach mir benannten Stalinplatz!«

Anknüpfend daran wurde mir nun von einem Intimkenner derer zu Schwarzenberg ein in seinem Wesen nicht unähnlicher Ausspruch eines weiteren Mitglieds der weit verzweigten Familie überbracht. Er stammt vom Prinzen Fritz Schwarzenberg, der irgendwann in den sechziger Jahren zur Führerscheinprüfung antrat. Als er dort seinen Namen nannte, fragte ihn der Prüfer:

»Schwarzenberg, wie das Kino?«

Worauf der Prüfling entgegnete: »Nein! Wie der Platz!«

Wir aber kehren zur Politik zurück, genauer gesagt zu Adolf Schärf, einem der Baumeister der Zweiten Republik, der lange Zeit Vizekanzler einer schwarz-roten Koalition war, ehe er nach dem Tod Theodor Körners im Jahre 1957 zum Bundespräsidenten gewählt wurde. Wie sehr ein solches Amt die Bewegungsfreiheit eines Menschen beeinträchtigt, erläutert eine Begebenheit, die der frühere Bundeskanzler Franz Vranitzky erzählt: Schärf hatte als begeisterter Saunabesucher jahrelang ein bestimmtes Dampfbad frequentiert, dessen Gäste ihn natürlich gut kannten. Als er nach seiner Wahl zum Bundespräsidenten wie immer in seine Stammsauna kam, legte er das seine Lenden umspannende Handtuch, allen bisherigen Gepflogenheiten zum Trotz, nicht ab. Es war das erste Mal, dass Adolf Schärf – wenn auch nur spärlich – bekleidet blieb.

»Was is, Doktor Schärf«, fragte ihn ein Saunabesucher, »g'schamig worden?«

»Nein«, lautete die Antwort, »Bundespräsident!«

Schärf war es, der in den sechziger Jahren die erste Regierung unter Josef Klaus angelobte, von dem weit weniger Anekdoten in Umlauf sind als von seinem Nachfolger Kreisky – eine zeigt jedoch, dass in dem gebürtigen Kärntner zumindest Ansätze witziger Verhaltensweisen schlummerten. Bundeskanzler Klaus schaltete sich während der Wiener Opernkrise des Jahres 1964 persönlich in die Verhandlungen ein, die den beinahe täglich eskalierenden Streit zwischen Herbert von Karajan und Teilen des Ensembles beilegen sollten. Man hatte dem Maestro vorgeworfen, keine anderen Dirigenten zu dulden und ein fremdsprachiges Repertoire zu bevorzugen, worauf dieser mit seinem Rücktritt als Direktor des Opernhauses drohte. Klaus empfing ihn zum Vieraugengespräch im Marmorecksalon des Kanzleramts und ließ, ehe das offizielle Gespräch begann, zum Smalltalk eine Tasse Kaffee servieren. Um die Atmosphäre ein wenig aufzulockern, stand der Bundeskanzler auf und holte aus dem Nebenzimmer eine Zigarre, die er dem weltberühmten Dirigenten aufwartete. Der nahm sie skeptisch aus der Verpackung und prüfte die ihm unbekannte Marke. Josef Klaus bemerkte das Misstrauen seines Gesprächspartners und sagte:

»Nehmen Sie sie nur. Die zieht fast so gut wie Ihr Name, Herr von Karajan!«

Die Charmeoffensive hat nicht wirklich gefruchtet. Die Ära Karajan an der Wiener Staatsoper ging im selben Jahr noch zu Ende.

Das Stichwort Karajan gibt mir Gelegenheit, die politische Bühne zu verlassen, um mich einem anderen Großen des Dirigentenpults zuzuwenden. Leonard Bernstein war berühmt dafür, alle Menschen, die sich seinem Gesichtskreis näherten, abküssen zu wollen. Marcel Prawy weiß sogar von einem Telegramm, das Mrs. Bernstein aus Amerika an ihren Mann sandte, ehe dieser von Papst Johannes Paul II. in Audienz empfangen wurde. Das Fernschreiben enthielt den folgenden Wortlaut:

»Lenny, don't forget: Only the ring!«

Bernstein, der oft und gerne an der Staatsoper dirigierte, war einmal zu Ohren gekommen, dass Maxi Böhm ihn im österreichischen Fernsehen glänzend parodiert hatte. Als der Dirigent das nächste

Mal in Wien weilte, wurde ein Treffen mit Böhm arrangiert, damit er sich gemeinsam mit diesem im ORF-Zentrum am Küniglberg das Video ansehen konnte. Bernstein war hingerissen, lachte Tränen, sagte dann aber einschränkend: »Mr. Böhm, ich springe doch beim Dirigieren nicht!«

Im Anschluss an die Vorführung sah sich Bernstein die Aufzeichnung eines Strawinsky-Konzerts an, das er in der Londoner *Royal Albert Hall* dirigiert hatte. Nach einiger Zeit wandte er sich an Böhm, der immer noch neben ihm saß, und flüsterte ihm zu:

»Mr. Böhm, Sie haben Recht, ich springe wirklich!«

Die kleine Geschichte zeigt auf, wie sehr sich ein Parodist in die Psyche seines »Opfers« hineinversetzen muss, sollte er doch im Idealfall Eigenheiten erkennen, die diesem selbst verborgen bleiben.

Maxi Böhm war nach dem Krieg als Komiker und Conférencier entdeckt und 1957 ans Kabarett Simpl geholt worden. Doch er erschien seinem Chef Karl Farkas anfangs »nicht blöd genug«. Er ließ deshalb keinen Versuch aus, dies zu ändern, verwechselte auf der Bühne Paravent mit Parvenü, setzte verschiedene Augengläser auf – aber die Leute wollten partout nicht über ihn lachen. Endlich fielen ihm, während einer Szene mit Farkas, ohne jede Absicht die Haare ins Gesicht. Als er sie mit einer umständlichen Handbewegung aus der Stirn zu wischen versuchte, brüllten die Leute.

So hatte Maxi Böhm sein Markenzeichen gefunden, das ihm ein Leben lang bleiben sollte.

Zu Depressionen neigte er – nachdem er zwei seiner Kinder verloren hatte – erst in seinen späten Jahren. Ich hatte ihn auch privat als unglaublich komischen Menschen kennen gelernt, der – als wäre er nie wirklich erwachsen geworden – zu den ausgelassensten Späßen aufgelegt war. So schickte er eines Tages einen Polizisten zum

Konfirmationsunterricht seines jüngeren Sohnes Michael, der ihm mitteilte, dass sein Vater volltrunken in der Wachstube sitzen würde.

Bleich vor Schreck folgte der Gymnasiast dem Beamten aufs Kommissariat. Was sich ihm dort bot, war ein Bild des Schreckens: Maxi Böhm lag grölend auf einer Bank und lallte – von mehreren Polizisten umgeben – Wienerlieder.

Erst als der geschockte Sohn zum Telefonhörer griff, um Karl Farkas zu verständigen, dass sein Vater an diesem Abend nicht auftreten könnte, erhob sich Maxi Böhm – und war der nüchternste Mensch der Welt. Er hatte alles nur gespielt und die für ein Gelingen des Scherzes benötigten Polizisten »engagiert«. Seine Frau Huberta sagte mir einmal, dass sie in Wahrheit nicht drei, sondern vier Kinder gehabt hätte, wobei ihr Mann das schlimmste gewesen sei.

Eine andere Maxi-Böhm-Geschichte erfuhr ich – als weiteren Nachtrag zu den *Enkeln der Tante Jolesch* – vom heutigen Chef des Hotels Panhans am Semmering: Direktor Eduard Aberham hatte als junger Gastronom seinen Dienst im Hotel Kaiserbad in Deutsch Altenburg versehen, in dem Maxi Böhm hin und wieder zu Gast war. Nach Absolvierung einer mehrtägigen Kur schrieb der Komödiant ins Gästebuch:

»Bin in der vergangenen Woche um 20 000 Schilling jünger geworden.«

Mit Alfred Böhm war Maxi weder verwandt noch verschwägert, dafür umso enger befreundet. Fredi Böhm ließ mich einmal wissen, dass er auf der Straße von einer ihm fremden Frau mit den folgenden Worten angesprochen wurde:

»Ach, Herr Böhm«, jammerte die Fremde, »mein Gott, Herr

Böhm! Des waren noch Zeiten, wie Sie und der Conrads noch am Leben waren!«

Heute hätte die Dame leider schon Recht.

Alfred Böhm wohnte in unmittelbarer Nachbarschaft des Volksschauspielers Paul Hörbiger in der niederösterreichischen Gemeinde Wieselburg. 1978 wurde Paul von einer Fernsehzeitschrift mit der *Goldenen Kamera* ausgezeichnet, drei Jahre später wurde dann Alfred Böhm dieselbe Ehrung zuteil. Ich besuchte Hörbiger im Februar 1981, wenige Wochen bevor er dort starb, im Krankenhaus Lainz und erzählte ihm davon, dass Böhm als nächstem die begehrte *Kamera* überreicht würde.

Was Paul Hörbiger so kommentierte: »Jetzt ist Wieselburg die Stadt mit den meisten *Goldenen Kameras* pro Kopf der Bevölkerung.«

Die große Zeit des österreichischen Films, die von Paul Hörbiger und seinem kongenialen Partner Hans Moser geprägt war, ist längst vorüber, und doch wird hin und wieder auch hierzulande noch fürs Kino gedreht. Ein solches Vorhaben war wohl die Voraussetzung zur folgenden Geschichte, die mir Dieter Chmelar erzählte: Der Filmproduzent Norbert Blecha wollte für Gäste, die er in Wien erwartete, ein Quartier reservieren und rief deshalb, um die Telefonnummer eines renommierten, im Zentrum der Stadt gelegenen Hotels zu erfragen, bei der Inlandsauskunft der Post an. Dort ergab sich der folgende Dialog:

»Könnten Sie mir die Nummer des König von Ungarn geben?«

»Tut mir leid«, meinte das Fräulein am anderen Ende der Leitung, »da müssen Sie die Auslandsauskunft anrufen!«

Der Dame vom Amt dürfte entgangen sein, dass Monarchen in der Regel über Geheimnummern verfügen.

Einer weit verbreiteten Ansicht der österreichischen Bevölkerung zufolge ist von derartigen Ereignissen in Ministerien, bei Bahn oder Post »immer nur bei uns« zu berichten. Doch hier irrt das Volk, wie ich anhand einer mir zugetragenen Episode mitteilen kann. Als ich mich nämlich einmal in Luxemburg aufhielt, erzählte man mir, dass im damals neu erschienenen Telefonbuch des Großherzogtums irrtümlich sämtliche Geheimnummern abgedruckt worden seien, worauf die ganze Ausgabe eingestampft werden musste.

Das wäre doch eigentlich eine Geschichte, die als »typisch österreichisch« zu gelten hätte.

Es ist an der Zeit, ein Erlebnis zu schildern, in dem Peter Weiser – der bereits als Informant mehrerer Kreisky-Geschichten Erwähnung fand – selbst die Hauptrolle spielt. Peter Weiser ist seit Jahrzehnten eine österreichische Institution, er war nach dem Krieg Redakteur beim Sender Rot-Weiß-Rot, dessen Chefdramaturg er 1955 wurde, danach managte er den Österreich-Pavillon bei der Weltausstellung in Brüssel und erwarb sich als Kulturkorrespondent der *Frankfurter Allgemeinen Zeitung* großes journalistisches Ansehen. Ehe er Generalsekretär des Wiener Konzerthauses wurde, schrieb er überdies Theaterkritiken für den *Kurier* – und von eben dieser Tätigkeit handelt die nun folgende Geschichte.

Weiser sollte eines Abends im Theater in der Josefstadt die Premiere des Stücks *Die Ernte* von Richard Billinger rezensieren, wobei die weibliche Hauptrolle von der jungen, bildschönen Schauspielerin Margit Saad verkörpert wurde. Ernst Haeusserman, Freund und Berater des *Kurier*-Herausgebers Dr. Ludwig Polsterer, saß nach Ende der Vorstellung an seinem Stammtisch im Restaurant Linde und ließ sich wie immer aus der *Kurier*-Setzerei telefonisch die Kritiken der

Morgenausgabe durchgeben. Diesmal las ihm der Schlussredakteur die Rezension Peter Weisers aus der Josefstadt vor. Schon der Titel ließ sich mit »Gute Ernte, schlechte Saad« viel versprechend an, und diesem folgte eine ebenso pointierte Kritik, aus der hervorging, dass Weiser das Stück zwar gefallen habe, er sich für die schauspielerischen Leistung der Hauptdarstellerin Margit Saad jedoch keineswegs erwärmen konnte.

Als der Schlussredakteur die Rezension telefonisch vorgetragen hatte, hieß es schnell handeln. Denn Haeusserman wusste, dass Peter Weisers oberster Chef Ludwig Polsterer mit der Schauspielerin Margit Saad ein Verhältnis hatte und es daher keineswegs gutheißen würde, wenn diese ausgerechnet in seiner Zeitung schlecht weg käme. Und so rief er, um Peter Weiser vor größerem Schaden zu bewahren, nach einer Schrecksekunde noch einmal in der *Kurier*-Setzerei an und änderte die Titelzeile kurzerhand auf:

»Die Saad war gut, die Ernte schlecht.«

War der Austausch des Titels in der buchstäblich allerletzten Sekunde vor Andruck erfolgt, so musste eine Änderung des übrigen Textes unterbleiben, weil dies die Fertigstellung der Morgenausgabe akut gefährdet hätte. Da Haeusserman wusste, dass Polsterer ohnehin immer nur die Titelzeilen seiner Zeitung las, niemals jedoch die Artikel, konnte er das Risiko eingehen. Und so erschien am nächsten Morgen im *Kurier* ein Artikel, in dessen Titel die Hauptdarstellerin gelobt und das Stück verrissen wurde, in der eigentlichen Kritik aber das exakte Gegenteil stand.

Es gab keinerlei Konsequenzen – Polsterer hatte wie immer wirklich nur den Titel gelesen.

Die Leser offenbar auch. Jedenfalls langte in der *Kurier*-Redaktion keine einzige Beschwerde ein.

Apropos Haeusserman. In meinem vorangegangenen Buch habe ich mehrere in die Tradition der Tante Jolesch und ihrer Enkel passende Pointen des langjährigen Burgtheaterdirektors zitiert. Ein Ausspruch soll hier, gerade weil er Friedrich Torberg betrifft, nachgeholt werden. Als Haeusserman einmal gefragt wurde, ob es etwas gäbe, das ihn an Torberg stören würde, der doch zu seinen engsten Freunden zählte, gab er zur Antwort:

»Da müsst ich lügen!«

Ins Journalistenkapitel hätte auch noch eine Geschichte gepasst, die mir von Frau Ing. Elisabeth Hoyos, einer Leserin aus Wien, zugesandt wurde. Sie führt uns zurück in die dreißiger Jahre, als Österreichs Nationalelf als »Wunderteam« Fußballgeschichte schrieb. Dass die Spiele des »Wunderteams« ganz Österreich in eine Welle der Begeisterung versetzten, lag nicht nur an dem klugen Verbandskapitän Hugo Meisl und an genialen »Kickern« wie Mathias Sindelar, Rudi Hiden, Anton Schall und Adolf Vogel, sondern auch an den überaus lebendig gestalteten Rundfunkübertragungen von Professor Willy Schmieger, einem Mittelschullehrer für Latein und Griechisch, der durch seinen Nebenberuf als Sportreporter der RAVAG und der *Kronen Zeitung* unglaubliche Popularität erlangte.

Frau Hoyos' Vater saß in jenen Tagen vor seinem Radiogerät und lauschte dem spannenden Länderspiel Italien-Österreich, das von Professor Willy Schmieger kommentiert wurde. Die Worte »Sturm zu Vogel, Vogel zu Schall – Tooor!« gehörten zum Standardrepertoire des Sportreporters, doch an diesem Nachmittag gab's eine überraschende Abwandlung seines atemlos in den Äther gebrüllten Satzes:

»Sturm zu Vogel, Vogel zu Schall, Schall zu – Mussolini!«

Des Rätsels Lösung: Der »Duce« saß als Zuschauer auf der Ehrentribüne und war an seinem Kopf vom Ball getroffen worden.

Italiens Faschistenführer spielt auch in der nun folgenden Geschichte eine Rolle, in deren Mittelpunkt jedoch die Wiener Schauspielerin Hedy Lamarr steht. Sie ging im Alter von 18 Jahren in die Kinogeschichte ein, als sie in dem Film *Ekstase* als erste Frau auf der Leinwand ihren blanken Busen zeigte.

Hedy Kiesler, wie sie damals noch hieß, war mit Fritz Mandl, dem steinreichen Besitzer der Hirtenberger Patronenfabrik liiert, der als extrem eifersüchtig galt. Aus diesem Grund kaufte er, als er sie dann geheiratet hatte, auch sämtliche in Österreich verfügbaren *Ekstase*-Kopien auf. Denn nur er, ihr Ehemann, sollte in Zukunft den edlen Körper seiner Frau bewundern dürfen, und sonst niemand.

Mandl war in dubiose Waffen- und Munitionsgeschäfte verwickelt und stand in Verbindung mit Mussolini, dem er eine bestimmte Patronenlieferung vertraglich zugesichert hatte. Hitler, der kurz vor Österreichs »Anschluss« an das Deutsche Reich von diesem Geschäft erfuhr, benötigte dringend die Mussolini versprochene Munition, weshalb er Mandl einen Preis bot, bei dem dieser, wie man in solchen Fällen sagt, »nicht gut nein sagen konnte«. Und so verkaufte der jüdische Waffenhändler dem »Führer« des Deutschen Volkes jene Munition, die ihn wenige Monate später zur Flucht zwingen sollte.

Mussolinis Rache war süß. Er ließ eine Woche lang in allen Kinos von Rom den Film *Ekstase* spielen.

Als Hitler in Wien einmarschierte, lebte Hedy Lamarr – von Fritz Mandl längst geschieden – in Hollywood, wo ihre Karriere, wenn auch in bescheidenerem Maße, ihre Fortsetzung fand. Ganz im

Gegensatz zu dem Wiener Schauspieler Rudolf Forster, der sich erst nach der Machtergreifung durch die Nazis dazu entschloss, das Land zu verlassen – und zwar freiwillig, da er weder aus »rassischen« noch aus politischen Gründen verfolgt wurde. Doch dem in Österreich und Deutschland einst überaus erfolgreichen Forster sollte es nicht gelingen, im amerikanischen Film Fuß zu fassen. Und so kehrte er, nach Kontaktnahme mit Propagandaminister Joseph Goebbels, bei Nacht und Nebel zurück ins Deutsche Reich. Forsters spektakuläre Rückkehr bedeutete einen schwerern Schlag für die Emigranten, aber Hollywood hatte dem prominenten Schauspieler einfach keine Chance gegeben.

Ernst Haeusserman, der damals – zeitweise als Assistent von Max Reinhardt – ebenfalls in den USA lebte, war Zeuge einer kleinen Szene geworden, die für Forsters Entschluss zur Rückkehr bestimmend gewesen ist. Haeusserman hatte eine Besprechung mit dem bekannten Schauspielagenten Paul Kohner in Hollywood, der ihn bei dieser Gelegenheit bat, einen an Forster gerichteten Brief mitzunehmen. Kohner diktierte ihn in Haeussermans Anwesenheit:

»Lieber Forster, leider ist aus der Rolle nichts geworden. Man will niemanden mit ausländischem Akzent dafür. Gruß, Kohner.«

Am selben Tag übergab Ernst Haeusserman das Schreiben an Forster, der es sofort öffnete, genau durchlas und dann – nicht wissend, dass Haeusserman den Inhalt kannte – zu diesem sagte:

»Und wenn sie *noch* mehr zahlen: Ich mach es nicht!«

Neben den deutschen und den österreichischen Emigranten in den USA gab es auch eine große ungarische Abordnung, der prominente Künstler wie Marta Eggerth, Gitta Alpar, Franziska Gaal, Szöke Szakall und Emmerich Kálmán angehörten. Es kursierten sogar Gerüchte, dass in Hollywood ein riesiges ungarisches Filmstudio entstehen würde, und Marta Eggerth erzählte mir über Otto Preminger, der einmal als einziger Nicht-Ungar zu der gerade in heftige Diskussionen verstrickten Magyarenrunde stieß. Der aus Wien stammende Regisseur hörte eine Zeit lang zu, schlug dann mit der Hand auf den Tisch und brüllte: »Verdammt noch mal, Ihr seid in Amerika! Sprecht gefälligst deutsch!«

Auch eine Geschichte aus der Buchbranche ist hier nachzutragen. Es wird wohl nicht oft vorgekommen sein, dass ein Verleger mit einem einzigen Satz die gesamte Weltliteratur von Homer über Goethe bis Oscar Wilde in Frage zu stellen vermochte. So weit ich weiß, ist Fritz Molden – der jüngere Bruder des erwähnten *Forum Alpbach*-Gründers – überhaupt der einzige, dem dies in derartiger Kürze und Präzision gelang. Dass der Satz des Verlegers überliefert ist, verdanken wir Teddy Podgorski, den wir hier als Kronzeugen anführen dürfen.

Kuno Knöbl, der damalige Unterhaltungschef des österreichischen Fernsehens, hatte Mitte der siebziger Jahren einen Aufsehen erregenden Plan entwickelt, mit dem er beweisen wollte, dass Seefahrer schon tausend und mehr Jahre vor Christi Geburt unter Ausnutzung der Meeresströmungen aus dem asiatischen Großraum nach Mittelamerika gelangt waren.

Zu diesem Behufe ließ Knöbl eine 17 Meter lange Dschunke bauen, die er *Tai Ki* nannte, und mit der er über den Pazifischen Ozean segeln wollte. Das Abenteuer freilich entwickelte sich als kolossale Pleite: Nicht nur, dass Knöbl die Dschunke kurz nach ihrem Auslaufen aus dem Hafen in Hongkong wegen gesundheitlicher Probleme verlassen und die sofortige Heimfahrt nach Wien antreten musste, ging Wochen später die ganze Dschunke in einem

Wirbelsturm unter. Doch all diese Umstände sollten Knöbl nicht daran hindern, das baden gegangene Unternehmen wenigstens literarisch zu verwerten. Also schrieb er ein Buch über die *Tai Ki* und deren kurze Irrfahrt.

Es ergab sich in jener Zeit, dass Teddy Podgorski, ein anderer ORF-Gewaltiger, ebenfalls ein Buch – wenn auch über ein wesentlich handfesteres Thema – vorbereitete, nämlich über die in Innsbruck stattfindenden Olympischen Winterspiele des Jahres 1976, bei denen Franz Klammer zum Nationalhelden wurde. Podgorski befand sich zwecks Besprechung des Buchprojektes gerade im Büro des Verlegers Molden, als die Tür aufging und die Sekretärin eintrat.

»Herr Molden«, eröffnete diese ihrem Chef in einem Unterton, der Bedeutendes zu verheißen schien, »soeben sind die Korrekturen vom Knöbl-Buch eingelangt.«

Zwar verlegte Molden die Einsicht in die Fahnen auf die Zeit nach dem eben stattfindenden Gespräch, doch sein Gast war neugierig geworden. »Was für ein Buch«, fragte Teddy Podgorski, »hat der Knöbl geschrieben?«

»Ein Buch über seine Expedition mit der *Tai Ki*«, erklärte Molden.

»Ein Buch über die *Tai Ki*?«, wunderte sich Podgorski, »diese Expedition hat doch gar nicht stattgefunden.«

»Was heißt nicht stattgefunden?«, ärgerte sich Molden, »das ist wieder typisch für dich, du siehst ja immer nur das Negative.«

»Ich seh nix Negatives, ich frag mich nur, wie man ein Buch über eine Expedition schreiben kann, die es gar nicht gab. Der Knöbl ist gleich am ersten oder zweiten Tag mit Durchfall ins Spital gekommen, und etwas später dann ist das ganze Floß untergegangen. Wie soll denn aus einem Material, das gar nicht vorhanden ist, ein Buch entstehen?«

»Vergiss nicht«, ermahnte ihn Molden, »dass das ein Riesenabenteuer war, eine Expedition, die mehrere Jahrtausende umspannt. Und darüber hat er halt ein Buch geschrieben, und das werden wir herausbringen.«

Podgorski blieb standhaft: »Kannst du mir sagen, lieber Fritz, was in diesem Buch drinstehen wird?«

Fritz P. Molden erhob sich von seinem Schreibtischsessel, ging zum großen Panoramafenster seines Büros, sah mit verklärtem Blick nach Grinzing hinunter und sagte:

»Mein Gott, was steht denn schon in die anderen Bücher drin?«

Des unvergleichlichen Helmut Qualtinger ist hier mehrfach zu gedenken. Einleitend sei jedoch ein Dialog erwähnt, der zwischen ihm und André Heller stattgefunden haben soll. Ich zitierte ihn jedenfalls, da er mir als solcher anvertraut worden war, in den *Enkeln der Tante Jolesch*: Die beiden seien eines Nachts bei nasskaltem Schneeregen über die Kärntner Straße geschlendert. Beim Anblick einer frierenden Prostituierten hätte der eine dem anderen zugeflüstert: »Also, ehrlich, bei dem Wetter möcht ich ka Hur sein!«

Worauf der andere meinte: »Bei welchem Wetter möchst du a Hur sein?«

Nach Drucklegung des Buches erfuhr ich, dass das Gespräch zwar genau so stattgefunden hätte, aber nicht zwischen Qualtinger und Heller, sondern zwischen Gerhard Bronner und Georg Kreisler – wofür ich mich bei allen Beteiligten und Nichtbeteiligten an dieser köstlichen Geschichte entschuldigen möchte.

Wenn diese Episode also mit dem Ausdruck des Bedauerns aus dem Qualtinger-Anekdotenschatzkästchen zu subtrahieren ist, dürfen wir stattdessen eine andere hinzufügen, die mir einmal mehr von

Teddy Podgorski zugetragen wurde. Er weiß nicht zuletzt deshalb so viel von »Quasi«, weil er zu jenem handverlesenen Freundeskreis zählte, der mit ihm regelmäßig am Stammtisch des Künstlerlokals Gutruf zusammentraf.

»Quasi« drehte Mitte der sechziger Jahre unter dem aus Hollywood angereisten Regisseur William Dieterle den Film *Samba*, der im Auftrag des Österreichischen Fernsehens nach einem Drehbuch von Ulrich Becher entstand. Becher – der auch einer der Verfasser des *Bockerer* ist –, wurde im Gutruf ob der Tatsache verhöhnt, dass er es sich zur Angewohnheit gemacht hatte, stets als eine Art »zweiter Hemingway« aufzutreten.

Auch während der *Samba*-Dreharbeiten mit Qualtinger und Helmut Lohner in den Hauptrollen verstand es Becher wieder einmal, sich unbeliebt zu machen. In diesem Fall, weil er jeden Tag im Studio am Rosenhügel auftauchte und dem Regisseur bei jedem Dialog Tipps gab, wie diese und jene Szene besser zu inszenieren wäre.

Die Sache eskalierte insofern, als Regisseur Dieterle irgendwann explodierte, den Autor Becher des Studios verwies und mit einem absoluten Verbot belegte, den Dreharbeiten je wieder beizuwohnen. Ein Ereignis, das im Gutruf natürlich ausführlich kommentiert und belacht wurde.

Auch Qualtinger, der ständig einen Anlass suchte, um einen seiner berüchtigten *Practical Jokes* anwenden zu können, fand Gefallen an dem Zwist Becher-Dieterle. Er überlegte kurz, griff zum Gästetelefon des Gutruf, um vor versammelter Stammtischrunde im Hotel Regina anzurufen, in dem Ulrich Becher logierte.

Es war »Quasis« Plan, sich mit Stimme und Akzent von Dieterles ungarischem Regieassistenten Szigetvary im Namen des Regisseurs für den Hinausschmiss zu entschuldigen.

Qualtinger wählte die Nummer des Regina und meldete dem Portier mit stark ungarischem Akzent: »Hier spricht Szigetvary, ich bin Régieassistent von William Dieterle, bittäsehr, ich möchte sprächän mit Härr Bechär.«

Die Verbindung wurde hergestellt, Becher war am Apparat.

»Also bittä Härr Bechär, entschuldigen Sie den Störung, mein Name ist Szigetvary, Sie kännän mich, ich bin Régieassistent von Dieterle, Sie haben Streit gehobt, es tut Härr Dieterle sähr laid. Er bittet um Verzaiung und lasst sagän, dass är Sie mähr denn je braucht in Studio, weil är den Sprache nicht so behärrscht wie Sie. Und är lässt Ihnän dahär bittän, morgen wieder in Studio zu kommen.«

»So, so, morgen?«, fragte Ulrich Becher ungläubig.

»Ja«, konterte der Anrufer mit unvermindert ungarischem Akzent, »allärdings schon um sächs Uhr früh!«

Qualtinger hat Derartiges in seinem Leben hundertfach inszeniert – und das fast immer mit glänzendem Erfolg. Diesmal freilich ging der *Practical Joke* total in die Hosen. Denn während er als »Herr Szigetvary« telefonierte, saß der echte Szigetvary neben Ulrich Becher im Hotel Regina.

Offenbar, um diesen tatsächlich um Entschuldigung zu bitten.

Einmal bei Qualtinger angelangt, ist's schwer zu einem Ende zu kommen, weshalb hier noch eine, von Lotte Ingrisch erzählte Geschichte angefügt wird: »Quasi« saß in der Eden-Bar und trank. Aber auch der Bildhauer Fritz Wotruba saß in der Eden-Bar und trank.

Am nächsten Tag trafen sie einander auf dem Stephansplatz, beide in Gips. »Was ist dir denn passiert?«, fragte jeder den anderen.

»In der Eden-Bar is mir aner blöd daherkommen«, schilderte Wotruba.

»Mir aa«, meinte Qualtinger.

Verdutzt schauten sie einander an, bis beiden ein Licht aufging. »Ah, des warst duuu?«

Man hatte sich geprügelt – ohne gewusst zu haben, mit wem.

Um den jetzt notwendigen, scheinbar großen Sprung von Qualtinger zu Billy Wilder zu schaffen, sei noch ein *Practical Joke*, diesmal aber wirklich der letzte, zitiert: Als der aus dem alten Österreich stammende Hollywoodregisseur 1958 seinen Film *Zeugin der Anklage* in Wien präsentierte und gemeinsam mit seinem Hauptdarsteller Charles Laughton im Sacher eine Pressekonferenz gab, spazierte »Quasi«, mit einer Sonnenbrille auf der Nase, vor dem Hotel auf und ab und schrieb bereitwillig abwechselnd die Namen Charles Laughton und Billy Wilder in die Autogrammbücher »seiner« Fans.

Dies sei wirklich nur als Überleitung zu Billy Wilder erwähnt, mit dem seit Erscheinen der *Enkel der Tante Jolesch* einer der wesentlichen Protagonisten dieses Genres verstorben ist. Er war ein Titan des jüdischen Humors, wie er auch der Tante Jolesch eigen war. Es ist daher nicht weiter verwunderlich, dass Billy Wilder selbst die letzte Stunde seines Lebens pointiert zu kommentieren wusste:

»Ich habe vor«, sagte er einmal, »104 Jahre alt zu werden. Dann möchte ich von einem eifersüchtigen Ehemann erschossen werden, der mich mit seiner jungen Frau im Bett erwischt hat.«

Wie jeder andere war Billy Wilder überzeugt davon, wesentlich jünger zu wirken als seine einstigen Klassenkameraden, die mit ihm die Schulbank des Realgymnasiums Juranek in der Josefstädter Buchfeldgasse gedrückt hatten. Von einem diesbezüglichen Erlebnis, das er bei der erwähnten Präsentation des Films *Zeugin der Anklage* in Wien hatte, erzählte er mir später einmal: »Ehe ich mich im Sacher zum Mittagsschlaf niederlegte, bat ich den Portier, unter keinen Umständen gestört zu werden. Nach zehn Minuten klingelte das Telefon, der Portier sagte, da sei ein Schulfreund von mir. Ich lud ihn also ein, heraufzukommen. Ein alter, sehr zerknittert aussehender Mann, den ich nicht erkannte, stand vor mir. Ich überschütterte ihn mit einem ›Weißt du noch?‹-Monolog, bis der Greis mich unterbrach: ›Entschuldigen Sie, Herr Wilder, das ist ein Missverständnis, nicht ich war Ihr Schulfreund, sondern mein verstorbener Vater!‹«

Ob die Geschichte wahr ist? Nun, Billy Wilder kam schon in den *Enkeln der Tante Jolesch* mit dem Satz zu Wort: »Wissen Sie, wenn man so alt ist wie ich, kann man lügen so viel man will. Es lebt ja sowieso kein Mensch mehr, der das Gegenteil behaupten kann.«

Wie das mit Anekdoten überhaupt so eine Sache ist. Bei so mancher weiß man nicht, ob sie sich tatsächlich so oder nicht doch ganz anders zugetragen haben. In erster Linie ist's aber auch wichtig, dass sie den Leser unterhalten und die Personen bzw. Situationen, die in ihrem Mittelpunkt stehen, treffend beschreiben können.

Oft denke ich an Billy Wilders »Es lebt ja sowieso kein Mensch mehr ...« – vor allem dann, wenn ich, sei es in einem Buch oder einem Zeitungsartikel, eine Anekdote wiedergebe, deren Wahrheitsgehalt beim besten Willen nicht mehr nachzuweisen ist. So erging's mir auch – und ich entferne mich mit dieser Geschichte, jedenfalls geografisch, von der Tante Jolesch und ihren Enkeln –, als ich aus Anlass der amerikanischen Präsidentenwahlen im November 2000 eine Episode über einen der Amtsvorgänger von George W. Bush jun. erwähnte, die ungefähr so lautete: Präsident Lyndon B. Johnson war stets bemüht, die Popularität, die John F. Kennedy erlangt hatte, zu erreichen (was ihm, wie man weiß, nie gelingen sollte). Deshalb lud er, als man ihm 1965 die Gallenblase entfernte, mehrere Fotografen zu einem »Pressetermin« ins Spital ein. Kaum standen die Bildberichterstatter um sein Krankenbett, lüftete der Präsident sein Hemd und zeigte die Operationsnarbe. Während die Fotografen pflichtgemäß wie wild drauf losknipsten, flüsterte einer von ihnen einem Kollegen zu:

»Hoffentlich muss sich der Präsident nie die Hämorrhoiden entfernen lassen!«

Ich hatte die kleine Geschichte einem Buch über das Weiße Haus entnommen und sie der netten Pointe wegen in meiner Zeitungskolumne zitiert. Ob sie wahr ist oder nicht – das würde ich wohl nie erfahren.

Dachte ich. Etwa ein halbes Jahr nach Erscheinen der Kolumne hielt ich mich in Los Angeles auf. Und ich traf dort meine Tante Marion Lederer, die mich, gemeinsam mit dem mit ihr befreundeten Ehepaar Nerva, zu einem Essen lud. Als wir im Lauf des Abends auf unsere Berufe zu sprechen kamen, erfuhr ich, dass Dr. Bill Nerva viele Jahre als Arzt im Weißen Haus tätig war und dort die Präsidenten Bush senior, Reagan und Johnson medizinisch betreut hatte.

Nun war der Zeitpunkt gekommen, die Johnson-Anekdote auf ihre Echtheit zu prüfen.

»Dr. Nerva«, wagte ich mich vorsichtig an die Sache heran, »ich habe vor einiger Zeit eine Geschichte über Präsident Johnson geschrieben, die wahrscheinlich gar nicht wahr ist ...« – und ich erzählte die kleine Episode vom Krankenbett.

»Oh yes«, erwiderte der freundliche Dr. Nerva und lachte herzhaft, »es verhielt sich genau so. Und ich muss es wissen, denn ich stand neben dem Fotografen, der es sagte.«

Vielleicht stimmen Anekdoten ja doch öfter, als man annimmt.

Quellenverzeichnis

Hans Bankl, *Woran sie wirklich starben, Krankheiten und Tod historischer Persönlichkeiten*, Wien–München–Bern 1989.

Hans Bankl–Hans Jesserer, *Die Krankheiten Ludwig van Beethovens*, Wien 1987.

Erich Alban Berg, *Der unverbesserliche Romantiker Alban Berg*, Wien 1985.

Giacomo Casanova, *Geschichte meines Lebens*, Berlin 1964.

Felix Czeike, *Historisches Lexikon Wien*, Wien 1992–1997.

Hans Dichand, *Kronen Zeitung, Die Geschichte eines Erfolgs*, Wien 1977.

Wolfgang Drews, *Theater*, Wien–München–Basel 1951.

Gerhart Ebert, *Der Schauspieler, Geschichte eines Berufes*, Berlin 1991.

Emil Franzel, *Kronprinzen-Mythos und Mayerling-Legenden*, Wien-München 1963.

Egon Friedell, *Kulturgeschichte der Neuzeit*, München 1927–1931.

Walter Fritz, *Kino in Österreich, Der Stummfilm 1896-1930*, Wien 1981.

Fürstin Nora Fugger, *Im Glanz der Kaiserzeit*, Wien–München 1980.

Waltraud Heindl, Marina Tichy, Marcella Stern, *Durch Erkenntnis zu Freiheit und Glück – Frauen an der Universität Wien*, Wien 1990.

Lotte Ingrisch, *Die ganze Welt ist Spaß!*, Wien-München 2002.

Jegor Ivanov, *Ein leiser Schuss (für das Buch Der Fall Redl ins Deutsche übersetzt von Christine Helmberger)*, Moskau 1977.

Eugen Ketterl, *Der Alte Kaiser wie nur Einer ihn sah*, Wien 1929.

Thomas Koebner, *Filmregisseure*, Stuttgart 1999.

Karl Kraus, *Die Fackel*, München 1968–1976.

Laurence Leamer, *Ingrid Bergman, Die Frau, die ein Weltstar wurde*, München 1989.

Hans Mairhofer-Irrsee, *Der Riese von Lengau*, Salzburg 1976.

Felicien Marceau, *Casanova, sein Leben, seine Abenteuer*, Düsseldorf 1985.

Georg Markus, *Hans Moser, Ich trag im Herzen drin ein Stück vom alten Wien*, Wien–München 1980.

Georg Markus, *Katharina Schratt, Die heimliche Frau des Kaisers*, Wien–München 1982.

Georg Markus, *Karl Farkas, Schau'n Sie sich das an*, Wien–München 1983.

Georg Markus, *Der Fall Redl*, Wien–München 1984.
Georg Markus, *Der Kaiser, Franz Joseph I. Bilder und Dokumente*, mit einem Vorwort von Otto von Habsburg, Wien–München 1985.
Georg Markus, *Geschichten aus Österreich*, Wien–München 1987.
Georg Markus, *Sigmund Freud und das Geheimnis der Seele*, München 1989.
Georg Markus, *Geschichten der Geschichte*, Wien–München 1992.
Georg Markus, *Kriminalfall Mayerling*, Wien–München 1993.
Das Mayerling-Original, Offizieller Akt des K. K. Polizeipräsidiums, München–Stuttgart–Wien–Zürich 1955.
M. Millstein, *Der Fall des Oberst Redl, in Voenno-istoriceskij žurnal (für das Buch Der Fall Redl ins Deutsche übersetzt von Christine Helmberger)*, Moskau 1966.
Otto Molden, *Odyssee meines Lebens*, Wien–München 2001.
Gerda Mraz–Ulla Fischer–Westhauser, *Elisabeth, Wunschbilder oder Die Kunst der Retousche*, Wien 1998.
Marcel Prawy, *Johann Strauß, Weltgeschichte im Walzertakt*, Wien–München–Zürich 1975.
Max Ronge, *Kriegs- und Industriespionage*, Wien 1930.
Friedrich Saathen (Hrsg.), *Anna Nahowski und Kaiser Franz Joseph*, Wien–Köln–Graz 1986.
Harald Seyrl (Hrsg.), *Die Erinnerungen des österreichischen Scharfrichters*, Wien–Scharnstein 1996.
Norbert Schultze, *Mit dir, Lili Marleen*, Zürich und Mainz 1995.
Franz Sonntag, *Heimatbuch der Gemeinde Lengau*, Ried 1982.
Lelio Graf Spannocchi, (unveröffentlichte) *Tagebucheintragungen 1907–1911*, Kriegsarchiv Wien.
Friedrich Torberg, *Die Tante Jolesch oder Der Untergang des Abendlandes in Anekdoten*, München–Wien 1975.
August Urbanski von Ostrymiecz, *Das Tornisterkind* (unveröffentlichte) Lebenserinnerungen, Wien o. J.
Gerhard Vogl, *Die ganze Republik ist Bühne, Politiker-Anekdoten von 1945 bis heute*, Wien 1996.
A. Voldben, *Nostradamus und die großen Weissagungen über die Zukunft der Menschheit*, München–Wien 1992.
Carl Zuckmayer, *Als wär's ein Stück von mir, Erinnerungen*, New York 1966.
Stefan Zweig, *Die Welt von gestern, Erinnerungen eines Europäers*, Stockholm 1944.

Personenregister